PLUSPUNKT DEUTSCH

Leben in Deutschland

HANDREICHUNGEN
FÜR DEN UNTERRICHT

A1

Joachim Schote
Friederike Jin (Phonetik)

Cornelsen

PLUSPUNKT DEUTSCH
Leben in Deutschland

Pluspunkt Deutsch A1
Leben in Deutschland

Handreichung für den Unterricht

Im Auftrag des Verlages erarbeitet von Joachim Schote und Friederike Jin (Phonetik)

Redaktion: Heike Krüger-Beer
Illustrationen: Christoph Grundmann
Umschlaggestaltung: finedesign, Büro für Gestaltung, Berlin
Gesamtgestaltung und technische Umsetzung: zweiband.media, Berlin
Titelbild: © Cornelsen Verlag GmbH / Hugo Herold Fotokunst

Informationen zum Lehrwerksverbund Pluspunkt Deutsch – Leben in Deutschland finden Sie unter www.cornelsen.de/pluspunkt-deutschland

www.cornelsen.de

2. Auflage, 5. Druck 2024

Alle Drucke dieser Auflage sind inhaltlich unverändert und können im Unterricht nebeneinander verwendet werden.

Druck: H. Heenemann, Berlin

ISBN 978-3-06-120891-2

Inhalt

		Seite
Vorwort		5
Lektion 1	Willkommen!	12
Lektion 2	Alte Heimat, neue Heimat	18
Lektion 3	Häuser und Wohnungen	24
Lektion 4	Familienleben	30
Station 1	Wiederholung	36
Lektion 5	Der Tag und die Woche	37
Lektion 6	Guten Appetit!	43
Lektion 7	Arbeit und Beruf	49
Station 2	Wiederholung	54
Lektion 8	Gute Besserung!	55
Lektion 9	Wege durch die Stadt	61
Lektion 10	Mein Leben	68
Lektion 11	Ämter und Behörden	74
Station 3	Wiederholung	80
Lektion 12	Im Kaufhaus	81
Lektion 13	Auf Reisen	86
Lektion 14	Zusammen leben	93
Station 4	Wiederholung	100
Diktate zu den Lektionen		101
Tests zu den Lektionen		116
Lösungen zu den Tests		130
Hinweise zum Phonetikanhang		133
Kopiervorlagen		140

Vorwort

Vor Ihnen liegen die *Handreichungen für den Unterricht* für den A1-Band von *Pluspunkt Deutsch – Leben in Deutschland.* In diesen *Handreichungen* wird das methodisch-didaktische Vorgehen bei der Arbeit mit dem Lehrwerk beschrieben. Sie finden hier Tipps für den Unterricht, Vorschläge für die Binnendifferenzierung und dafür, wie Sie die Kursbuchübungen variieren können, Ideen für zusätzliche Aktivitäten außerhalb des Kursraums und Ideen, um die Kursteilnehmer/innen (KT) zum eigenständigen Lernen zu motivieren. Die Anregungen aus den *Handreichungen* sind ein Angebot, aus dem Sie eine Auswahl treffen können, die der jeweiligen Kurssituation angepasst ist. Ergänzende landeskundliche Informationen ersparen Ihnen umständliches Suchen und können direkt an die KT weitergegeben werden.

In den *Handreichungen für den Unterricht* finden Sie
- ein didaktisiertes Inhaltsverzeichnis, mit dem Sie sich schnell einen Überblick über die Lektion verschaffen können;
- methodische Hinweise und Tipps zum Training der vier Fertigkeiten (Sprechen, Schreiben, Lesen und Hören);
- Vorschläge für Tafelbilder;
- Vorschläge für unterschiedliche Arbeitsformen;
- konkrete Hinweise zur Binnendifferenzierung.

Die *Handreichungen* enthalten zahlreiche Zusatzaktivitäten, auch mit Kopiervorlagen, die Sie im Unterricht einsetzen können:
- Aktivitäten zur Förderung der Kommunikation (gelenkte und freie Rollenspiele, Kopiervorlagen für Wechselspiele);
- Aktivitäten zur spielerischen Einübung des Wortschatzes (z. B. Kopiervorlagen für Memoryspiele);
- Aktivitäten zur spielerischen Einübung der Grammatik (auch mit zahlreichen Kopiervorlagen);
- Diktate und Zwischentests zu allen Lektionen.

Zur Konzeption von *Pluspunkt Deutsch – Leben in Deutschland*

Pluspunkt Deutsch – Leben in Deutschland ist speziell auf die Bedürfnisse und Erwartungen von Teilnehmern und Teilnehmerinnen zugeschnitten, die in Deutschland leben, bzw. sich auf einen Aufenthalt in Deutschland vorbereiten. Das Lehrwerk ist also insbesondere für Integrationskurse in Deutschland, aber auch für Kurse im Ausland geeignet, wenn die KT dort das Ziel haben, in Deutschland zu leben. Mit *Pluspunkt Deutsch* lernen die KT, sich sprachlich verständlich zu machen, und dies sowohl im privaten als auch im öffentlichen Bereich. Auch sollen sie auf dem Arbeitsmarkt Fuß fassen. Ziel ist, ihnen die erforderlichen Hilfsmittel für einen permanenten oder längerfristigen Aufenthalt in Deutschland zu geben und sie fit für Alltag und Berufsleben zu machen.

Pluspunkt Deutsch orientiert sich an den Niveaustufen A1–B1 des Gemeinsamen europäischen Referenzrahmens. Zudem findet das Rahmencurriculum für Integrationskurse Berücksichtigung[1], und ebenso der skalierte Deutschtest für Zuwanderer (DTZ) für die Niveaustufen A2/B1, mit dem die Kursteilnehmer/innen (KT) den erfolgreichen Abschluss der Integrationskurse dokumentieren.

Die Teilnehmer/innen in Integrationskursen

Das Teilnehmerprofil in den Integrationskursen ist oft uneinheitlich: Die KT kommen aus unterschiedlichen Kulturkreisen, Personen, denen hierzulande noch vieles fremd ist, lernen gemeinsam mit anderen, die schon länger hier leben. Unterschiedlich ist somit auch die Motivation: Einige suchen eine erste Orientierung im Alltag oder auf dem Arbeitsmarkt, während andere KT die Lebensgewohnheiten in Deutschland bereits kennen und z. B. hoffen, durch einen Deutschkurs ihre Chancen auf dem Arbeitsmarkt zu verbessern, oder sie streben die deutsche Staatsbürgerschaft an und bereiten sich auf die erforderlichen Prüfungen vor.

Sehr unterschiedlich sind auch die Lernbiographien. Manche Kursteilnehmer/innen haben keine Vorbildung, die ihnen beim Erlernen einer neuen Sprache hilft. Sie sind lernungeübt, das heißt, sie haben nur wenige Jahre Schulbesuch hinter sich und eine geringe berufliche Qualifikation, sodass sie

---

[1] Rahmencurriculum für Integrationskurse Deutsch als Zweitsprache, Fassung vom 21.3.2017, als Download erhältlich unter http://www.bamf.de

nicht oder kaum über Techniken verfügen, sich neues Wissen anzueignen bzw. es in die Praxis umzusetzen, andere wiederum haben schon mehrere Sprachen gelernt.

In der Unterrichtspraxis wird die Heterogenität meist schon in den ersten Unterrichtsstunden deutlich. In den Anfängerkursen der Niveaustufe A1 lernen manchmal echte Nullanfänger gemeinsam mit Personen, die sich aufgrund ihres langjährigen Aufenthalts in Deutschland mündlich sehr gut verständigen können, bei der schriftlichen Sprachfertigkeit und der Grammatik aber große Probleme haben. Es kann geschehen, dass die Nullanfänger, sofern sie lerngeübt sind, andere KT schon nach kurzer Zeit überflügeln.

Unterschiedlich ist auch die soziale Situation. Menschen, die schon länger in Deutschland leben, können sich auf ein familiäres und soziales Umfeld stützen, für andere, z. B. aus dem Ausland zugezogene Ehepartner/innen, steht neben dem Spracherwerb und der möglichen beruflichen Integration die Notwendigkeit im Vordergrund, sich nicht nur an das neue Land, sondern auch an die neue familiäre Umgebung zu gewöhnen.

So kann es viele Hindernisse geben, die sich dem Erlernen der deutschen Sprache und der Gewöhnung an die Lebensumstände in Deutschland in den Weg stellen, was von den Kursleitern und Kursleiterinnen (KL) ein hohes Maß an Einfühlungsvermögen erfordert. KL brauchen Geduld, bis sich Fortschritte einstellen, sie können nicht immer erwarten, dass der im Unterricht gelernte Stoff zu Hause noch einmal selbstständig wiederholt wird. In der Unterrichtsplanung sind die unterschiedlichen Voraussetzungen zu berücksichtigen, damit alle KT motiviert werden und sich beim Erlernen der Sprache nicht entmutigen lassen.

Andererseits bieten sich gerade aufgrund der manchmal schwierigen Lebensverhältnisse der KT aber auch besondere Chancen. KT, die nur wenige Jahre regelmäßig eine Schule besuchen konnten, entdecken an sich neue Fähigkeiten, sodass der Lernprozess ein spannendes Erlebnis und ein wichtiger Entwicklungsschritt wird. Die immer sicherer werdende Beherrschung der deutschen Sprache und das Einleben in den deutschen Alltag lassen sich auch als Emanzipationsschritte für ein selbstbestimmtes Leben nutzen. Und das ist auch für die KL selbst unter schwierigen Lernbedingungen eine Chance. Neben der Vermittlung der deutschen Sprache und Alltagsgewohnheiten haben sie die Möglichkeit, die entsprechenden Potenziale der KT nach Kräften zu fördern und ihnen das Gefühl von Heimat und Akzeptanz zu geben. Mit passenden Übungen im Lehr- und Arbeitsbuch, mit den CDs und der Video-DVD, den Vokabeltaschenbüchern und der Vokabeltrainer-App sowie mit den ergänzenden Hinweisen in den *Handreichungen* möchte *Pluspunkt Deutsch – Leben in Deutschland* ein breites Angebot an erforderlichen Hilfsmitteln bereitstellen.

Das Lehrwerk und das Rahmencurriculum

Die Themen und die kommunikativen Situationen sind den Vorgaben des Rahmencurriculums angepasst. Dort sind die Lernziele für die Kommunikation in 12 Handlungsfeldern beschrieben:
- Ämter und Behörden
- Arbeit
- Arbeitssuche
- Aus- und Weiterbildung
- Banken und Versicherungen
- Betreuung und Ausbildung der Kinder
- Einkaufen
- Gesundheit
- Mediennutzung
- Mobilität
- Unterricht
- Wohnen

Schon im A1-Band sind fast alle Handlungsfelder entsprechend der Niveaustufe berücksichtigt:
- Ämter und Behörden: Lektion 11
- Arbeit, Banken und Versicherungen: Lektion 7
- Betreuung und Ausbildung der Kinder: Lektion 14
- Einkaufen: Lektionen 6 und 12
- Gesundheit: Lektion 8
- Mobilität: Lektionen 9 und 13
- Wohnen: Lektionen 3 und 14
- Unterricht: Station 1

Die landeskundlichen Themen, die im Rahmencurriculum zu den jeweiligen Handlungsfeldern genannt werden, sind in *Pluspunkt Deutsch* in die Vermittlung der sprachlichen Fertigkeiten integriert.

Einige Beispiele:
Beim Handlungsfeld Gesundheit heißt es unter der Rubrik Landeskunde im Rahmencurriculum u. a.: „Kennt die grundlegende Struktur und wichtige Regelungen der medizinischen Versorgung.“[2]

---
[2] ebd., S. 129

In Lektion 8, Block B ist dies in einem Lesetext, der Basisinformationen über das deutsche Gesundheitssystem vermittelt, berücksichtigt.

Beim Handlungsfeld Ämter und Behörden heißt es u. a.:
„Weiß, welches Amt bzw. welche Behörde für bestimmte Belange zuständig ist."[3]
Dazu gibt es auf der Auftaktseite von Lektion 11 eine passende Zuordnungsübung.

Ebenfalls den Integrationszielen dienen die Projekte in mehreren Lektion, z. B. zu den Themen Unsere Stadt (Lektion 9) sowie Ämter und Behörden (Lektion 11). Hier werden die KT angeregt, ihren Wohnort näher kennen zu lernen und selbstständig Informationen zu sammeln.

Die Integrationskurse umfassen 400 (Intensivkurse) bis 900 Stunden (Förderkurse). Je nachdem, wie zügig man mit dem Lehrwerk arbeitet und das angebotene Zusatzmaterial, (Online-Übungen, die Kopiervorlagen in den *Handreichungen*, Arbeitsblattgenerator) einsetzt, ist die Neubearbeitung von *Pluspunkt Deutsch* für normale Integrationskurse mit 600 Unterrichtsstunden sowie Frauen- und Elterintegrationskurse bzw. Förderkurse mit 900 Unterrichtsstunden geeignet.

Der Aufbau des Lehrwerks

Die drei Einzelbände A1, A2, B1 von *Pluspunkt Deutsch* umfassen jeweils:
- das Kursbuch mit Video-DVD mit jeweils 1–3 Clips pro Lektion;
- die CDs mit den Hörtexten aus dem Kursbuch und den Übungen zur Phonetik;
- das Arbeitsbuch mit Audio-CD mit den Hörtexten im Arbeitsbuch;
- die *Handreichungen für den Unterricht*.

Außerdem gehören zum Lehrwerksverbund:
- Digitaler Unterrichtsmanager;
- Online-Übungen u. a. mit Angeboten zur Binnendifferenzierung und mit Angeboten z. B. für Frauen- und Förderkurse;
- Vokabeltaschenbücher in 5 Sprachen;
- Vokabeltrainer-App.

Die Kursbücher und Arbeitsbücher der Bände A1 und A2 sind jeweils auch in Teilbänden mit den Lektionen 1–7 bzw. 8–14 erhältlich.

[3] ebd., S. 75

Das Kursbuch

Das Kursbuch (KB) enthält 14 Lektionen mit jeweils 10 Seiten. Auf der Auftaktseite jeder Lektion wird der für die Lektion zentrale Wortschatz eingeführt und das Thema der Lektion vorbereitet. Es folgen jeweils 6 Seiten, die in übersichtliche, mit Buchstaben versehene Blöcke, aufgeteilt sind.

Es folgt eine Doppelseite ***Sprechen aktiv***, in der der für jede Lektion relevante Wortschatz, die neu gelernte Grammatik sowie die Redemittel in Form unterschiedlicher Sprechübungen (Nachsprechen, Minidialoge etc.) vertiefend geübt werden. Dazu kommt jeweils eine verkürzte Version der Dialoge aus den Videoclips mit Dialogübungen.

Auf der ***Gewusst-wie***-Seite sind die wichtigsten Redemittel der Lektion und die neu eingeführte Grammatik zusammenfassend dargestellt. Zusätzlich finden sich Grammatikkästen auf den Seiten, auf denen neue Grammatik neu eingeführt wird.

Daneben gibt es Infokästen zur Landeskunde (in Lektion 8 z. B. zum Gesundheitssystem in Deutschland und in Lektion 14 zur Kinderbetreuung.).

Nach den Lektion 4, 7, 11 und 14 gibt es **Stationen** von jeweils zwei Seiten mit spielerischen Wiederholungsübungen zu Kommunikation, Wortschatz und Grammatik. Station 1 enthält außerdem Übungen zur Sprache im Kurs.

In der zweiten Auflage der *Handreichungen* für den Unterricht zu *Pluspunkt Deutsch – Leben in Deutschland*, die im Dezember 2017 erschienen ist, wurden die Stationen gemäß dem überarbeiteten Rahmencurriculum vom 21.03.2017 wie folgt erweitert:

- Im A1-Band ist Station 4 um eine zusätzliche Doppelseite erweitert, in der im Wesentlichen das Thema Flucht im Zentrum steht.
- Im A2-Band hat jede Station eine zusätzliche Doppelseite, in der es um Kinderbetreuung, Zusammenleben im Haus, Kommunikation am Arbeitsplatz und Pflegeberufe geht.
- Im B1-Band wird jede Station um zwei zusätzliche Doppelseiten mit den Themen Gleichberechtigung, Wohnen, Arbeit, Kinderechte und Grundrechte ergänzt.

Auf diesen Seiten wird umfassend auf die neu in das Rahmencurriculum aufgenommenen Lernziele eingegangen, wobei Arbeit und Wertevermittlung

gemäß dem überarbeiteten Rahmencurriculum den Schwerpunkt bilden. In dem überarbeiteten Rahmencurriculum wurden insbesondere die Handlungsfelder „Arbeit", „Arbeitssuche" und „Aus- und Weiterbildung" ergänzt.[4]
Dieser Aspekt ist in den erweiterten Stationen unter der Überschrift „Arbeit und Beruf" zusammengefasst.

Die Wertevermittlung erfolgt in *Pluspunkt Deutsch – Leben in Deutschland* in Anlehnung an das Rahmencurriculum unter der Überschrift „Diversität und Interkulturalität". Dazu heißt es im Rahmencurriculum: „Bei den Lernzielen im Bereich „Diversität und Interkulturalität" geht es um die Sensibilisierung für die den Grundrechten inhärenten Werte, wie sie sich aus dem Grundgesetz und dem Allgemeinen Gleichbehandlungsgesetz ableiten lassen. Ziel ist die Förderung der Kompetenz, Bedingungen der Zielkultur und der Herkunftskultur zu reflektieren und sich im Sinne einer Wertebildung zu verorten."[5] Damit gibt es in den Sprachkursen Überschneidungen mit dem Orientierungskurs.[6]

Die Arbeit mit den zusätzlichen Seiten zum Stichwort „Diversität und Interkulturalität" kann von den KL somit insbesondere im B1-Band als Vorbereitung und Vorentlastung des Orientierungskurses verstanden werden.

Die zusätzlichen Seiten in den Stationen des A2- und des B1-Bandes behandeln teilweise Themen, die auch in den Lektionen des Lehrwerks vorkommen. Dazu ein Beispiel: In Station 1 des B1-Bandes werden Probleme im Haus und in der Wohnung behandelt, die bereits im A1-Band Thema sind. Dabei ist jedoch folgender Unterschied zu beachten: In Lektion 14 des A1-Bandes geht es primär darum, Redemittel für die Mieter zu üben, während im B1-Band gemäß der stärkeren Gewichtung des Themas Arbeit auch die Rolle des Hausmeisters Berücksichtigung findet. Diese Überschneidungen werden in den Kommentaren zu den Stationen in den *Handreichungen* für den Unterricht zu den A2- und den B1-Bänden ausführlich erläutert.

Für jede Lektion finden Sie passende **Phonetikübungen** im Anhang. Diese Übungen führen die grundlegenden phonetischen Phänomene des Deutschen ein und üben sie am Wortschatz der Lektion. Diese Übungen können Sie nach Bedarf jederzeit während der Arbeit an einer Lektion oder im Anschluss daran mit Ihrem Kurs durchführen. In den Übungen finden Sie z.T. auch Erklärungskästen mit einfachen Erklärungen zu den phonetischen Phänomenen. Weitere Hinweise, Erklärungen und Tipps finden Sie in den *Handreichungen* S. 133 ff.

Der Anhang umfasst die **Partnerseiten** zu den Wechselspielen, Phonetikübungen, Übungen zu den Videoclips, die Hörtexte, die nicht oder nicht vollständig in den Lektionen abgedruckt sind und eine alphabetische Liste mit dem Wortschatz der Lektionen 1–14 inkl. Fundstelle im Buch.

Die insgesamt 20 **Videoclips** greifen die Themen der Lektionen auf humorvolle Weise auf und gewähren Einblick in deutsche Alltagssituationen. Diese Videoclips sind in Kombination mit den Arbeitsblättern im Kursbuch fakultativ einsetzbar. Sie sind mit Untertiteln versehen, so dass die KT damit ohne Probleme auch zu Hause arbeiten können.

Das Arbeitsbuch

Das Arbeitsbuch (AB) enthält ein vielfältiges Aufgaben- und Übungsangebot zu den Lektionen des KB. Die KB-Übungen enthalten Verweise auf die zugehörigen Übungen im AB, sodass sich die Arbeit mit beiden Büchern leicht abstimmen lässt.

Das AB umfasst für jede Lektion 12 Seiten. Die ersten sieben Seiten enthalten Wiederholungs- und Vertiefungsübungen zum Lernstoff im KB, die letzten Übungen bieten ein gezieltes *Schreibtraining* an. Die achte Seite, *Deutsch plus*, bietet weitere, mit dem Thema der Lektion verbundene Aufgaben, in denen vor allem Techniken und Strategien des Hör- und Leseverstehens geübt werden. Die *Deutsch-plus*-Seiten eignen sich auch als Erweiterungsübungen für lerngeübte KT, wenn diese z. B. während des Unterrichts mit einer Übung schneller fertig sind als andere KT.

Wenn es in den KB-Lektionen verstärkt um Dialogsituationen ging, finden sich im AB zahlreiche Parallelübungen, u. a. Textkaraoke. Die KT hören nur einen Dialogteil, den anderen sprechen sie selbst.

Auf der neunten und zehnten Seite ist der Lernwortschatz einer jeden Lektion abgedruckt. Hier können die KT die Übersetzung in ihrer Muttersprache hinzufügen. Zusätzlich finden sich weitere Übungen mit Lerntipps für das Vokabeltraining

[4] Vgl. ebd., S. 14
[5] ebd., S. 6
[6] ebd.

und Phonetikübungen zu schwierigen Wörtern.

Eine Besonderheit finden Sie auf den letzten beiden Seiten jeder Arbeitsbucheinheit: das **Bildlexikon** zu wichtigem Wortschatz der Einheit, der noch etwas ausgeweitet wird.

Im Anhang des Arbeitsbuches findet sich zudem eine systematische Darstellung der A1-**Grammatik**.

Die zweiseitigen AB-Stationen nach den Lektionen 4, 7, 11 und 14 enthalten Aufgaben zur **Selbstevaluation**.

Die Lösungen für die AB-Übungen sind in einem Einleger, den die KT getrennt vom AB aufbewahren können. Weisen Sie die KT darauf hin, dass er ausschließlich zur nachträglichen Kontrolle dient.

Das AB ist so gestaltet, dass die KT die Übungen auch alleine zu Hause, z. B. als Hausaufgabe machen können. Eine CD mit den Hörtexten liegt bei. In den ersten Stunden sollten die AB-Übungen im Unterricht gemacht werden, damit die KT die Arbeitstechniken kennen lernen und sich bei Fragen an den/die KL wenden können. Das erleichtert ihnen die Arbeit mit dem Buch zu Hause.

Methodisch-didaktische Überlegungen

Das Training der vier Fertigkeiten

a) Sprechen

Im Zentrum stehen in den Kursbuchübungen Alltagsdialoge, dazu kommen Partnerinterviews (z. B. zu persönlichen Daten und zur Biografie) und – angepasst an das Niveau A1 – kleinere Diskussionen, z. B. zum Thema Nachbarschaft (Lektion 14). So wird den KT Gelegenheit gegeben, Erfahrungen auszutauschen, Probleme zu erkennen und Lösungsmöglichkeiten zu suchen. In den Folgebänden werden diese Diskussionsrunden ausgebaut und vertieft.

Komplexere Szenarien, z. B. Einkaufen, Terminvereinbarung, um Hilfe bitten, werden mit Musterdialogen, Redemittelkästen, Sprechblasen und einem allmählichen Übergang von gelenkten zu freien Übungen umfassend trainiert.

Sprechen aktiv – dieser Titel der abschließenden Übungen im Kursbuch ist ein zentrales Ziel von *Pluspunkt Deutsch – Leben in Deutschland*. Flüssiges und verständliches Sprechen soll mit diesen Übungen, den Textkaraoke-Übungen im Arbeitsbuch und dem Phonetikanhang erreicht werden. Sicherheit beim Sprechen bedeutet für die KT nicht nur verständliches Sprechen, sondern sie erleichtert auch korrektes Hören, festigt die Rechtschreibung und hilft, grammatische Fehler zu vermeiden.

b) Schreiben

Mehrfach geübt wird das Ausfüllen von Formularen. Bei diesen Übungen geht es nicht allein um grammatisch oder lexikalisch korrekte Texte, sondern auch darum, den KT Lösungsmöglichkeiten für den Alltag anzubieten. Der Entschuldigungsbrief an die Schule (Lektion 8) und der Brief an die Hausverwaltung (Lektion 14) dienen demselben Ziel. Mit letzterem werden die KT mit dem Aufbau formeller Briefe vertraut gemacht. Darüber hinaus dienen viele Schreibübungen als Vorbereitung für das Sprechen.
Weitere Schreibübungen zum Training der Orthographie und der Zeichensetzung bieten die jeweils letzten Übungen zu jeder Lektion im AB sowie die Diktate, die hier in den *Handreichungen* abgedruckt sind (S. 101 ff.).

c) Hören und Lesen

Bei den Hörtexten liegt der Schwerpunkt auf der Vorbereitung für die Dialogübungen der KT, gelegentlich dienen sie ebenso wie Lesetexte in Verbindung mit entsprechenden Aufgaben zur Einführung von Wortschatz und Grammatik.

Die Lesetexte haben zum Teil persönlichen Charakter, d. h., Personen berichten z. B. über ihre Herkunft, ihre Familie oder über ihren Beruf, womit sie wie viele Hörtexte Wortschatz und Redemittel bereitstellen, mit denen die KT über sich selbst berichten. In anderen Lesetexten liegt der Schwerpunkt auf Landeskunde, z. B. zum Essen in Deutschland oder dem Gesundheitssystem. Diese Texte sind auch für interkulturelles Lernen geeignet, indem die KT die Gewohnheiten in Deutschland mit denen im Heimatland vergleichen.

Die *Handreichungen* bieten Hinweise, welche Texte besonders geeignet sind, um den KT Hör- und Lesestrategien zu vermitteln.

Wortschatz

Sehr großes Gewicht liegt auf der Wortschatzarbeit, Visualisierung spielt eine große Rolle. Die Einführung von neuem Wortschatz im KB und die entsprechenden Übungen im AB sind wenn immer möglich bildgestützt, die vier Abschlussseiten der Lektionen im AB bieten Gelegenheit zur weiteren Festigung des Lernwortschatzes. Hier folgen auf die Liste des Lernwortschatzes zunächst Wortschatzübungen mit Tipps zum Wörterlernen und dann die abschließende Doppelseite mit dem Bildlexikon, das zum Teil über den Wortschatz der Lektion hinausgeht. Dieses Bildlexikon ist um Übungen ergänzt, um den bereits bekannten Wortschatz zu festigen und den neuen zu lernen. Großes Gewicht wird dabei u. a. auf die Aussprache des neuen Wortschatzes gelegt.

Grammatik
Grammatik wird als Mittel zur Kommunikation verstanden, d. h., die Einführung von Grammatik ist in Situationen eingebettet und sie wird hauptsächlich in Form von Dialogübungen oder Frage- und Antwortspielen geübt. Ein besonderer Schwerpunkt der Grammatikarbeit ist der Teil *Grammatik sprechen* auf der Doppelseite *Sprechen aktiv*, in dem grammatische Strukturen automatisiert werden, sodass sie in der Kommunikation flüssig zur Verfügung stehen.

Jede Lektion behandelt eines oder mehrere Grammatikthemen. Soweit möglich und sinnvoll, sind größere Grammatikeinheiten in kleinere Einheiten eingeteilt. Die Verbkonjugation z. B. wird in zwei Stufen eingeführt: In Lektion 1 die 1. und 2. Person Singular und Plural sowie die 3. Person Plural (Höflichkeitsform), in Lektion 2 die 3. Person Singular/Plural. Andere Themen wie z. B. Komparation und Deklination der Adjektive sind entsprechend dem Referenzrahmen auf alle drei Bände verteilt.

Diktate
Für die Diktate im Anschluss an die Kommentare zu den Lektionen in den vorliegenden *Handreichungen* bieten sich verschiedene Einsatzmöglichkeiten an. Zu jedem Diktat geben wir Ihnen neben dem Volltext eine Variante zur Durchführung an. Zum Beispiel kann der/die KL sie vorlesen, sie sind als Partnerdiktat denkbar, als Laufdiktat, ein/e KT liest den ganzen Text vor oder mehrere KT abwechselnd Teile des Textes.

Auch die Korrektur lässt sich unterschiedlich gestalten: Der/Die KL korrigiert die Texte, die KT kontrollieren ihre Texte gegenseitig oder jede/r KT kontrolliert den eigenen Text mit Hilfe des Originaltextes.

Zwischentests
Schwerpunkt der Zwischentests (*Handreichungen* S. 116 ff.) sind Wortschatz, Kommunikation und Grammatik. Jeder Test sollte nicht länger als 20 Minuten dauern. Die Aufgaben sind ausnahmslos geschlossen und so gestaltet, dass sie auch von lernungeübten KT lösbar sind, sofern der Stoff der betreffenden Lektion komplett durchgearbeitet und mit Hilfe der AB-Übungen gefestigt wurde. Ein/e KT sollte mindestens 60 % der maximalen Punktzahl erreichen, damit der Test als erfolgreich bewertet werden kann.

Für die Binnendifferenzierung finden Sie in den *Handreichungen* zahlreiche Anregungen. Die KT sollten möglichst oft in Gruppen arbeiten, die je nach Aufgaben und Lernbedürfnissen unterschiedlich zusammengesetzt sein können. Manchmal, z. B. wenn die KT über ihr Heimatland berichten sollen, kann es sinnvoll sein, KT aus denselben Herkunftsländern Informationen sammeln zu lassen, die sie dann anschließend den anderen KT präsentieren. In anderen Fällen, z. B. bei Spielen oder Interviews ist es sinnvoll, dass KT unterschiedlicher Nationalität zusammenarbeiten. Ebenso ist es manchmal sinnvoll, dass lerngeübte und lernungeübte KT zusammenarbeiten. Entsprechende Hinweise finden Sie in den Kommentaren zu den Lektionen.

Lassen Sie die Gruppen arbeitsteilig arbeiten. Bei geeigneten Lesetexten z. B. beschränken sich lernungeübte KT auf die globalen Fragen, lerngeübte KT beschäftigen sich mit den Fragen zum Detailverstehen, und, sofern der Text es erlaubt, notieren weitere Gruppen z. B. Informationen zu im Text vorkommenden Zahlen oder beschäftigen sich mit einem grammatischen Phänomen im Text. Am Ende werden die Ergebnisse im Plenum zusammengetragen, sodass jede Gruppe von der Arbeit der anderen Gruppen profitiert.

Auch in den Gruppen selbst ist Binnendifferenzierung möglich, z. B. beim Hörverstehen. Bilden Sie z. B. Gruppen mit lerngeübten und lernungeübten KT. Lassen Sie die KT bei geeigneten Hörtexten die Texte ein weiteres Mal hören, nachdem die vorgegebenen Aufgaben gelöst sind. Die lerngeübten notieren während des Hörens weitere Fragen, die die anderen KT dann beantworten.

Lassen Sie die KT selbst entscheiden, wie viel sie machen wollen. Wenn lernungeübte KT z. B. mit freien Sprech- oder Schreibübungen Probleme haben, sollten sie sich auf die stärker gelenkten beschränken.

Lernen lernen
Für Integrationskurse spielt Lernen lernen eine große Rolle: „Der Unterricht in Deutsch als Zweitsprache stellt … mehr die Bewusstmachung von Strategien zur Informationsbeschaffung, Kommunikations- und Lernstrategien – um nur einige zu nennen – in den Mittelpunkt als die Vermittlung von einzelnen Informationen, Verhaltensregeln und Lerninhalten."[7]

Auch dies ist in *Pluspunkt Deutsch* berücksichtigt: Im vorliegenden A1-Band gibt es im AB auf den letzten Seiten Lerntipps für das Wortschatztraining, für die Folgebände sind u. a. Tipps für Hör- und Lesestrategien und für die Prüfungsvorbereitung vorgesehen. Darüber hinaus gibt es in den vorliegenden *Handreichungen* an geeigneten Stellen Hinweise und Anregungen für Lernstrategien und Tipps, das Lernen zu strukturieren, die Sie je nach Zusammensetzung der Gruppe in den Unterricht integrieren können.

Auch die Projektarbeit ist hier zu nennen. Indem die KT z. B. selbst nach Adressen von Behörden suchen oder sich über Öffnungszeiten informieren, erhalten sie Kompetenzen, um auch in anderen Situationen Informationen zu finden.

Nicht unbedingt in den ersten Stunden, aber zu einem Zeitpunkt, zu dem die KT mit der deutschen Sprache besser vertraut sind, können Sie sie anregen, ein Lerntagebuch zu führen, indem sie ihre Lernergebnisse, Fortschritte, Erfolgserlebnisse, Dinge, die sie vertiefen möchten, und offene Fragen notieren. Nehmen Sie sich Zeit, die ersten Notizen gemeinsam mit den KT zu erarbeiten, sodass sie das Lerntagebuch später selbstständig weiterführen können.

Interkulturelles Lernen
Integration umfasst nicht nur den Spracherwerb, sondern bedeutet auch die Entwicklung eines Verständnisses für die Kultur, in die man sich integriert. Dies bedeutet nicht, dass man die eigene Kultur vollständig aufgeben muss. Es bedeutet aber, dass man bereit ist, gewohnte Sichtweisen in Frage zu stellen, die Perspektive zu wechseln und sich auf eine andere Kultur einzulassen. Das hilft, Missverständnisse im Alltag und Ausgrenzung zu vermeiden und es gibt Sicherheit im Umgang mit anderen.

Der A1-Band bietet mehrfach Anregungen, dass die KT Vergleiche mit ihrem Heimatland anstellen, z. B. zur Familie, zum Essen oder durch den Vergleich ihres Lebens früher und heute. In den Folgebänden und in dem Maß, wie die Sprachkompetenz der KT wächst, werden diese Anregungen vertieft und differenziert. Den KT sollen so Hilfsmittel an die Hand gegeben werden, sich mit den kulturellen Unterschieden auseinanderzusetzen.

[7] ebd., S.13

Willkommen!

Auftaktseite

Lernziele und Lerninhalte:

Sprechen:	sich vorstellen, nach dem Namen und dem Herkunftsland fragen
Lesen/Hören:	Begrüßungsdialoge
Wortschatz:	Länder, Redemittel für Begrüßungen

Arbeitsbuch: Ü 1–3
Portfolioübung Ü 3: Wie heißen Sie? Woher kommen Sie?

Kannbeschreibungen GER / Rahmencurriculum:
Kann Kontakt aufnehmen.

A Guten Tag

Lernziele und Lerninhalte:

Sprechen:	Begrüßungsdialoge, eine dritte Person vorstellen
Lesen/Hören:	Begrüßungsdialoge
Schreiben:	Sätze schreiben: *Wer ist das? – Das ist …*
Wortschatz:	Redemittel für Begrüßungen
Grammatik:	*W*-Fragen: *wer?*

Kannbeschreibungen GER / Rahmencurriculum:
Kann sich vorstellen.
Kann jemanden ansprechen.

Arbeitsbuch: Ü 4–7

B Buchstaben

Lernziele und Lerninhalte:

Sprechen:	das Alphabet nachsprechen, den eigenen Namen buchstabieren
Hören:	das Alphabet, Buchstaben und Namen hören und notieren

Arbeitsbuch: Ü 8–10

C Formell und informell

Lernziele und Lerninhalte:

Sprechen:	Begrüßungsdialoge, nach dem Befinden fragen, sich begrüßen und sich verabschieden, Interview mit *W*-Fragen
Lesen/Hören:	Begrüßungsdialoge – formell und informell
Schreiben:	Verbendungen markieren und ergänzen, das Verb *sein* ergänzen
Wortschatz:	Redemittel für Begrüßungen
Grammatik:	Konjugation der regelmäßigen Verben im Präsens und von *sein*: 1. und 2. Person Singular, 1.–3. Person Plural, Personalpronomen

Kannbeschreibungen GER / Rahmencurriculum:
Kann die Anredeform klären.
Kann Gespräche und Begegnungen adäquat beenden.
Kann fragen, wie es einer Person geht.

Arbeitsbuch: Ü 11–20

D Zahlen bis 20

Lernziele und Lerninhalte:

Sprechen:	von 1 bis 20 zählen, Handynummern sagen
Hören:	Autokennzeichen notieren
Schreiben:	Zahlen in Buchstaben schreiben

Arbeitsbuch: Ü 21–22

E Was sind Sie von Beruf?

Lernziele und Lerninhalte:

Sprechen:	nach Berufen fragen, den eigenen Beruf sagen
Hören:	Berufe
Wortschatz:	Berufe
Grammatik:	männliche und weibliche Berufsbezeichnungen

Arbeitsbuch: Ü 23–25
Schreibtraining Ü 26: Großschreibung
Arbeitsbuch – Deutsch plus Ü 27: Hörtext *In der Sprachschule*, Anmeldeformular ausfüllen,
Ü 28: Reaktionen auf die Frage *Wie geht's?*
Arbeitsbuch – Wichtige Wörter Ü 1–3
Lerntipp: Wörter und Sätze thematisch sammeln
Arbeitsbuch Bildlexikon Ü 4–6: Sprache im Kurs

Phonetik: rhythmisch sprechen

Kopiervorlagen in den Handreichungen:
KV 1: Steckbriefe
KV 2: Zahlendomino

In Lektion 1 geht es um Kennenlernen, Begrüßungen und Verabschiedungen sowie Herkunft und Beruf. Die KT lernen das Alphabet und die Zahlen bis 20.

Auftaktseite

Lernziele und Lerninhalte:

Sprechen:	sich vorstellen, nach dem Namen und dem Herkunftsland fragen
Lesen/Hören:	Begrüßungsdialoge
Wortschatz:	Länder, Redemittel für Begrüßungen

Die Auftaktseite dient dem ersten Kennenlernen. Zunächst stellen Sie sich vor: *Ich heiße …* Benutzen Sie nonverbale Hilfsmittel, indem Sie auf sich selbst zeigen, wenn Sie Ihren Namen sagen. Schreiben Sie Ihren Namen an die Tafel.
Ergänzen Sie diese erste Begrüßung z. B. durch: *Guten Morgen / Guten Tag / Guten Abend.*

1

Anschließend hören und lesen die KT den Dialog in 1 und die eigentliche Begrüßungsrunde beginnt: Wiederholen Sie noch einmal den ersten Satz: *Ich heiße …* und fragen Sie dann eine/n KT: *Wie heißen Sie?* Zeigen Sie zunächst auf sich selbst und dann auf den/die KT. Wiederholen Sie dies für alle KT einzeln und lassen Sie ihnen für die Antwort Zeit. Greifen Sie unterstützend ein, wenn jemand große Mühe hat, die Begrüßung zu formulieren.
Dann fragen sich die KT gegenseitig nach ihren Namen. Schreiben Sie die Namen der KT an die Tafel. Lassen Sie etwas Platz für das Herkunftsland, nach dem in der nächsten Übung gefragt wird.

Erstellen Sie danach Namenskärtchen. Hierfür sollten Sie Filzstifte und Kärtchen bereithalten. Schreiben Sie Ihren Namen auf ein Kärtchen und bitten Sie die KT, dasselbe zu tun. So schaffen Sie in etwa das Klassenbild, das auf dem Foto oben auf der Auftaktseite dargestellt ist. Die KT sollten die Namenskärtchen auch zu den nächsten Kursterminen mitbringen, da es erfahrungsgemäß längere Zeit dauert, bis alle Namen im Kurs bekannt sind.

Variante:

Bilden Sie einen Kreis. Sagen Sie I*ch heiße … Und Sie?* Werfen Sie danach einen kleinen, weichen Ball einem/r KT zu. Der/Die KT antwortet. Danach werfen sich die KT gegenseitig den Ball zu und fragen nach ihren Namen.

2

Die KT hören und lesen zunächst den Dialog aus 2, danach fragen sie sich gegenseitig, z. B. mit dem Ball aus der oben genannten Variante. Beginnen Sie wieder: *Ich komme aus Deutschland. Woher kommen Sie?*
Schreiben Sie den Antwortsatz *Ich komme aus …* noch einmal an die Tafel und ergänzen Sie ihn mit *Deutschland.* Im Verlauf der Frage- und Antwortrunde ergänzen Sie dann die Namensliste an der Tafel mit den Herkunftsländern. Achten Sie auf Länder mit Artikel, ohne auf Details einzugehen. (Ein Beispiel dafür findet sich in 3 a: *aus* der Türkei).

3 a–c

In der letzten Übung auf dieser Seite werden die Minidialoge aus 1 und 2 zu einem etwas längeren Dialog kombiniert. Nachdem die KT den Dialog gehört, gelesen und gesprochen haben, bewegen sie sich entsprechend dem Foto zu 3 im Raum und fragen sich gegenseitig nach Namen und Herkunftsland.

Schon mit den Übungen der Auftaktseite können Sie sich ein erstes Bild darüber verschaffen, wie leistungsstark die KT sind. Anhand der Namenskärtchen erhalten Sie Hinweise auf die Schreibfertigkeit, Sie sehen, wie gut sie die Sätze in den Sprechblasen lesen können und ob sie Schwierigkeiten mit dem lateinischen Alphabet haben. Ist das der Fall, empfehlen wir, Block B, Buchstaben, vorzuziehen. Ebenso erfahren Sie, ob die KT einfache Arbeitsanweisungen verstehen.

Arbeitsbuch: Ü 1–3
Portfolioübung Ü 3: Wie heißen Sie? Woher kommen Sie?

A Guten Tag

Lernziele und Lerninhalte:

Sprechen:	Begrüßungsdialoge, eine dritte Person vorstellen
Lesen/Hören:	Begrüßungsdialoge
Schreiben:	Sätze schreiben: *Wer ist das? – Das ist ….*
Wortschatz:	Redemittel für Begrüßungen
Grammatik:	*W*-Fragen: *wer?*

1–2

Betrachten Sie vor der Präsentation des Hörtextes das Foto. Vielleicht können einige KT bereits Sätze auf Deutsch zu dem Foto formulieren. Danach hören die KT den Dialog ohne mitzulesen. Fragen Sie anschließend: *Wie heißen die Personen?* und spielen Sie den Dialog noch einmal vor, die KT lesen ihn mit, um Ihre Frage zu beantworten. Anschließend hören die KT den Dialog ein drittes Mal. Stoppen Sie die CD nach jedem Satz, damit die KT ihn nachsprechen. Danach lesen sie zunächst den Originaldialog mit verteilen Rollen, anschließend variieren sie ihn mit ihren eigenen Namen.

Gegenüber der Begrüßungssituation der Auftaktseite gibt es hier die Erweiterung: *Ich bin neu hier* ... Beachten Sie auch das Nachfragen: *Entschuldigung* ... Damit haben die KT ein erstes Redemittel, um auch im Kurs oder außerhalb des Kurses nachzufragen, wenn sie etwas nicht verstanden haben.

Übung 2 enthält eine weitere Variante: *Ich bin* ... – *Das ist* ... Das Ballspiel verläuft nach demselben Muster wie die auf der Auftaktseite beschriebene Variante.
Nutzen Sie die Schreibübung 2 a noch einmal dazu, die Schreibfertigkeit der KT zu überprüfen.

Arbeitsbuch: Ü 4–7

B Buchstaben

Lernziele und Lerninhalte:

Sprechen:	das Alphabet nachsprechen, den eigenen Namen buchstabieren
Hören:	das Alphabet – Buchstaben und Namen hören und notieren

1

Gehen Sie mit den KT die Buchstaben des Alphabets durch, lesen Sie diese laut vor und erklären Sie die Besonderheiten der Umlaute und den Buchstaben *ß*, der in anderen Sprachen unbekannt ist. Anschließend hören die KT das Alphabet von der CD und sprechen es nach.

2–3

Kontrolle, ob die KT in der Lage sind, die Buchstaben beim Hören zu erkennen. Bei 3 sollen die KT ihre Lösungen, d. h. die Namen, sowohl laut buchstabieren als auch zusammenhängend vorlesen, bevor sie abschließend den Dialog mit ihren eigenen Namen variieren.

Häufig bereitet die Aussprache bestimmter Buchstaben Schwierigkeiten. Das deutsche *r* z. B. ist fast immer ein Problem, KT mit spanischer Muttersprache erkennen oft nicht den Unterschied zwischen *b* und *w*, während KT mit russischer Muttersprache mit dem *e* Probleme haben. Viele KT mit Italienisch als Muttersprache können die Umlaute nicht aussprechen oder beim Hören erkennen. Widmen Sie derartigen Problemen bei den KT besondere Aufmerksamkeit.

Ziel der Übung sollte es sein, dass die KT die Buchstaben erkennen und so aussprechen können, dass man sie versteht, wenn sie z. B. in einer Behörde ihren Namen buchstabieren müssen.

Varianten:
- KL liest die Buchstaben von Städtenamen in beliebiger Reihenfolge vor, z. B. a-m-z-n-i = Mainz. die KT sollen die Städtenamen herausfinden. Anschließend buchstabieren die KT verschiedene Städtenamen.
- Bringen Sie eine Karte von Deutschland mit in den Kurs (wenn nicht vorhanden, Umschlagsseite im Kursbuch) und üben Sie die Ortsnamen. Die KT nennen und buchstabieren die Namen der Orte, die sie schon einmal gehört haben.
- Die KT buchstabieren den Namen des Wohn- bzw. Kursortes bzw. der Institution, an der der Kurs stattfindet, z. B. Volkshochschule.

4

Diese Übung greift die Übungen von der Auftaktseite wieder auf und erweitert sie, indem die KT jetzt ihren Namen und ihr Herkunftsland / ihre Herkunftsstadt buchstabieren.

KV 1 Steckbrief. Als Ergänzung zur Übung 4 füllen die KT in Kopiervorlage 1 persönliche Steckbriefe aus. Sie können auch ein Foto von sich aufkleben oder etwas zeichnen. Diese Steckbriefe können dann im Kursraum aufgehängt werden und im Laufe des Kurses mit weiteren persönlichen Informationen ergänzt werden (z. B. Hobbys, Lieblingsessen, ...)

Arbeitsbuch: Ü 8–10

C Formell und informell

Lernziele und Lerninhalte:

Sprechen:	Begrüßungsdialoge, nach dem Befinden fragen, sich begrüßen und sich verabschieden, Interview mit *W*-Fragen,
Lesen/Hören:	Begrüßungsdialoge – formell und informell
Schreiben:	Verbendungen markieren und ergänzen, das Verb *sein* ergänzen
Wortschatz:	Redemittel für Begrüßungen,
Grammatik:	Konjugation der regelmäßigen Verben im Präsens und von *sein*: 1. und 2. Person Singular, 1.–3. Person Plural, Personalpronomen

Mit der Verbkonjugation lernen die KT das erste große Grammatikthema kennen. Sie sollten dieses Thema intensiv behandeln und sich für die Erklärungen Zeit nehmen. Je mehr sich die KT am Anfang mit den Verben beschäftigen, desto weniger Probleme haben sie später. Die 3. Person Singular/Plural wird in Lektion 2, Block A behandelt.

1

Die KT betrachten zunächst die Fotos, um sich mit den Situationen vertraut zu machen. Bitten Sie evtl. eine/n KT, der/die bereits etwas Deutsch spricht, kurz etwas zu den Fotos zu sagen: *Das sind 2 Personen / ein Mann und eine Frau* o. Ä.

Dann hören die KT die Dialoge zweimal: Einmal mit Pause und einmal ohne Pause zwischen den einzelnen Dialogen und lösen 1 a. (Lösung: A: 1, 3, 4, 5; B: 2, 6). Erläutern Sie für 1 b den Unterschied formell/informell in einfachen Worten: Wann sagt man *du* und wann sagt man *Sie*? Lassen Sie die KT die unterscheidenden Merkmale in den Dialogen unterstreichen, möglichst mit verschiedenfarbigen Stiften für die formelle bzw. die informelle Variante: *du* und *Sie*, *dir* und *Ihnen* und die Begrüßungsformeln: *Hallo / Guten Tag – Auf Wiedersehen / Tschüss.* Sammeln Sie die formellen und informellen Dialogelemente in einer Tabelle an der Tafel.

du	Sie
...	...

Anschließend variieren die KT die Dialoge mit ihren eigenen Namen.

Variante für lernungeübte KT:

Schreiben Sie einen oder zwei der Dialoge an die Tafel, oder bereiten Sie die Dialoge auf einer OHP-Folie entsprechend vor. Lassen Sie in jedem Dialog nur eine Lücke frei, z. B.:

+ *Hallo!*	+ *Guten Tag.*
Wie heißt du?	*Wie heißen Sie?*
– *Mahmut.*	– *Ich heiße Anna Blank. Und ... ?*
+ *Wer bist ... ?*	+ *Ich bin Peter Müller.*
– *Ich bin Laura.*	

2–3

Festigung des soeben gelernten Unterschieds formell/informell. (Lösung Ü 2: 1 Guten Tag, Herr Meier.; 2. Ich heiße Lina. Und du?; 3. Tschüss, Anna. Bis morgen.; 4. Danke gut, und Ihnen?)

Variante formell/informell:

Die KT schreiben zwei Kärtchen: Auf dem einen steht nur der Vorname, auf dem anderen Herr/Frau + Nachname.

Teilen Sie den Kurs in zwei Gruppen. Die KT bewegen sich frei im Raum. Die eine Gruppe trägt je eines der Kärtchen nach eigener Wahl vor sich her. Damit entscheiden die KT selbst, ob der Dialog informell oder formell sein soll. Aufgabe der KT aus der anderen Gruppe ist es, die KT mit den Kärtchen in der gewünschten Form anzusprechen. Nach einiger Zeit werden die Rollen gewechselt.

4

Zunächst hören die KT die Dialoge, danach lesen sie sie in Partnerarbeit laut. Schreiben Sie die Konjugation von *kommen* an die Tafel, nachdem die KT die Endungen markiert haben. Schreiben Sie die Verben *mach-st* und *lern-e* aus Dialog 2 separat an die Tafel und erläutern Sie die Struktur des Verbs (Stamm und Endung). Schreiben Sie dann eine Liste der Verben in allen Formen an die Tafel. Diese Aufgabe können auch die KT übernehmen. Weisen Sie auf die unterschiedlichen Endungen hin und erläutern Sie die Personalpronomen im Nominativ anhand des Grammatikkastens.

5

Anschließend lösen die KT 5 a in Partnerarbeit. Dabei sollten Sie lernungeübten KT Zeit lassen und Unterstützung bieten. Währenddessen können lerngeübte KT die Verbformen auf den vorangegangenen Seiten markieren.

In 5 b wird die Konjugation von *sein* eingeführt, das Verb kennen die KT bereits aus Übung A 1/2. Weisen Sie vor der Lösung von 5 b auf den Infokasten hin und besprechen Sie die Formen. Schreiben Sie diese abschließend noch einmal an die Tafel und lassen Sie die KT die Fragen und Antworten von 5 b in Zweier- und Dreiergruppen mit den eigenen Namen variieren.

6

Zusammenfassung des bisher gelernten Stoffs in Interviewform. Für lernungeübte KT sollten Sie die Fragen noch einmal im Plenum erarbeiten und an der Tafel sammeln. Der Gruppenarbeit sollte ein

Modellinterview, das Sie mit einem/einer eher lerngeübten KT vor dem Plenum machen, vorausgehen. Während der Gruppenarbeit sollten Sie den lernungeübten KT besondere Aufmerksamkeit widmen, lerngeübte KT können auch schon einen kleinen Text über sich selbst schreiben, oder – sofern sie Vorkenntnisse haben und auch schon die 3. Person Singular kennen – einen kleinen Text über ihren Lernpartner / ihre Lernpartnerin.

Arbeitsbuch: Ü 11–20

D Zahlen bis 20

Lernziele und Lerninhalte:

Sprechen:	von 1 bis 20 zählen, Handynummern sagen
Hören:	Autokennzeichen ergänzen
Schreiben:	Zahlen in Buchstaben schreiben

1–2

Zunächst hören und lesen die KT die Zahlen laut. Lassen Sie die KT die Zahlen evtl. im Chor, dann einzeln wiederholen, zunächst nur von 1 bis 10, anschließend dann bis 20. Übung 2 in Einzelarbeit mit individueller Unterstützung durch den/die KL.

3

Hier erfolgt mit der Kombination von Zahlen und Buchstaben eine Erweiterung. Die KT notieren beides nach dem Hören. Die Gestaltung dieser Übungen enthält nebenbei auch landeskundliche Informationen: über Hausnummern in Deutschland und Kraftfahrzeugkennzeichen in den deutschsprachigen Ländern. (Lösung 2. MS TT 2011; 3. F ZV 245; 4. N BB 763; 5. ZH 871 6432; 6. W MA 9)

4

Die abschließende Dialogübung sollte wieder mit Hören sowie Hören und Nachsprechen eingeleitet werden. Wichtig ist, dass die KT die Zahlen einzeln sagen und nicht versuchen, zwei- oder gar dreistellige Zahlen zu sagen.

Varianten:

- Schreiben Sie einige Zahlen an die Tafel und deuten Sie auf eine der Zahlen, ein/e KT sagt dann die Zahl laut. Oder die KT selbst schreiben Zahlen an die Tafel und fordern andere zum Sprechen auf.
- Schreiben Sie eine Zahlenreihe an die Tafel, z. B. 2 – 4 – 6 … 20 oder 3 – 6 … 18, die die KT dann vervollständigen.

KV 2 Im Anhang findet sich ein Zahlendomino zum Üben der Zahlen von 1 bis 20 als Kopiervorlage. Schneiden Sie die Kärtchen aus und kleben Sie sie auf Karton. Alle Karten werden gemischt und an die KT verteilt. Die erste Karte (links freies Feld, rechts 1+1) kommt aufgedeckt auf den Tisch. Die KT legen jetzt reihum an. Das Ergebnis der Rechenaufgabe auf der rechten Seite befindet sich auf der linken Seite eines anderen Kärtchens. Die KT können auch ihre Karten offen auf den Tisch legen und sich gegenseitig unterstützen (zu zweit oder in Kleingruppen).
Sie können hier auch schon mit der KV 4 arbeiten (Zahlenbingo mit Zahlen von 1–20), siehe die Beschreibung in den vorliegenden *Handreichungen* Lektion 2, S. 18.)

Arbeitsbuch: Ü 21–22

E Was sind Sie von Beruf?

Lernziele und Lerninhalte:

Sprechen:	nach Berufen fragen, den eigenen Beruf sagen
Hören:	Berufe
Wortschatz:	Berufe
Grammatik:	männliche und weibliche Berufsbezeichnungen

Mit den Berufsbezeichnungen taucht im Lehrwerk erstmals die Arbeitswelt auf. Außerdem wird mit den Berufen die Vorstellungsrunde, die auf der Auftaktseite begann, fortgeführt.

1

Die einleitende Übung soll die KT zum einen mit wichtigen Berufen bekannt machen, zum anderen ist sie eine Ausspracheübung. Erweitern Sie evtl. die Liste mit Berufen.

2

Mit Hilfe der zweiten Übung sollen die KT vor allem lernen, ihren eigenen Beruf zu nennen. Schreiben Sie die Frage *Was sind Sie von Beruf?* auch in der informellen Variante an die Tafel. Weisen Sie auf den Grammatikkasten hin und geben Sie weitere Beispiele für männliche und weibliche Berufsbezeichnungen bzw. lassen Sie diese von den KT sammeln.

Mit Hilfe von 2 c lernen sich die KT weiter kennen. Sammeln Sie die Berufe der KT zunächst an der Tafel und machen Sie ein Frage- und Antwortspiel. Anschließend können die KT ein Lernplakat anfertigen, das im Kursraum aufgehängt wird (s. Foto zu 2c) und auch ihre eigenen Steckbriefe (s. KV 1) ergänzen.

Bei lerngeübten KT/Anfängern mit Vorkenntnissen sind auch Fragen in der 3. Person Singular möglich: *Was ist Julia von Beruf? – Julia ist Programmiererin.* Diese Fragen und Antworten können als Kettenspiel im Plenum die Runde machen, um zum Abschluss von Lektion 1 noch einmal sicherzustellen, dass sich die KT kennen.

Arbeitsbuch: Ü 23–25
Portfolioübung Ü 25 b: Name, Heimatland, Beruf
Schreibtraining Ü 26: Großschreibung
Arbeitsbuch – Deutsch plus Ü 27: Hörtext In der Sprachschule, Anmeldeformular ausfüllen, Ü 28: Reaktionen auf die Frage *Wie geht's?*
Arbeitsbuch – Wichtige Wörter: Ü 1–3
Lerntipp: Wörter und Sätze thematisch sammeln
Arbeitsbuch Bildlexikon Ü 4–6: Sprache im Kurs

Sprechen aktiv:

1

Wörter sprechen: In Übung 1 wird noch einmal der Wortschatz zum Thema Berufe aufgegriffen. Aufbauend auf dem, was die KT in Block der Lektion gelernt haben, wird der Wortschatz wiederholt.

2

Minidialoge sprechen: Die KT wiederholen das Interview aus C 6. Nach der einleitenden Nachsprechübung werden die Interviews in Form einer Cocktailparty mit wechselnden Partnern/Partnerinnen geführt.
2 b ist eine spielerische Erweiterung, die auch dazu dienen kann, Städte- und Ländernamen zu wiederholen.

Variante:
Spielen Sie Musik, die Sie nach einiger Zeit stoppen. Die KT sprechen dann mit einem/einer KT in ihrer Nähe. Sie erhalten ca. je nach Bedarf 30–60 Sekunden Zeit für das Interview. Danach beginnt die Musik wieder, beim nächsten Stopp sprechen die KT mit einem anderen Partner/einer anderen Partnerin.

3

Grammatik sprechen: Geübt wird schwerpunktmäßig die Verbkonjugation, außerdem sind noch einmal Zahlen das Thema.
Weisen Sie bei 3 b auf weitere Variationsmöglichkeiten mit Negation hin:
Ich komme aus Frankreich. – Ich komme nicht aus Frankreich, ich komme aus Spanien. u. Ä.

4

Flüssig sprechen: Die *Sprechen-aktiv*-Nachsprechübungen haben einen speziellen, vielleicht zunächst etwas ungewöhnlichen Charakter, der den Hörsinn stark anspricht: Die Texte sind nicht im Buch abgedruckt und sie werden mit leichter, entspannender Musik eingeleitet und begleitet. Die KT sollen sich bequem hinsetzen, vielleicht auch die Augen schließen und sich ganz auf das Hören und Sprechen konzentrieren. Diese Übungen eignen sich als entspannender Ausstieg am Ende eines Unterrichtstages. Die *Sprechen-aktiv*-Nachsprechübungen sind immer zweiteilig aufgebaut. Die KT hören zunächst alle Fragen oder Sätze einmal ohne Pause. Im zweiten Teil ist nach jeder Frage eine Pause zum Nachsprechen. Lassen Sie die KT, jeder/jede für sich hören und (halb-)laut sprechen, ein exaktes Chorsprechen mit gleichzeitigem Einsatz und Tempo ist in dieser Übung nicht erwünscht.
Fragen sind gerade am Anfang des Sprachenlernens besonders wichtig. Deshalb trainiert diese erste Flüssigkeitsübung die Struktur der *W*-Fragen.
Tipp: Sie können die *Sprechen-aktiv*-Übung, in denen Fragen präsentiert werden, auch immer umfunktionieren in eine Frage-Reaktionsübung. Die KT hören die Fragen und beantworten sie jede/jeder (halb-)laut für sich. Das trainiert die für die Kommunikation so wichtige flüssige Reaktion.

5

Dialogtraining: Diese Übung baut auf der Videosequenz zu Lektion 1 auf. Die Dialogvariationen von 5 b und 5c können auch im Plenum vorgespielt werden, nachdem sie zunächst in Partnerarbeit mit individueller Kontrolle durch den/die KL geübt wurden.

Phonetik: Rhythmisch sprechen, s. S. 133 in den *Handreichungen*.

Lektion 2
Alte Heimat, neue Heimat

Auftaktseite

Sprechen: über Länder und Kontinente sprechen
Wortschatz: Länder und Kontinente
Grammatik: Fragen mit *wo/woher?* Präpositionen *in* und *aus*

Arbeitsbuch: Ü 1–2
Portfolioübung Ü 2c: Herkunft, Heimatland

Kannbeschreibungen GER / Rahmencurriculum:
Kann über seine/ihre Herkunft sprechen.

A Nationalität und Sprachen

Lernziele und Lerninhalte:
Sprechen: die eigene Nationalität sagen, sagen, welche Sprachen man spricht, den Lernpartner / die Lernpartnerin vorstellen, Name, Land, Nationalität, Sprache, Würfelspiel mit Verben
Lesen: Personen aus fünf Ländern stellen sich vor
Hören: Zwei Personen berichten über ihre Herkunft.
Wortschatz: Nationalitäten, Sprachen
Grammatik: Konjugation der regelmäßigen Verben im Präsens und von *sein,* auch in der 3. Person, Personalpronomen *er, sie, sie* (Plural), Verb mit Vokalwechsel: *sprechen*

Arbeitsbuch: Ü 3–7
Portfolioübung Ü 7: Herkunft, Nationalität, Sprachen

Kannbeschreibungen GER / Rahmencurriculum:
Kann andere Personen vorstellen.
Kann sagen, welche Sprachen er/sie spricht.

B Im Deutschkurs

Lernziele und Lerninhalte:
Sprechen: nach Gegenständen fragen, Sätze mit bestimmtem und unbestimmtem Artikel bilden, Pluralformen finden, Fragen und Antworten mit *Wie viele?*
Schreiben: Pluralendungen markieren
Wortschatz: Gegenstände im Kursraum
Grammatik: bestimmter und unbestimmter Artikel im Nominativ Singular und Plural

Arbeitsbuch: Ü 8–10

C Zahlen, Zahlen, Zahlen

Lernziele und Lerninhalte:
Sprechen: Zahlen hören und nachsprechen
Hören: Telefonnummern nach dem Hören notieren
Schreiben: Zahlen in Ziffern schreiben
Wortschatz: Zahlen ab 20

Arbeitsbuch: Ü 11–17

D Wie ist Ihre Adresse?

Lernziele und Lerninhalte:
Sprechen: Fragen und Antworten: persönliche Informationen geben: Name, Herkunftsland, Adresse, Sprachen
Lesen/Hören: Telefongespräch mit einer Kita
Wortschatz: Adresse

Kannbeschreibungen GER / Rahmencurriculum:
Kann persönliche Angaben machen.
Kann sich nach Betreuungseinrichtungen erkundigen.

Arbeitsbuch: Ü 18–19b
Portfolioübung Ü 19c: Name, Adresse, Telefonnummer, Alter, Beruf
Schreibtraining Ü 20a: Groß- und Kleinschreibung, Ü 20b: Diktat
Arbeitsbuch – Deutsch plus Ü 21–23: Arbeit mit dem Wörterbuch, Abkürzungen
Arbeitsbuch – Wichtige Wörter: Ü 1–4
Lerntipps: Verben und Sätze auf Lernkarten schreiben, Artikel farbig markieren
Arbeitsbuch Bildlexikon Ü 5–8: Gegenstände im Kursraum

Phonetik: Wortakzent

Kopiervorlagen in den Handreichungen:
KV 3: Konjugationswürfel
KV 4+5: Zahlenbingo

In Lektion 2 sprechen die KT über Nationalität und Sprachen, Länder und Kontinente, sie lernen Wortschatz für die Gegenstände im Kursraum, sie lernen, die eigene Adresse mit Telefonnummer zu sagen, sowie Zahlen ab 20.

Auftaktseite

Lernziele und Lerninhalte:

Sprechen:	über Länder und Kontinente sprechen
Wortschatz:	Länder und Kontinente
Grammatik:	Fragen mit *wo/woher?*, die Präpositionen *in* und *aus*

1a

Die Auftaktseite zeigt Bilder der verschiedenen Kontinente. Bringen Sie eine Weltkarte mit, vielleicht können die KT zeigen, wo genau die abgebildeten Orte/Baudenkmäler liegen.
(Lösung: 1: New York, USA; 2: Hongkong; 3. Moskau; 4: Akropolis, Athen, Griechenland; 5: Barrier Riff, Australien; 6 Istanbul, Bosporus; 7: Sphinx, Kairo, Ägypten; 8: Rio de Janeiro mit der Christusstatue auf dem Corcovado, Brasilien)
1b kann über die Fotos hinausgehend auch Gelegenheit geben, dass die KT sagen, welche weiteren Städte/Länder die KT kennen.

2

Hier aktivieren die KT zunächst ihr Weltwissen. Ausgangspunkt können die Länder sein, aus denen die Fotos stammen, anschließend nennen die KT wie zu Beginn von Lektion 1 noch einmal ihre Heimatländer, wobei es dieses Mal um die Bewusstmachung der Präpositionen *in* und *aus* geht. Besonders für lernungeübte KT oder Nullanfänger sollten Sie einige Sätze an der Tafel vorgeben und die Präpositionen *in* und *aus* im Zusammenhang mit den Fragewörtern *wo* und *woher* erläutern:

Wo
Wo liegt Deutschland? – **In** Europa.

Woher
Woher kommt Tamara? – **Aus** Russland.

Bereiten Sie für lernungeübte KT eine OHP-Folie mit Lücken vor:

Stefan kommt _______ Österreich. Österreich liegt

_______ Europa usw.

Gehen Sie ausführlicher auf die Länder mit Artikel ein. Schreiben Sie eine Liste der Länder mit Artikel an die Tafel, aus denen Ihre KT kommen. Nennen Sie 4–5 wichtige bzw. häufig in Deutschland genannte Länder mit Artikel (die Türkei, die Ukraine, der Iran, der Irak, der Libanon usw.) und geben Sie Beispielsätze vor wie z. B.: *Viktoria kommt aus der Ukraine. – Kiew liegt in der Ukraine.*

Varianten:

- Sammeln Sie gemeinsam mit den KT auch die Nachbarländer Deutschlands an der Tafel. Fordern Sie anschließend lerngeübte KT auf, die Nachbarländer ihres Heimatlandes zu nennen.
- Wenn in Ihrem Kurs sehr viele Nationalitäten bzw. Herkunftsländer vertreten sind, können Sie in einem einfachen Satz auch die Hauptstädte einbeziehen.

Schreiben Sie z. B. folgenden Satz an die Tafel:
Ich komme aus Deutschland. Deutschland liegt in Europa. Die Hauptstadt ist/heißt Berlin.

Arbeitsbuch: Ü 1–2
Portfolioübung 2c: Herkunft, Heimatland

A Nationalität und Sprachen

Lernziele und Lerninhalte:

Sprechen:	die eigene Nationalität sagen und sagen, welche Sprachen man spricht, Lernpartner/in vorstellen: Name, Land, Nationalität, Sprache, Würfelspiel mit Verben
Lesen:	Personen aus fünf Ländern stellen sich vor
Hören:	zwei Personen berichten über ihre Herkunft.
Wortschatz:	Nationalitäten, Sprachen
Grammatik:	Konjugation der regelmäßigen Verben im Präsens und von *sein*, auch in der 3. Person, Personalpronomen *er*, *sie*, *sie* (Plural), Verb mit Vokalwechsel: *sprechen*

1a

Hier bietet sich erstmals mit etwas komplexeren Texten Gelegenheit, das Leseverstehen zu trainieren. Die KT lesen die Texte und ergänzen die Tabelle in Partnerarbeit. Die Ergebnisse werden an der Tafel gesammelt.
Lassen Sie die KT vorab beispielhaft die Schlüsselwörter in den ersten beiden Texten zu Land, Nationalität und Sprache unterstreichen. (Lernungeübte KT sollten die Schlüsselwörter in allen Texten unterstreichen). Lerngeübte KT erhalten zusätzlich die Aufgabe *W*-Fragen zu je einem der Text zu schreiben, die ihre Lernpartner/innen dann beantworten.

Variante:
Der/Die KL schreibt R/F-Aufgaben an die Tafel, z. B.: *Rosa kommt aus Spanien; Marcel und Paul wohnen in Quebec.* o. Ä.

1b–c
Einführung der Personalpronomen *er* und *sie* sowie *sie* im Plural mit Konjugation der regelmäßigen Verben. Die KT lösen zunächst die Aufgaben im Plenum, anschließend werden die Ergebnisse an der Tafel gesammelt, die Endungen der Verben an der Tafel sollten farblich markiert werden. Schreiben Sie die Verben so an die Tafel, dass Platz genug ist, um auch die anderen Personen zu ergänzen, was anschließend erfolgen sollte. Schreiben Sie das Verb *sprechen* separat und heben Sie den Vokalwechsel hervor. 1 c dient der Festigung der neu gelernten Grammatik.

2
Diese Übung dient der Festigung des in 1 Gelernten. Für ein zweites Hören des Interviews in 2 a sollte der/die KL einige Fragen vorbereiten, die auch zur Vorentlastung von 2 b dienen können:
- *Wie lange leben Herr und Frau Monti in Deutschland? – 20 Jahre.*
- *Wo wohnen sie? – In München.*
- *Wo arbeiten sie? – Bei Siemens / In einer Sprachschule.*
- *Welchen Beruf hat Frau Monti? – Sie ist Sekretärin.*
- *Woher kommt Her Monti, woher kommt Frau Monti? – Herr Monti kommt aus Italien, Frau Monti kommt aus Polen.*
- *Welche Sprachen sprechen sie? – Italienisch, Polnisch, Deutsch, ein bisschen Spanisch.*

3
3 a dient der Vorbereitung von Partnerinterviews, die die Fragen, die die KT bereits aus Lektion 1 kennen, noch einmal um Informationen über Nationalität und Sprache erweitern. Zunächst Partnerinterviews, anschließend stellen die KT ihre Lernpartner/innen im Plenum vor.

Weisen Sie noch einmal auf den Grammatikkasten zu den Personalpronomen in der 3.Person hin. Oft verwechseln Deutschlernende *er* und *sie*.

4
Mit dieser spielerischen Aktivität wird die Verbkonjugation noch einmal etwas freier geübt. Bringen Sie Würfel in den Unterricht mit. Es werden Gruppen mit je vier Mitspielern gebildet. Wie angegeben, entsprechen die Punktzahlen einer Person. Die KT würfeln und bilden die korrekte Form, z. B.: *Er kommt*. In einer zweiten Runde bilden die KT einen Satz.
Im Falle lernungeübter KT sollten die Verben, die in der korrekten Form zu nennen sind, evtl. plus Ergänzung, vor Beginn des Spiels für jeden Spieler / jede Spielerin festgelegt werden.

KV 3 In dieser Kopiervorlage finden Sie einen Konjugationswürfel zum Selberbasteln. Statt der Zahlen stehen die Personalpronomen auf den Würfelflächen. Spielen Sie in Gruppen und bringen Sie Scheren und Kleber mit. Jede Gruppe bekommt eine Kopie der KV und bastelt sich einen Würfel.

Arbeitsbuch: Ü 3–7
Portfolioübung Ü 7: Herkunft, Nationalität, Sprachen

B Im Deutschkurs

Lernziele und Lerninhalte:

Sprechen:	nach Gegenständen fragen, Sätze mit bestimmtem und unbestimmtem Artikel bilden, Pluralformen finden, Fragen und Antworten mit *wie viele?*
Schreiben:	Pluralendungen markieren
Wortschatz:	Gegenstände im Kursraum
Grammatik:	bestimmter und unbestimmter Artikel im Nominativ Singular und Plural

1
Der Wortschatz zum Kursraum in 1 a ist auch ein wichtiges Werkzeug, um dem Unterricht besser folgen zu können. Geben Sie den KT zunächst etwas Zeit, um die Gegenstände auf dem Foto zu betrachten und sich mit den Wörtern vertraut zu machen. Anschließend hören sie die Wörter und sprechen sie nach.
Dann zeigen die KT auf die Gegenstände in ihrem eigenen Kursraum oder heben sie hoch: *das Buch, der Kugelschreiber, die Tasche* usw.
1 b ist eine unterstützende Übung, damit die KT die neu gelernten Worte besser im Gedächtnis behalten.

2
Hier lernen die KT die Artikel kennen. Notieren Sie die Wörter aus der Übung mit bestimmtem und unbestimmtem Artikel an der Tafel, nachdem die KT 2 a und b gelöst haben. Ergänzen Sie die Liste mit

weiteren bereits bekannten Nomen, z. B. *der Kontinent – ein Kontinent, die Sprache – eine Sprache, das Land – ein Land.* Ziehen Sie auch die Übersicht auf der *Gewusst-wie*-Seite heran und erläutern Sie die Begriffe maskulin, feminin und neutral.

Besonders lerngeübte KT fragen oft, ob es Regeln für das Genus gibt. Weisen Sie darauf hin, dass es keine oder nur sehr unzuverlässige Regeln gibt und dass die KT Nomen immer zusammen mit Artikel (und Pluralform) lernen sollen.

Setzen Sie die Dialoge in 2c mit anderen Gegenständen und fiktiven Preisen fort, zunächst im Plenum, anschließend in Partnerarbeit. Beziehen Sie auch Gegenstände mit ein, die nicht im Kursbuch vorkommen, z. B. *der Schwamm, der Papierkorb, das Foto, der Rucksack* usw. Sammeln Sie diese Wörter mit Artikel an der Tafel, damit die KT Sätze bilden können.
Besonders KT mit slawischer Muttersprache haben oft große Probleme mit dem Artikel, weshalb sie am Anfang besonders viele Beispiele brauchen.

Übung 2 bietet sich für einen weiteren Lerntipp an: Die KT schreiben die Wörter mit Artikel und Plural auf Kärtchen, wobei sie die Artikel wie in 1 a farbig markieren: maskulin blau, feminin rot und neutral grün.

Variante:
Veranstalten Sie im Kurs einen Flohmarkt, wozu kein großer Aufwand erforderlich ist. Teilen Sie den Kurs in zwei Gruppen auf. Die eine Gruppe schreibt für ihre Bücher, Hefte, Stifte usw. Preisschilder (bis 20.00 €) und stellt diese und die Gegenstände vor sich auf den Tisch, die anderen gehen von Tisch zu Tisch und fragen nach den Preisen. Nach einiger Zeit wechseln die Gruppen. So entsteht ein Frage- und Antwortspiel: *Was ist das? – Wie heißt das auf Deutsch? – Das ist ein/eine… – Wie viel kostet der/ die … ein/eine? – Der/Die – Ein/Eine kostet …"*
So werden nicht nur die Artikel geübt, sondern auch Zahlen wiederholt und weiter gefestigt.

3

Pluraleinführung. Nachdem sie die Zahlen ergänzt haben, markieren die KT die Pluralendungen in 3 a, lerngeübte KT mit Unterstützung durch den/die KL. Erläutern Sie für 3 c die Pluraleinträge in der Wortliste. Weisen Sie darauf hin, dass es im Plural nur einen Artikel gibt und darauf, dass die KT Nomen nicht nur zusammen mit dem Artikel, sondern immer auch mit der Pluralform lernen sollten.

4

Diese Übung dient der Festigung der neu gelernten Pluralformen und der Bewusstmachung des bestimmten Artikels *die* im Plural, Einzelarbeit; individuelle Kontrolle durch den/die KL.

5

Spielerischer Abschluss dieses Grammatikthemas. Neu ist das Fragewort *wie viele?*, das Sie einleitend anhand einiger Beispiele erläutern sollten. Die Übung ist sowohl als Kettenspiel im Plenum als auch in Gruppen möglich.

Bei der Einführung des Plurals wurde im Kursbuch auf eine systematische Darstellung aller Pluralformen verzichtet. Primäres Ziel ist es, die KT für den Unterschied von Singular und Plural zu sensibilisieren und insbesondere für lernungeübte KT ist eine derartige Systematisierung wenig hilfreich. Eine vollständige und systematische Übersicht finden Sie auf der *Gewusst-wie*-Seite. Zudem gibt es eine entsprechende Übung im Arbeitsbuch (Ü 10b).

Arbeitsbuch: Ü 8–10

C Zahlen, Zahlen, Zahlen

Lernziele und Lerninhalte:

Sprechen:	Zahlen hören und nachsprechen
Hören:	Telefonnummern nach dem Hören notieren
Schreiben:	Zahlen in Ziffern schreiben
Wortschatz:	Zahlen ab 20

1–2

Die ersten beiden Übungen sind ähnlich wie die beiden ersten Übungen in Lektion 1, Block D: Die KT hören und sprechen die Zahlen. Erläutern Sie, dass man die Zahlen ab 20 von rechts nach links spricht, was nicht wenigen KT Schwierigkeiten bereitet. Ergänzend zur Darstellung in 2 sollten Sie z. B. auch ein Tafelbild dazu erstellen.
Erfahrungsgemäß verwechseln die KT oft die Zahlen zwischen 40 und 49 bzw. 50 und 59 und Zahlenpaare wie 69–96, 84–48, 23–32 usw., weshalb diese Zahlen verstärkt geübt werden sollten.

3

Hier geht es um dreistellige Zahlen, für die sich ebenfalls mehrere Varianten oder Spiele anbieten, z. B. Rechenaufgaben. Oder KT 1 schreibt Ziffern an die Tafel, die ihm andere KT aus dem Plenum zurufen, Zahlenreihen, z. B. 100 – 150 – 200 – 250 usw., der/die KL oder ein/e KT schreibt Ziffern oder Zahlen in Buchstabenform an die Tafel, die die KT mündlich „übersetzen".

4

(Lösung: Paul: 0177 25 35 53,
Herr Weiß: 0174 689731,
Frau Tanner: keine Nummer,
Sprachschule: 0711 38 38 33,
Birthe: 02552/20 31 22)

Telefonnummern sind oft schwer zu verstehen, sie sind aber im Alltag überaus wichtig. Deshalb empfehlen sich weitere Übungen:
KT 1 nennt eine Telefonnummer, die KT 2, oder bei Plenumsarbeit, ein/e andere/r KT an der Tafel notieren muss.

Variante:
Die KT schreiben eine Telefonnummer auf ein Kärtchen oder einen Zettel. Sofern sie nicht ihre eigene Telefonnummer aufschreiben, notieren sie sie zugleich im Heft, denn im weiteren Spielverlauf müssen alle KT ihre Nummer wiedererkennen.
Sammeln Sie die Kärtchen ein und verteilen Sie sie neu, sodass jede/r KT eine andere, neue Telefonnummer erhält. Die KT nennen dann die Telefonnummer, die sie erhalten haben, die Person, die die Nummer geschrieben hat, meldet sich.

Bevor das Spiel beginnt, schreiben Sie eine fiktive Telefonnummer an die Tafel und geben als Beispiel: *Meine Telefonnummer ist …*, indem Sie den Possessivbegleiter *meine* betonen, der für das Zahlenspiel benötigt wird. Schreiben Sie dann folgendes Dialogmodell an die Tafel:
A *Wer hat die Nummer 66 44 89?*
B *Ich. Das ist meine Nummer.*
A *Wie ist die Nummer?*
B *66 44 89.*

A vergleicht die wiederholte Nummer auf seinem/ihrem Kärtchen.
So üben die KT sowohl Sprechen als auch Verstehen.

KV 4+5 Im Anhang finden sich Kopiervorlagen für ein Zahlenbingo.

KV 4 dient zum Üben der Zahlen von 1–20. Jede/r KT erhält eine Kopie der Vorlage. Die KT tragen ungeordnet neun Zahlen von 1–20 in das erste Feld auf der KV ein. Jetzt liest der/die KL als Spielleiter/in Zahlen von 1–20 in beliebiger Reihenfolge vor und streicht die von ihm/ihr genannten Zahlen auf der Zahlenliste, um Dopplungen auszuschließen. Die KT kreuzen die aufgerufenen Zahlen in ihrem Feld an. Wer zuerst eine Zahlenreihe komplett angekreuzt hat, senkrecht, waagrecht oder diagonal, ruft Bingo und gewinnt das Spiel. Er/Sie übernimmt die Spielleitung für die nächste Runde.
Das Bingospiel auf **KV 5** funktioniert genauso. Bis auf eine/n KT (dem Spielleiter/der Spielleiterin) schreiben alle in jedes Bingo-Feld eine Zahl von 1–100. Der Spielleiter/Die Spielleiterin liest Zahlen von 1–100 in beliebiger Reihenfolge vor und streicht die von ihm/ihr genannten Zahlen auf der Zahlenliste durch. Die anderen streichen die aufgerufenen Zahlen auf ihrer Bingokarte durch. Wer als erster eine waagrechte, senkrechte oder diagonale Linie hat, ruft Bingo und übernimmt die Rolle der Spielleitung.

Arbeitsbuch: Ü 11–17

D Wie ist Ihre Adresse?

Lernziele und Lerninhalte:

Sprechen:	Fragen und Antworten: persönliche Informationen geben: Name, Herkunftsland, Adresse, Sprachen
Lesen/Hören:	Telefongespräch mit einer Kita
Wortschatz:	Adresse

1

Zunächst lernen die KT Vokabeln für Adressenangaben kennen, die sie in den folgenden Übungen benötigen. Auch in Partnerarbeit möglich, anschließende Besprechung im Plenum. Schreiben Sie zusätzlich eine weitere fiktive Adresse aus dem Kursort an die Tafel, bei der die KT dann den Wortschatz zuordnen. Oder Sie bereiten Kärtchen mit verschiedenen Adressen vor, die KT machen die Zuordnung in Gruppenarbeit.

2

2a ist ein selektives HV und LV, das u.a. noch einmal das Thema Zahlen aus Block C aufgreift. Die KT hören aus einem längeren Dialog Ziffern heraus und notieren sie. Zweimaliges Hören. Anschließend beantworten die KT die Fragen in 2b. Lerngeübte KT decken den Text ab und beantworten die Fragen nach dem Hören. (Lösung: 1. Ferdinand ist zwei Jahre alt.; 2. Herr Schulz sucht eine Kita.; 3. Die Hausnummer ist 15.; 4. Die Postleitzahl ist 22769.; 5 Die E-Mail-Adresse ist schulz@gmx.de.; 6. Sie schickt ein Anmeldeformular.)

3

Die Visitenkarte dieser Übung kann nochmals als Grundlage für ein weiteres Partnerinterview mit persönlichen Informationen dienen, dieses Mal zu Adresse, Telefonnummer und E-Mailadresse. Erarbeiten Sie mit den KT gemeinsam geeignete Fragen bzw. wiederholen Sie Fragen:

Wie heißen Sie?	*Wie heißt du?*
Wo wohnen Sie?	*Wo wohnst du?*
Wie ist Ihre Adresse?	*Wie ist deine Adresse?*
Wie ist Ihre Telefonnummer?	*Wie ist deine Telefonnummer?*
Wie ist Ihre E-Mailadresse?	*Wie ist deine E-Mailadresse?*

Lerngeübte KT können anschließend über ihren Lernpartner / ihre Lernpartnerin im Plenum berichten oder einen Text schreiben. Schreiben Sie dafür passende Beispielsätze an die Tafel, evtl. inkl. Verbindung von Straßennamen und Präpositionen:

Die Telefonnummer ist …
Er/Sie hat die Telefonnummer …
Er/Sie wohnt ***in der*** *Lessingstraße /* ***im*** *Amselweg.*
Die Hausnummer ist 28.
Er/Sie wohnt Lessingstraße 25 usw.

Arbeitsbuch: Ü 18–19
Portfolioübung 19 c: Name, Adresse, Telefonnummer, Alter, Beruf
Schreibtraining Ü 20 a: Groß- und Kleinschreibung, Ü 20 b: Diktat
Arbeitsbuch – Deutsch plus Ü 21–22: Arbeit mit dem Wörterbuch, Ü 23: Abkürzungen
Arbeitsbuch – Wichtige Wörter: Ü 1–4
Lerntipps: Verben und Sätze auf Lernkarten schreiben, Artikel farbig markieren
Arbeitsbuch Bildlexikon Ü 5–8: Gegenstände im Kursraum, Ü 8 b: Partnerübung / Übung in Kleingruppen: Wer kann sich die meisten Wörter mit Artikel merken?

Sprechen aktiv

1

Wörter sprechen: Wiederholt werden Wortschatz aus der Lektion und Preise in Form von Minidialogen.

2

Wörter sprechen: Nicht nur der/die KL kann vorab eine Liste mit Zahlen schreiben, auch die KT können dies in Gruppenarbeit machen, indem z. B. insgesamt vier Gruppen jeweils fünf bis acht Zahlen schreiben, sodass für das Zahlendiktat genügend Zahlen zur Verfügung stehen.

3

Minidialoge sprechen: Diese Übung greift noch einmal das Thema persönliche Informationen aus Block D auf (s. dazu Kommentar zu Ü 3 in dem Block).

4

Grammatik sprechen: Übung zur Verbkonjugation. Die KT schreiben und sprechen weitere Sätze.

5

Grammatik sprechen: Übung zum Plural. Bildbeschreibung in Partnerarbeit z. B. in Form von Fragen und Antworten (z. B. *Wie viele Stühle sind hier?*), individuelle Kontrolle durch den/die KL. Notiert werden die Singular- und Pluralformen und die Artikel der Nomen werden noch einmal an der Tafel gesammelt.

6

Flüssig sprechen: Auch in dieser Lektion geht es um *W*-Fragen. Die Fragen enthalten z.T. schwierige, lange Wörter. Sie können bei Bedarf diese Wörter zunächst an die Tafel schreiben und sie mit dem Wortakzent phonetisch üben: Adresse, Handynummer, E-Mail-Adresse, Sprachen, Muttersprache, Nationalität, Artikel, Plural. Anschließend machen Sie dann die *Flüssig-sprechen*-Übung, bei der die KT erst die ganzen Fragen hören und beim zweiten Mal nachsprechen. So wird neben den Fragen auch der Wortschatz intensiv gefestigt.

7

Dialogtraining: Diese Übung baut auf der Videosequenz zu Lektion 2 auf. Für die Dialogvariationen von 7 b sollten die KT evtl. vorbereitende Notizen machen (Namen, Alter des Kindes, Länder, Sprachen)

Phonetik: Wortakzent, s. S. 133 in den *Handreichungen*.

Lektion 3
Häuser und Wohnungen

Auftaktseite
Lernziele und Lerninhalte:

Sprechen	seine Meinung über Möbel sagen
Wortschatz:	Möbel, Wohnung, Adjektive
Grammatik:	Personalpronomen im Nominativ für Sachen

Arbeitsbuch: Ü 1–2

A Wir brauchen eine Mikrowelle
Lernziele und Lerninhalte:

Sprechen:	beschreiben, was in einem Zimmer fehlt, berichten, was man hat und was man nicht hat, Farben beschreiben, die Lieblingsfarbe nennen, sagen, wie man Möbel findet
Hören:	Dialog über Gegenstände, die in einer Wohnung fehlen
Wortschatz:	Gegenstände in der Wohnung, Farben
Grammatik:	Negation mit *kein*, Akkusativ mit bestimmtem und unbestimmtem Artikel, das Verb *haben*

Kannbeschreibungen GER / Rahmencurriculum:
Kann ausdrücken, inwieweit ihm/ihr etwas gefällt oder missfällt.
Kann grundlegende, einfache Informationen zu Produkten erfragen.

Arbeitsbuch: Ü 3–14
Portfolioübung Ü 9: die eigenen Möbel

B Ist das ein Tisch?
Lernziele und Lerninhalte:

Sprechen:	fragen und antworten, sagen, was man hat oder nicht hat
Schreiben:	*Ja-/Nein*-Fragen
Wortschatz:	Gegenstände in der Wohnung
Grammatik:	Negation mit kein, *Ja-/Nein*-Fragen

Arbeitsbuch: Ü 15

C Ein Mehrfamilienhaus
Lernziele und Lerninhalte:

Sprechen:	sagen, wo Personen in einem Haus wohnen und arbeiten, berichten, wo man wohnt
Hören:	verstehen, wo jemand wohnt
Lesen:	Text über Personen, die in einem Mehrfamilienhaus wohnen
Wortschatz:	Ortsadverbien, Ordinalzahlen im Dativ

Arbeitsbuch: Ü 16–18

D Eine Wohnung suchen
Lernziele und Lerninhalte:

Sprechen:	die eigene Wohnung beschreiben
Schreiben:	Text über die eigene Wohnung
Lesen:	Informationen von drei Familien über ihre Wohnverhältnisse in einer Tabelle notieren, Anzeigen Familien zuordnen, Abkürzungen in Wohnungsanzeigen verstehen
Wortschatz:	Abkürzungen in Wohnungsanzeigen, Adjektive

Kannbeschreibungen GER / Rahmencurriculum:
Kann Anzeigen relevante Informationen entnehmen.
Kann die wichtigsten Abkürzungen in Wohnungsanzeigen verstehen.

Arbeitsbuch: Ü 19–22
Schreibtraining Ü 23: Punkt und Fragezeichen
Arbeitsbuch – Deutsch plus Ü 24: Wohnungsanzeigen zuordnen, Ü 25: Dialog über Möbelkauf
Arbeitsbuch – Wichtige Wörter: Ü 1–2
Lerntipp: Zettel mit Wörtern an Möbelstücke in der Wohnung kleben
Arbeitsbuch Bildlexikon Ü 3–5: Möbel und Räume

Phonetik: die Vokale *a, e, i, o, u*

Kopiervorlagen in den Handreichungen:
KV 6 A/B: Möbel-Memory

Lektion 3 ist eine Lektion rund ums Wohnen. Die KT lernen Möbel, Häuser und Wohnungen zu beschreiben, und sie lernen Wohnungsanzeigen zu verstehen. Außerdem werden Adjektive und Redemittel zur Meinungsäußerung eingeführt.

Auftaktseite

Lernziele und Lerninhalte:

Sprechen: seine Meinung über Möbel sagen
Wortschatz: Möbel, Wohnung, Adjektive
Grammatik: Personalpronomen im Nominativ für Sachen

1

Fordern Sie die KT auf, bereits bekannte Wörter aus der Wortliste zu nennen und sammeln Sie die Lösungen von 1 an der Tafel.
Diskutieren Sie anschließend, welche Räume einer Wohnung abgebildet sind und welche Räume einer Wohnung die KT außerdem noch kennen. Erstellen Sie ein Wörternetz z. B. nach folgendem Muster:

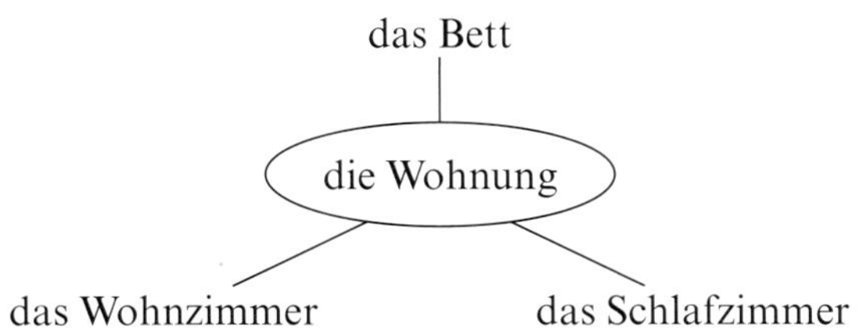

Damit präsentieren Sie den KT die Lerntechnik Lernen mit Wörternetzen. Man beginnt mit einem Oberbegriff, hier *Wohnung*, von dort aus verzweigt sich das Wörternetz zu weiteren Begriffen, die erneut Oberbegriffe sein können. Durch die visuelle Strukturierung kann man sich die Vokabeln leichter merken. Außerdem sind Wörternetze zur Wiederholung geeignet.
Geben Sie den KT den Tipp, neue Wörter immer im Zusammenhang zu lernen, z. B. mit Wörternetzen, in denen sie alle bekannten Wörter eines Themas in einen für sie logischen Zusammenhang gruppieren.

2

Schreiben Sie Gegensatzpaare an die Tafel: *alt – modern/neu, groß – klein, schön – hässlich* und erläutern Sie sie anhand von Gegenständen im Kursraum.
Schreiben Sie auch die Sätze in den Sprechblasen an die Tafel und unterstreichen Sie die Personalpronomen. In Lektion 2 wurden lediglich *er* und *sie* mit Personen geübt. Jetzt lernen die KT, dass man die Personalpronomen auch für Sachen verwendet. Zusätzlich schreiben die KT die Sätze ins Heft und unterstreichen die Personalpronomen.
Anschließend bilden die KT Sätze wie in der Übung angegeben im Plenum, danach in Gruppenarbeit. Die KT können anschließend auch über die Meinung ihrer Lernpartner/innen im Plenum berichten. Geben Sie dafür geeignete Redemittel vor, z. B.:
Nelly sagt, der Schrank ist modern.

Varianten:

- Fordern Sie die KT auf, Prospekte von Möbelhäusern mit in den Unterricht zu bringen. Lernungeübte KT bilden mit Hilfe der dort abgebildeten Möbel weitere Sätze nach dem Muster der Sprechblasen in 2, während im Falle lerngeübter KT auch kleine Diskussionen möglich sind:
  Nelly sagt, der Schrank ist schön, aber ich finde, er ist hässlich. u. Ä.
- Je nachdem, wie Ihr Kursraum ausgestattet und eingerichtet ist, lassen sich die Adjektive und die Personalpronomen evtl. auch mit Bildern oder Möbelstücken im Kursraum üben.

Arbeitsbuch: Ü 1–2

A Wir brauchen eine Mikrowelle

Lernziele und Lerninhalte:

Sprechen: beschreiben, was in einem Zimmer fehlt, berichten, was man hat und was man nicht hat, Farben beschreiben, die Lieblingsfarbe nennen, sagen, wie man Möbel findet
Hören: Dialog über Gegenstände, die in einer Wohnung fehlen
Wortschatz: Gegenstände in der Wohnung, Farben
Grammatik: Negation mit *kein*, Akkusativ mit bestimmtem und unbestimmtem Artikel, das Verb *haben*

1

Zunächst sagen die KT, was auf den Bildern in 1 in den Räumen ist, anschließend fragt der/die KL: *Was fehlt?* und die KT antworten: *Da fehlt ein Sofa, eine Lampe.* usw. Formen Sie dann die Sätze um und schreiben Sie an die Tafel: *Da fehlt ein Sofa. – Da ist kein Sofa.* Anschließend ergänzen die KT die Lücken in 1 a in Einzel- oder Gruppenarbeit. Erläutern Sie dann anhand des Grammatikkastens die Analogie von *ein* und *kein* und heben Sie den Unterschied beim Plural hervor.

Sammeln Sie für 1 b gemeinsam mit den KT weitere auf den Bildern fehlende Dinge, mit denen die KT Sätze mit *kein* bilden (z. B. Fernseher, Teppich, Waschmaschine).

2

Zu dem HV gibt es zwei Aufgaben: globales Verstehen (2a)und detailliertes (2b). In den Dialog und die Aufgaben von 2b sind Sätze mit Akkusativergänzung integriert.
(Lösung 2a: Regal, Stühle, Teppich, Spülmaschine;2b: 1R; 2F; 3R; 4R)
Die KT unterstreichen die Endungen von *ein* und *kein* in den Sätzen von 2b, nachdem die Aufgabe gelöst ist. Schreiben Sie die Sätze an die Tafel und erläutern Sie den Akkusativ mit unbestimmtem Artikel anhand dieser Sätze und des Grammatikkastens bei 3a. Ergänzen Sie weitere Beispiele mit Schwerpunkt auf maskuline Nomen (*Angelika hat keinen Schrank. / braucht einen Schrank.*) usw., um hervorzuheben, dass sich der Akkusativ nur bei maskulinen Nomen vom Nominativ unterscheidet.

Weitere Erklärungsmodelle:

Eine Frau	*sucht*	*einen Mann.*
wer?	→	*wen?*
Ein Mann	*sucht*	*eine Frau.*
wer?	→	*wen?*
Ich	*habe*	*keinen Fernseher.*
wer?	→	*was?*

Schreiben Sie z. B. diese Sätze an die Tafel, markieren Sie die Nominativ- und Akkusativergänzung und schreiben Sie die zugehörigen *W*-Fragen. Erläutern Sie, dass man nach den Satzteilen fragen kann: mit *wer* und *wen* bei Personen und mit *was* bei Sachen. Sie können auch ein Arbeitsblatt mit weiteren einfachen Sätzen vorbereiten, auf dem die KT *wer*, *wen* und *was* bei den entsprechenden Satzteilen ergänzen.

3

Einleitend weist der/die KL anhand des Infokastens bei 2 auf die Besonderheiten der Konjugation von *haben* hin. Lerngeübte KT schreiben Sätze mit allen drei Verben in der Aufgabe, lernungeübte KT sollten sich zunächst auf ein Verb und drei Nomen (mask., fem., neutrum) beschränken.
Mit dem Frage- und Antwortspiel in 3b findet die Einführung des Akkusativs mit unbestimmtem Artikel ihren kommunikativen Abschluss. Für lerngeübte KT kann es wie folgt erweitert werden:
\+ *Hast du einen Kühlschrank?*
– *Nein, ich habe keinen Kühlschrank.*
\+ *Kaufst du einen Kühlschrank?*
usw.

Kombination von Nominativ und Akkusativ:
\+ *Hier fehlt ein Kühlschrank!*
– *Ja, ich habe keinen Kühlschrank. / Ich kaufe bald einen Kühlschrank.*

Variieren Sie die Dialoge dann mit anderen Nomen.

4

Das Foto bietet über die Beschreibung der Farben hinaus zahlreiche weitere Sprechanlässe – insbesondere für lerngeübte KT oder KT mit Vorkenntnissen:
- Diese KT können auch sagen, was links, rechts oder in der Mitte ist oder was fehlt (z. B. Bild, Tisch, Lampe, Uhr usw.).
- Schlagen Sie Variationen für Fragen und Antworten zu den Lieblingsfarben vor, z. B.: *Welche Lieblingsfarbe hast du? – Meine Lieblingsfarbe ist blau.* vs. *Blau ist meine Lieblingsfarbe.*
- Der Frage- und Antwortrunde zu den Lieblingsfarben folgt eine weitere Fragerunde. KT 1 fragt KT 2: *Welche Lieblingsfrage hat KT 3?* Dann fragt KT 2 KT 3: *Welche Lieblingsfarbe hast du?*. KT 3 antwortet und KT 2 berichtet: *Er / Sie hat die Lieblingsfarbe ….* So lassen sich noch einmal das Verb *haben* und die Personalpronomen üben.

5

Neben der Dialogvariation, bei der die KT Redemittel für die Meinungsäußerung üben, wird der bestimmte Artikel im Akkusativ eingeführt.
Schreiben Sie beispielhaft drei Fragen an die Tafel: *Wie findest du den Sessel?* (Dialog), *Wie findest du die Lampe?, Wie findest du das Sofa?* – Die KT antworten. Schreiben Sie die Antworten in zwei Varianten an die Tafel, z. B.: I*ch finde den Schrank schön. – Der Schrank ist schön.* Fordern Sie die KT dann auf, Fragen und Antworten ins Heft zu schreiben und die Endungen bei den Artikeln zu markieren. So wird ihnen bewusst, dass es wie beim unbestimmten Artikel nur bei maskulinen Nomen eine Änderung gibt.

Machen Sie anschließend auf die Adjektive bei den Smileys aufmerksam, um unbekannten Wortschatz zu klären.
Danach Dialoge in Partnerarbeit. Heften Sie evtl. einen kleinen Merkzettel an die Tafel, auf den Sie immer wieder verweisen, wenn die KT Fehler machen:
der → *den*
die → *die*
das → *das*
die → *die*

Varianten:
- Lernungeübte KT machen mit den Dialogen in Partnerarbeit weiter, mit individueller Unterstützung durch den/die KL.
- Lerngeübte KT erweitern währenddessen die Dialoge: Antwortspiel in Gruppenarbeit: KT 1 fragt KT 2: *Wie findet KT 3 den Schrank?*, KT 2 fragt KT 3: *Wie findest du den Schrank?*, KT 3 antwortet und KT 2 berichtet.
- Minidialoge mit Nominativ und Akkusativ und dem Verb *haben*:
  + *Wo ist das Buch?*
  – *Ich habe das Buch* usw.

  – Weitere Dialoge für lerngeübte KT bzw. KT mit Vorkenntnissen:
  + *Wie viel kostet der Schrank?*
  – *Er kostet 200 Euro.*
  + *Gut. Ich kaufe den Schrank.*

  oder:
  – *Er kostet 1.200 Euro.*
  + *Das ist aber teuer! Ich kaufe den Schrank nicht!*

Arbeitsbuch: Ü 3–14

Portfolioübung Ü 9: die eigenen Möbel

B Ist das ein Tisch?

Lernziele und Lerninhalte:

Sprechen:	fragen und antworten, sagen was man hat oder nicht hat
Schreiben:	*Ja-/Nein*-Fragen
Wortschatz:	Gegenstände in der Wohnung
Grammatik:	Negation mit kein, *Ja-/Nein*-Fragen

1

Die Einführung der *Ja-/Nein*-Frage knüpft an die Einführung von *kein* an. Im Anschluss an 1a schreibt der/die KL die Frage und die Antworten aus dem Grammatikkasten und weitere *Ja-/Nein*-Fragen an die Tafel und unterstreicht das Verb, um die Verbstellung in der *Ja-/Nein*-Frage zu erläutern. Zeigen Sie dann z. B. ein Buch und fragen Sie KT 1: *Ist das ein Buch?* Fragen Sie dann KT 2 z. B.: *Ist das ein Heft?* Beide KT sollten lerngeübt sein, sodass sie korrekt mit *Ja-/Nein*, das ist *ein/kein* ... antworten können. Danach schreiben die KT die Fragen von 1b in Einzelarbeit mit individueller Unterstützung durch den/die KL.
Der Auswertung in 1c kann eine Textkaraoke-Übung folgen. Stoppen Sie die CD nach jeder Frage, die KT antworten.
Stellen Sie auch *Ja-/Nein*-Fragen und *W*-Fragen einander gegenüber (z. B.: *Was ist das? Ist das eine Kommode?*) und erläutern Sie die Verbstellung.

2

Diese Übungen dienen der weiteren Festigung der *Ja-/Nein*-Fragen in schriftlicher und mündlicher Form. Eine Runde in Partnerarbeit kann durch eine Frage- und Antwortrunde im Plenum ergänzt werden.

Arbeitsbuch: Ü 15

KV 6A/B Im Anhang finden Sie als Kopiervorlage ein Möbel-Memory. Aufgabe ist es, die Bildkarten und die Möbelbezeichnungen einander zuzuordnen. Schneiden Sie die Wortkarten und Bildkarten aus, kleben Sie die Wortkarten auf weiße Kärtchen und die Bildkarten auf Kärtchen in einer anderen Farbe. Danach werden die Kärtchen verdeckt auf den Tisch gelegt. Die KT decken reihum zuerst ein weißes und dann ein andersfarbiges Kärtchen auf. Wer ein passenden Kartenpaar gefunden hat, darf beide Kärtchen behalten und weiterspielen (zwei weitere Karten aufdecken). Wer am Schluss die meisten Kärtchenpaare hat, hat gewonnen.

C Ein Mehrfamilienhaus

Lernziele und Lerninhalte:

Sprechen:	sagen, wo Personen in einem Haus wohnen und arbeiten, berichten, wo man wohnt
Hören:	verstehen, wo jemand wohnt
Lesen:	Text über Personen, die in einem Mehrfamilienhaus wohnen
Wortschatz:	Ortsadverbien, Ordinalzahlen im Dativ

1

Zunächst betrachten die KT das Foto. Klären Sie den neuen Wortschatz, indem Sie die KT z. B. fragen: *Wie viele Personen wohnen im 2. Stock?, Was ist im Erdgeschoss?*
Beachten Sie, dass die KT hier Strukturen aktiv verwenden müssen, die erst später bewusst gemacht werden: *im* (Lektion 9) und Ordinalzahlen (Lektion 11). Genauere Erklärungen zur Grammatik sind hier aber noch nicht erforderlich. Es ist das primäre Lernziel, dass die KT Informationen zum Thema Haus und Wohnungen verstehen und auch selbst geben können.

Bei den Ordinalzahlen ist zunächst wichtig, dass die KT sich diese lexikalisch merken. Lesen Sie die Ordinalzahlen in 1 a und lassen Sie sie von den KT wiederholen. Schreiben Sie die Ordinalzahlen auch in Buchstaben an die Tafel. Weitere Unterstützung bietet Übung 17 im Arbeitsbuch. Da einige KT vielleicht in Hochhäusern wohnen und um Übung 3 vorzuentlasten, sollten Sie auch die Ordinalzahlen von 4–10 einführen. Die Ortsadverbien *links* und *rechts* können Sie auch anhand der Sitzordnung oder der Position diverser Gegenstände im Raum verdeutlichen. *Oben* und *unten* erläutern Sie z. B. wie folgt, je nachdem, wie der Kursraum eingerichtet ist: *Oben sind die Lampen, der Teppich / der Boden ist unten.*

Anschließend hören die KT den Dialog in 1b und lösen die Aufgabe. Dafür sollten sie vorher die Klingelschilder bei 2b lesen. (Lösung: Bei Familie Koval, im Dachgeschoss).
Anhand des Dialogs kann auch die Eingangsfrage in Übung 1a beantwortet werden: In dem Haus wohnen 16 Personen.

2–3

Partnerarbeit, Auswertung im Plenum. Geübt werden hier noch einmal die *Ja-/Nein*-Fragen. Anschließend Frage- und Antwortrunde im Plenum. (Lösung 2a – Beispiel: 1. Nein, sie wohnen im Dachgeschoss.; 2. Ja, Familie Singer wohnt im zweiten Stock.; 3. Nein, Familie Demir wohnt nicht im Haus.; 4. Nein, die Geschäfte sind im Erdgeschoss.)

Vorschläge für weitere Frage- und Antwortmöglichkeiten in 2b:
Was ist im Erdgeschoss?
Ist im Erdgeschoss ein Asienladen?
Wohnt Herr Lim im Haus?
Wer arbeitet im Erdgeschoss?
Wohnt Familie Wang im 2. Stock?
Wo wohnt Familie Singer?

3 als Kettenspiel im Plenum.

Erarbeiten Sie mit den KT abschließend ein Wörternetz zum Thema Haus, indem Sie dieses Wort auf eine OHP-Folie in die Mitte schreiben, die Sie dann gemeinsam mit den KT mit weiteren Wörtern ergänzen: zunächst von der aktuellen Kursbuchseite, dann mit weiteren, schon bekannten Wörtern oder auch neuen. Bewahren Sie die OHP-Folie auf und erweitern Sie das Wörternetz, nachdem die KT auch den Wortschatz des nachfolgenden Blocks kennen.

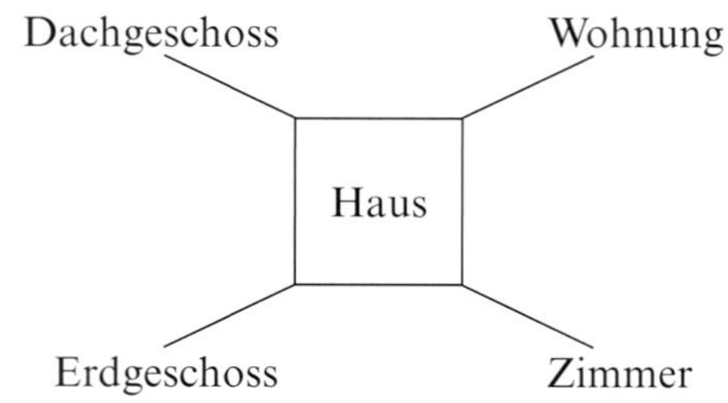

Arbeitsbuch: Ü 16–18

D Eine Wohnung suchen

Lernziele und Lerninhalte:

Sprechen:	die eigene Wohnung beschreiben
Schreiben:	Text über die eigene Wohnung
Lesen:	Informationen von drei Familien über ihre Wohnverhältnisse in einer Tabelle notieren, Anzeigen Familien zuordnen, Abkürzungen in Wohnungsanzeigen verstehen
Wortschatz:	Abkürzungen in Wohnungsanzeigen, Adjektive

1

Nutzen Sie diese Übung, um das Leseverstehen zu trainieren. Insbesondere lernungeübte KT sollten mit individueller Unterstützung durch den/die KL die Schlüsselwörter unterstreichen, bevor sie die Tabelle ergänzen. Sollten einige KT damit eher fertig sein, können sie *W*-Fragen zu den Texten schreiben und sich gegenseitig fragen und antworten.

2

Diese Übung dient als Vorentlastung von Übung 3, da einige der dortigen Abkürzungen hier bereits auftauchen.
Für lerngeübte KT bzw. KT mit guten Vorkenntnissen bietet sich hier ein Dialog an: Familie Kunze ist nach Dresden gezogen und vermietet/verkauft ihr Haus an Familie Teles. Die KT führen ein Informationsgespräch, z. B. mit folgenden Leifragen:
Wie groß ist der Garten?
Wie weit sind die Schule und der Kindergarten?
Ist die Straße ruhig?
Wie groß ist der Garten?

3

Die Liste mit den Abkürzungen ist nicht vollständig und evtl. gibt es regionale Unterschiede. Bringen Sie deshalb ein Anzeigenblatt oder eine Tageszeitung Ihres Kursortes mit Wohnungsanzeigen in den Unterricht mit und besprechen Sie diese mit den KT.

Varianten:

- Die KT bilden mit den Abkürzungen in 2 und 3 vollständige Sätze, um die Wohnungen zu beschreiben.
- KT schreiben einen kleinen Wohnungstext auf einen Zettel, z. B.:
  Die Wohnung hat 3 Zimmer, Küche, Bad und einen Balkon. Sie ist im 3. Stock und kostet 800 Euro Warmmiete.
  Mit diesem Text schreiben die Lernpartner/innen dann eine Anzeige.
- In Wohnungsanzeigen ist meistens mindestens der Stadtteil, oft auch die Straße angegeben. Bringen Sie außer dem Anzeigenblatt/der Tageszeitung auch einen Plan Ihres Kursortes mit. So haben die KT Gelegenheit, den Ort mit Hilfe der Anzeigen besser kennen zu lernen.
- Ratespiel 1: Verschiedene Gruppen bearbeiten verschiedene Anzeigen. Eine Gruppe nennt einen Stadtteil, in dem eine Wohnung angeboten wird, die anderen Gruppen suchen den Stadtteil auf dem Stadtplan.
- Ratespiel 2: Jede Gruppe formuliert eine Anzeige aus einer Zeitung zu einem Text um, den ein/e KT vorliest. Die anderen Gruppen suchen die entsprechende Wohnungsanzeige in der Zeitung.

4

Einführung weiterer Adjektive und Festigung des Lernwortschatzes. Notieren Sie die bisher bekannten Gegensatzpaare von der Auftaktseite an der Tafel und evtl. auch *richtig – falsch* (dieses Gegensatzpaar kennen die KT aus den Arbeitsanweisungen), nachdem die KT 4a und b gelöst haben. Sammeln Sie weitere Gegensatzpaare, die im Lehrwerk nicht vorkommen, den KT aber vielleicht schon bekannt sind (z. B. *schnell – langsam, lang – kurz* usw.). Geben Sie den KT den Lerntipp, Adjektive in Paaren zu lernen.

Reduzieren Sie für lernungeübte KT 4c. Verzichten Sie auf die Possessivpronomen und geben Sie maximal 3 Sätze vor, z. B.: *Die Wohnung ist groß/klein. Sie hat 1/2/3 … Zimmer. Ich bezahle/Wir bezahlen …. Euro Miete.*

Arbeitsbuch: Ü 19–22
Schreibtraining Ü 23: Punkt und Fragezeichen
Arbeitsbuch – Deutsch plus Ü 24: Wohnungsanzeigen zuordnen, Ü 25: Dialog über Möbelkauf
Arbeitsbuch – Wichtige Wörter: Ü 1–2
Lerntipp: Zettel mit Wörtern an Möbelstücke in der Wohnung kleben
Arbeitsbuch Bildlexikon Ü 3–5: Möbel und Räume

Sprechen aktiv

1

Wörter sprechen: Diese Übung greift die Themen *Ja-/Nein-*Fragen sowie Adjektive wieder auf. Eine mögliche Erweiterung für 1a sind Fragen wie: *Das Möbelstück ist links/rechts*, oder für lerngeübte KT oder KT mit Vorkenntnissen: *vorne/hinten.*

2

Minidialoge sprechen: In dieser Übung werden Wortschatz zum Thema Wohnung und Fragen wiederholt. Die Fragen können erweitert werden: *Wie groß ist Ihre Wohnung? – Wie groß ist das Wohnzimmer? – Wo ist die Wohnung?*

3–4

Grammatik sprechen: Ü 3 ist ein Textkaraoke zum Akkusativ. Auf der CD gibt es Pausen, damit die KT reagieren können. In Ü 4 werden *W-*Fragen wiederholt und geübt. Geben Sie für lernungeübte KT zwei bis drei Beispiele vor: *Was ist Ihre Lieblingsfarbe? – Woher kommen Sie?* usw.

5

Flüssig sprechen: In Lektion 3 wurde die grammatische Struktur der *Ja-/Nein-*Fragen gelernt. Die Nachsprechübung übt und festigt diese wichtige Struktur. Die *Ja-/Nein-*Fragen haben im Deutschen sehr häufig eine typische Intonationskontur, die Sie anhand dieser Fragen sehr gut verdeutlichen und einüben können: Auf dem letzten betonten Wort geht die Stimme nach unten, um dann bis zum Frageende anzusteigen:

Diese Melodiekontur können Sie zur Unterstützung an die Tafel zeichnen, mit einer Handbewegung verdeutlichen oder auch durch eine Bewegung mit dem ganzen Körper anschaulich machen. (Gehen Sie z. B. beim Sprechen der Silbe „neu" in die Knie.) Natürlich können Sie auch diese Fragen in einem weiteren Durchgang von den KT beantworten lassen.

6

Dialogtraining: Diese Übung baut auf der Videosequenz zu Lektion 3 auf. An die Übung kann sich auch eine Dialogvariation anschließen, indem z. B. Quadratmeterzahl, Zimmerzahl und Räume (z. B. Küche statt Badezimmer) verändert werden.

Phonetik: die Vokale *a, e, i, o, u*, s. S. 133 in den *Handreichungen*.

Familienleben

Auftaktseite

Lernziele und Lerninhalte:

Sprechen:	über die eigene Familie berichten
Hören:	Verwandtschaftsbeziehungen erkennen
Wortschatz:	Familie

Kannbeschreibungen GER / Rahmencurriculum:
Kann die eigene Familie beschreiben.

Arbeitsbuch: Ü 1–2

A Familienfotos

Lernziele und Lerninhalte:

Sprechen:	über die eigene Familie berichten, Fragen und Antworten
Hören/Lesen:	anhand eines Textes auf Familienfotos Verwandtschaftsbeziehungen erkennen.
Wortschatz:	Familie
Grammatik:	Possessivartikel in der 1.–3. Person Singular, 3. Person Plural (formelle Anrede)

Arbeitsbuch: Ü 3–9
Portfolioübung Ü 9: über die eigene Familie schreiben

B Freizeit mit der Familie

Lernziele und Lerninhalte:

Sprechen	beschreiben, was eine Person macht, Fragen und Antworten, Sehenswürdigkeiten in Berlin, Hamburg, München und im Wohn- oder Kursort
Hören:	Dialoge über die Planung von Freizeitprogrammen verstehen
Schreiben:	falsche Informationen in einem Text korrigieren, Text mit Verben mit Vokalwechsel: Was macht Katharina?, einen Tagesplan beschreiben
Grammatik:	Verben mit Vokalwechsel: *zuerst, dann, danach*, Inversion
Wortschatz:	Freizeitaktivitäten
Projekt:	Sehenswürdigkeiten im Kurs-/Wohnort

Kannbeschreibungen GER / Rahmencurriculum:
Kann über die eigene Freizeit sprechen.

Arbeitsbuch: Ü 10–19
Portfolioübung Ü 19: Sehenswürdigkeiten im Wohnort

C Familien früher

Lernziele und Lerninhalte:

Sprechen:	die Familie der Großeltern beschreiben
Hören:	Interview zu Familien in Deutschland früher
Grammatik:	Präteritum von *haben* und *sein*

Arbeitsbuch: Ü 20–22
Schreibtraining Ü 23: Singular und Plural, Umlaute
Arbeitsbuch – Deutsch plus Ü 24: Familienstammbaum, Ü 25: eine Postkarte lesen und schreiben
Arbeitsbuch – Wichtige Wörter: Ü 1–4
Lerntipp Minidialoge mit Karten lernen
Arbeitsbuch Bildlexikon Ü 5–9: Bildergeschichte: Was machen Diego und Isabel?

Phonetik: *er* und *e* in der Endung

Kopiervorlagen in den Handreichungen:
KV 7: Kennenlern-Bingo

In Lektion 4 lernen die KT, über die eigene Familie und über Freizeit- und Besuchsprogramme zu sprechen, und mit *zuerst*, *dann* und *danach* zusammenhängende Texte zu schreiben.

Auftaktseite

Lernziele und Lerninhalte:

Sprechen:	über die eigene Familie berichten
Hören:	Verwandtschaftsbeziehungen erkennen
Wortschatz:	Familie

1

Auf der Auftaktseite lernen die KT zunächst die wichtigsten Familienwörter. Die Lösungen von 1 können die KT den Unterschriften unter den Fotos entnehmen. Die Aufgabe dürfte auch für lernungeübte KT zu bewältigen sein, sodass Sie Ihnen die Chance geben sollten, bei der Plenumsarbeit stärker zu Wort zu kommen.

2

Bevor die KT den Text hören, betrachten sie noch einmal die Fotos, um sich den neu gelernten Familienwortschatz einzuprägen. Die KT hören den Text zweimal. Mit Rücksicht auf lernungeübte KT, die z. B. langsam schreiben, oder KT, die Probleme beim Hörverstehen haben, sollten Sie die CD beim zweiten Hören nach jedem zweiten Satz kurz stoppen. (Lösung: Brigitte: Großmutter, Peter: Großvater, Lisa: Schwester, Sabine: Mutter, Thomas: Vater)
Anschließend berichten die KT über die Familie. Geben Sie einen Beispielsatz vor: *Ninas Mutter heißt Heike.* und erläutern Sie kurz die Funktion des Genitiv-*s*: N*inas Mutter* = *Die Mutter von Nina*.

3

Schreiben Sie als Hilfestellung auch die Pluralformen der Familienwörter und geeignete Redemittel an die Tafel, z. B.:

> **Meine Familie ist klein/groß.**
> **Ich habe ..... Brüder und ..... Schwestern – keine Geschwister ...**
> **Mein Vater/Meine Mutter heißt ......**
> **Sie wohnen in ......**

Die Frage nach der Familiengröße, oder – etwas abgewandelt – wer zur Familie zählt, kann zu einem interkulturellen Vergleich anregen. Während hierzulande nur die Kernfamilie zusammen mit Großeltern und den weiteren Verwandten 1. Grades als Familie gilt, ist dieser Begriff in anderen Kulturen viel weiter gefasst.

Arbeitsbuch: Ü 1–2

A Familienfotos

Lernziele und Lerninhalte:

Sprechen:	über die eigene Familie berichten, Fragen und Antworten
Hören/Lesen:	anhand eines Textes auf Familienfotos Verwandtschaftsbeziehungen erkennen.
Wortschatz:	Familie
Grammatik:	Possessivartikel in der 1.–3. Person Singular, 3. Person Plural (formelle Anrede)

1

Schwerpunkt dieser Übung ist die Einführung der Possessivartikel. Lassen Sie die KT diese in dem Dialog unterstreichen, nachdem sie ihn gehört und gelesen haben. Schreiben Sie die Tabelle aus 1c an die Tafel und ergänzen Sie sie gemeinsam mit den KT.

2

Besonders große Probleme bereitet oft der Unterschied von *sein* und *ihr*, der durch Übung 2 bewusst gemacht werden soll.
Weitere Möglichkeiten: Bitten Sie einen männlichen und eine weibliche KT, sich mit ihren Büchern vor die Klasse zu stellen. Zeigen Sie auf die Bücher und sagen Sie: *Das ist sein Buch. / Das ist ihr Buch.* Wiederholen Sie dies z. B. mit zwei Stiften und zwei Taschen, damit den KT auch die Endungen bewusst werden.
Erläutern Sie die Endungen auch mit Ihren eigenen Sachen. Nehmen Sie z. B. Ihr Buch oder Ihre Tasche hoch und erklären Sie: *Das ist mein Buch / meine Tasche.* usw. und schreiben Sie diese Sätze an die Tafel. Weisen Sie auf die Analogie zu *ein* und *kein* hin.

3

In dieser Übung wird der Unterschied zwischen der formellen und der informellen Variante bewusst gemacht. 3 a Einzelarbeit, Besprechung der Lösungen im Plenum. Übung 3 b ist als Gruppen- oder Kettenübung möglich.
Fordern Sie die KT auch auf, Familienfotos mitzubringen und mit den neu gelernten Possessivartikeln wie in Übung 3 auf der Auftaktseite noch einmal über ihre Familie zu sprechen.

4

Es folgt das *Mein-/Dein*-Spiel in Gruppen mit individueller Unterstützung durch den/die KL. Für lernungeübte KT empfiehlt sich am Anfang eine stärkere Lenkung. Lassen Sie die KT zunächst drei bis vier Gegenstände, die sie auf dem Tisch haben, mit

Possessivartikeln auf kleine Zettel schreiben: *mein Buch / meine Bücher / meine Uhr* usw., die für die ersten beiden Frage- und Antwortrunden als Referenz dienen.

Variante:
Dein/Ihr können Sie wie folgt üben:
Die KT nehmen jeweils zwei bis drei Dinge, die anderen KT gehören. Dann bewegen sie sich im Raum und fragen und antworten, z. B.: *Ist das dein Buch Tamara? – Ja, das ist mein Buch. / Nein das ist nicht mein Buch.* Die erste Runde ist informell und die KT reden sich mit Vornamen und *du* an, die zweite ist formell und die KT reden sich mit Nachnamen an.

Arbeitsbuch: Ü 3-9
Portfolioübung Ü 9: über die eigene Familie schreiben

B Freizeit mit der Familie

Lernziele und Lerninhalte:

Sprechen:	beschreiben, was eine Person macht, Fragen und Antworten, Sehenswürdigkeiten in Berlin, Hamburg, München und im Wohn- oder Kursort
Hören:	Dialoge über die Planung von Freizeitprogrammen verstehen
Schreiben:	falsche Informationen in einem Text korrigieren, Text mit Verben mit Vokalwechsel: Was macht Katharina?, einen Tagesplan beschreiben
Grammatik:	Verben mit Vokalwechsel: *zuerst, dann, danach*, Inversion
Wortschatz:	Freizeitaktivitäten
Projekt:	Sehenswürdigkeiten im Kurs-/Wohnort

1

Zunächst lesen die KT den Text leise. Anschließend betrachten die KT die Bilder und diskutieren: *Was machen die Personen? – Wer macht was?* Dann ergänzen sie die Sätze in 1 a.
(Lösung 1 a: 2. Frau Fischer; 3. Frau Fischer; 4. Tobias; 5. Katharina; 6. Katharina; 7. Katharina).
Lerngeübte KT oder KT mit Vorkenntnissen, die mit 1 a schneller fertig sind, können zusätzlich komplexere Sätze mit *nicht/kein* bilden, z. B.: *Herr Fischer isst keine Schokolade, er schläft. Frau Fischer fährt nicht nach Potsdam, sie sieht einen Film und isst Schokolade.* usw.
Nachdem die KT 1a gelöst haben, ordnen sie in Gruppen Infinitive und konjugierte Formen der Verben zu. Sammeln Sie die konjugierten Formen + Infinitiv an der Tafel. Weisen Sie auf die Schreibweise von *nehmen, sehen* und *lesen* hin. Auch fortgeschrittene Lernende machen hier oft orthographische Fehler.

Erläutern Sie den Vokalwechsel, den die KT bereits aus Lektion 2 kennen, wo *sprechen* eingeführt wurde. Erinnern Sie die KT daran und schreiben Sie die Konjugationsformen dieses Verbs komplett an die Tafel und unterstreichen Sie den Vokalwechsel in der 1. und 2. Person Singular. Erläutern Sie dann den Vokalwechsel a → ä anhand des Verbs *fahren* z. B. wie folgt: *Ich fahre nach Berlin, Laura fährt nach Potsdam.*

1 c kann als Kettenübung die Runde machen: *Ich fahre nach Hamburg. Wohin fährst du? – Ich fahre nach … Wohin …?* usw.
Oder: *Sprichst du Türkisch? – Nein, ich spreche Russisch, aber Fatima spricht Türkisch.*
Liest du gern …?
Isst du gern …? usw.
Entsprechende Vorschläge finden sich in Übung 3 des Blocks *Sprechen aktiv*.

2

Schriftlich als Einzel- oder Partnerarbeit, mit individueller Unterstützung durch den/die KL. Anschließend berichten die KT im Kurs.

3

Lerngeübte KT können den Dialog ordnen, ohne ihn zuerst zu hören. Anschließend kontrollieren sie ihre Lösungen mit der CD. Lernungeübte KT lösen die Aufgabe nach dem Hören.

Anschließend Partnerarbeit: Die KT variieren den Dialog mit ihren eigenen Namen und mit einer anderen Stadt als Berlin.

4

Fordern Sie die KT nach der Zuordnung in 4 a auf, die Stichwörter mündlich in ganzen Sätzen zu formulieren: *Sie machen eine Radtour.* usw. Schreiben Sie diese Sätze an die Tafel.

Anschließend hören die KT das Wochenendprogramm von Elena und bringen die Aktivitäten mit Hilfe der Fotos in die richtige Reihenfolge (4 b). (Lösung: A, E, C, D, B, F)

Schreiben Sie dann die drei Adverbien aus dem Grammatikkasten bei 4c an die Tafel und erläutern

Sie anhand des Grammatikkastens und eines Tafelbilds die Inversion. Betonen Sie die Stellung des Verbs in Position 2.

1	2		
Sie	kaufen	zuerst	Lebensmittel.
Zuerst	kaufen	sie	Lebensmittel.

Anschließend schreiben die KT eigene Texte. Wenn lerngeübte KT längere Zeit und Unterstützung durch den/die KL brauchen, können lerngeübte KT weitere Texte mit Aktivitäten schreiben, die Sie vorgeben können oder die die KT selbst nennen, z. B.: *Der Sonntag: Ich stehe spät auf. Dann frühstücke ich. Danach mache ich einen Spaziergang. Dann besuche ich ein Museum.* usw. Oder, falls der Wortschatz der KT noch nicht ausreichend ist: Die KT schreiben die Aktivitäten aus 4b in einer anderen Reihenfolge.

5

Hier erhalten die KT Informationen über Berlin, Hamburg und München. Geben Sie den KT weitere Informationen zu diesen Städten. Bei derartigen landeskundlichen Themen ist es möglich, dass z. B. KT, die schon lange in Deutschland leben, gegenüber KT, die noch nicht lange in Deutschland sind, einen Wissensvorsprung haben und mehr über Berlin, Hamburg und München wissen. Geben Sie diesen KT die Chance, von diesen Städten zu erzählen.

Zum Hörtext von 5b und 5c gibt es Aufgaben zum globalen Verstehen und zum Detailverstehen. Spielen Sie den Text bei 5c mit Pausen vor, die KT machen sich Notizen. Anschließend schreiben sie die Sätze und berichten im Kurs. (Lösung: 5b Hamburg; 5c Zuerst machen sie einen Stadtbummel. Dann besichtigen sie den Hafen. Danach besuchen sie das Rathaus.)

Geben Sie lernungeübten KT Unterstützung, indem Sie die wichtigsten Redemittel und die Sehenswürdigkeiten an die Tafel schreiben.

Zuerst besichtigen sie …	die Elbphilharmonie.
Dort sehen sie auch …	das Rathaus.
Danach besichtigen sie …	den Hafen.
In der Innenstadt …	trinken sie einen Kaffee.

Lerngeübte KT können weitere Sätze mit dem bilden, was Marek sagt: *Marek findet die Innenstadt schön, Der Hafen ist interessant.* o. Ä. Ziehen Sie auch die AB-Übungen 18 und 18 heran, um Dialoge die über Sehenswürdigkeiten und Freizeitprogramme mündlich zu üben.

Information zur Landeskunde

Berlin ist mit ca. 3,4 Millionen Einwohnern die größte deutsche Stadt. Seit 1999 sind hier die Bundesregierung und der Bundestag.

Es gibt zahlreiche Sehenswürdigkeiten z. B. rund ums Regierungsviertel: das Bundeskanzleramt, das Brandenburger Tor, das Holocaust-Mahnmal, die Straße Unter den Linden usw.
Die Buslinie 100 kommt auf ihrer Strecke vom Bahnhof Zoo bis zum Alexanderplatz an den wichtigsten Sehenswürdigkeiten vorbei.

Berlin ist ein eigenes Bundesland.

Hamburg ist mit 1,7 Mio. Einwohnern die zweitgrößte deutsche Stadt. Sie hat den größten Hafen Deutschlands und den zweitgrößten Europas. Außer den genannten Sehenswürdigkeiten gibt es z. B. noch die St. Michaelis Kirche (Michel), die mit ihrem 136 m hohen Turm ebenso wie die Elbphilharmonie das Wahrzeichen Hamburgs ist, den Fischmarkt von St. Pauli und den Jungfernstieg an der Alster mit eleganten Geschäften. In der Speicherstadt ist u. a. die größte Modelleisenbahn der Welt.

Hamburg ist wie Berlin ebenfalls ein Bundesland.

München ist mit 1,4 Millionen Einwohnern die drittgrößte deutsche Stadt und die Hauptstadt Bayerns. Weitere Sehenswürdigkeiten sind z. B. der Marienplatz und der Englische Garten.

Das Oktoberfest auf der Theresienwiese beginnt Mitte September und dauert 16–18 Tage. Es hat 6 Millionen Besucher, zum großen Teil Touristen, u. a. aus Italien, den USA, Japan und Australien.

6

Mit dem abschließenden Projekt lernen die KT den Wohn- bzw. Kursort näher kennen. Sofern es an Ihrer Institution einen Computerraum gibt, sollten Sie unter der im Infokasten angegebenen Internetadresse mit den KT gemeinsam Informationen suchen. Fordern Sie die KT auf, einen Stadtplan mitzubringen oder von der Touristeninformationen oder dem Rathaus Informationen zu holen. Machen Sie mit den Informationen über den Ort ein Lernplakat: Museen, historische Gebäude, besondere Plätze, Kunst, Kultur usw. Es handelt sich um das erste Projekt im Lehrwerk, in dem sich die KT über ihren Kursort informieren. (weitere Projekte in Band 1 finden sich in den Lektionen 8, 9, 11 und 12). Projekte sind für Binnendifferenzierung sehr gut geeignet, z. B. indem die KT unterschiedliche Aufgaben erhalten: KT, die außerhalb der Unterrichtszeit wenig Zeit haben oder nur wenig Deutschkenntnisse haben, informieren sich über Öffnungszeiten und Eintrittspreise, andere sammeln z. B. über Informationen Museen, Theaterprogramme usw. Wenn dann die Ergebnisse im Kurs vorgetragen werden, profitieren alle KT.

Variante:
Ein Lernplakat kann als Ausgangspunkt für folgende Aktivität dienen. Fragen Sie die KT: *Sie bekommen Besuch aus Ihrer Heimat. Was machen Sie?* Die KT antworten mit *Wir besichtigen … / Wir besuchen …* und üben so noch einmal den Akkusativ.

Arbeitsbuch: Ü 10–19
Portfolioübung Ü 19: Sehenswürdigkeiten im Wohnort

KV 7 In der Kopiervorlage finden Sie eine Aktivität im Kursraum. Die KT laufen durch die Klasse und suchen für jedes Fragefeld auf ihrem Zettel eine/n KT, der oder die mit Ja antwortet. Er/Sie unterschreibt im jeweiligen Feld. Wer zuerst eine senkrechte, waagrechte oder diagonale Linie voll hat, also vier Unterschriften gesammelt hat, ruft Bingo und hat gewonnen. Sie können das Spiel natürlich auch ohne Bingo spielen. Geben Sie eine Zeitvorgabe (10 Minuten oder auch länger, je nach Größe der Gruppe). Gewonnen hat, wer die meisten Jas auf seiner Fragenliste hat. Danach berichten die KT, was sie erfahren haben.

C Familien früher

Lernziele und Lerninhalte:

Sprechen:	die Familie der Großeltern beschreiben
Hören:	Interview zu Familien in Deutschland früher
Grammatik:	Präteritum von *haben* und *sein*

Im letzten Block wird noch einmal das Thema Familie aufgriffen. Das Grammatikthema sind die Präteritumsformen von *haben* und *sein*. Die Einführung des Perfekts erfolgt in Lektion 10. Da das Präteritum von *haben* und *sein* sehr frequent und wichtig ist, auch in Unterrichtssituationen, wird es hier vorgezogen.

1–2

Am Anfang steht ein Hörtext mit Fragen zum Detailverstehen. Die KT hören das Interview zweimal, bevor sie die Aufgabe lösen. Dann unterstreichen sie in Partnerarbeit die Verben in 1 a, der/die KL schreibt sie an die Tafel und erläutert die Konjugation anhand des Grammatikkastens. Anschließend lösen die KT 1 c in Einzel- oder Partnerarbeit mit individueller Unterstützung durch den/die KL, Besprechung der Lösungen im Plenum. (Lösung 1 a: 1R, 2R, 3F, 4F)

Übung 1 d dient dazu, das Präteritum von *haben* und *sein* einzuführen, während Übung 2 den KT wieder Gelegenheit bietet, über die eigene Familie zu sprechen, dieses Mal mit dem Präteritum von *haben* und *sein* im Fokus. Diese Übung sollte stark gelenkt sein, um zu verhindern, dass die KT andere Verben als *haben* und *sein* verwenden, wenn sie weitere Informationen über ihre Großeltern geben wollen. Das könnte selbst lerngeübte KT und KT mit Vorkenntnissen, aber ungesteuertem Spracherwerb an dieser Stelle überfordern. Machen Sie zur Regel, dass alle KT nicht mehr als zweimal fragen und antworten und schreiben Sie geeignete Fragen an die Tafel, z. B.:
Hatten deine Großeltern viele Kinder? – Wie viele Kinder hatten Sie?
War ihre Wohnung groß/klein? usw.

Partner- oder Gruppenarbeit, anschließend berichten die KT über ihre Lernpartner/innen im Kurs. So werden auch noch einmal die Possessivpronomen in der 3. Person Singular geübt.

Varianten:

- Frage- und Antwortspiel in Partnerarbeit: *Warst du schon in Hamburg? – Nein, aber ich war schon in München.*
- In Dreier- und Vierergruppen können auch die Pluralformen geübt werden: *Wart ihr schon in …?*
- Die KT berichten über ihr Leben früher und kombinieren *haben* und *sein*: *Wir waren sechs Kinder. Unsere Wohnung war klein. Wir hatten wenig Platz. Ich hatte ein/ kein …* Gruppenarbeit, individuelle Unterstützung lernungeübter KT.

Arbeitsbuch: Ü 20–22
Schreibtraining Ü 23: Singular und Plural, Umlaute
Arbeitsbuch Deutsch plus Ü 24: Familienstammbaum – Ü 25: eine Postkarte lesen und schreiben
Arbeitsbuch – Wichtige Wörter: Ü 1–4
Lerntipp: Minidialoge mit Karten lernen
Arbeitsbuch Bildlexikon Ü 5–8: Bildergeschichte. Was machen Diego und Isabel? Ü 9: Portfolioübung: Was machen Sie gern am Wochenende?

Sprechen aktiv

1

Wörter sprechen: Wiederholung des Familienwortschatzes. In 1 b wird der Wortschatz in Paaren geübt. Regen Sie die KT an, auch in anderen Zusammenhängen Wortpaare zu üben, z. B. gegensätzliche Adjektive (*groß – klein* usw.), damit sie neuen Wortschatz besser merken.

2

Wörter sprechen: In dieser Übung stehen noch einmal wichtige Verben der Lektion im Zentrum.

3

Minidialoge sprechen: siehe hierzu die Kommentare zu Übung B1c.

4

Grammatik sprechen: Geübt werden hier die Possessivartikel, zugleich wird Wortschatz aus den vorangegangenen Lektionen wiederholt. Die Dialoge können verhältnismäßig frei gestaltet werden, weshalb Sie insbesondere für lerngeübte KT einige weitere Beispiele entsprechend den Sprechblasen vorgeben sollten.

5

Flüssig sprechen: In dieser Lektion ist der Nachsprechtext ein erzählender/berichtender Text. Es geht um die Aktivitäten einer Familie, der Familie Schmidt, am Sonntag. Es ist eine Folge von zehn Sätzen, die zunächst ohne Pausen im Zusammenhang gehört werden und dann noch einmal einzeln zum Nachsprechen präsentiert werden. Dieser kleine Text eignet sich auch sehr gut für rhythmische Übungen, wie sie im Phonetikanhang zu Lektion 1 eingeführt worden sind. Sie können den Text/die Sätze während des Sprechens klatschen lassen oder auch die KT auffordern, sich im Raum frei zu bewegen und die Sätze zu hören, zu sprechen und zu laufen (ein kleiner Schritt für eine unbetonte Silbe, ein großer Schritt für eine betonte Silbe.)

Der Sonntag bei Familie Schmidt. Der Sonntag ist ruhig und gemütlich. Alle schlafen lange. Die Eltern kochen das Mittagessen. Die Kinder spielen. Dann essen sie Schokolade. Frau Schmidt liest ein Buch. Herr Schmidt schläft. Danach besuchen sie Freunde. Die Kinder sehen einen Film.

Viele KT können einzelne Sätze recht gut sprechen, wenn sie aber mehrere Sätze nacheinander sprechen sollen, wird die Aussprache immer schlechter. Diese Übung bereitet darauf vor kleine zusammenhängende Texte zu sprechen. Lassen Sie z. B. die KT kleine Paralleltexte über ihre Sonntagsaktivitäten schreiben und vortragen.

6

Dialogtraining: Diese Übung baut auf der Videosequenz zu Lektion 4 auf.
(Lösung: chillen, nehmen, fahren, trinken, kaufen)

Phonetik: *er* und *e* in der Endung, s. S. 134 in den *Handreichungen*.

Kommunikation

Ganz am Anfang des Buches wurden bereits einige wichtige Beispiele für die Sprache im Unterricht präsentiert. In Station 1 werden weitere Redemittel, die die KT im Unterricht brauchen, geübt.

1

Hier werden typische Unterrichtsituationen präsentiert. (Lösung: 1. Dialog 1; 2. Dialog 2; 3. Dialog 3–4 Dialog 4)

2

Ordnen Sie die Sätze in einer Tabelle und ergänzen Sie weitere Sätze, die bei Ihnen im Kurs im Zusammenhang mit der Unterrichtssituation häufig fallen, z. B. *Was waren die Hausaufgaben? Wann hat das Sekretariat in der Volkshochschule geöffnet? Am Mittwoch ist kein Unterricht.*

3

3 a dient als Muster für die Dialogvariationen in 3 b.
Sammeln Sie weitere Möglichkeiten für Dialogvariationen, z. B. Situationen im Kurs: Ein/e KT kann am nächsten Tag nicht kommen und fragt den/die KL nach der Hausaufgabe, KT 1 bitte KT 2 darum, die Lösungen aus der Hausaufgabe zu vergleichen usw.

Geben Sie geeignete Redemittel vor:
Morgen muss ich … und komme nicht. Was ist die Hausaufgabe für morgen?
Wie sind deine Lösungen in Übung 3. Hast du in Satz 4 auch …?
Ist das richtig/falsch?

Spiel und Spaß

Drei in einer Reihe

Zusammenfassendes, an Bingo orientiertes Wiederholungsspiel mit dem Stoff der Lektionen 1–4: Zahlen, *W*-Fragen, Farben, Adjektive, Möbel, Berufe, Familienworte, Singular/Plural, Akkusativ etc.

Spielregeln: Die KT brauchen Spielsteine, die sich farblich unterscheiden. Sie stellen sich in der Gruppe (3–4 KT) gegenseitig Fragen zu einem beliebigen Feld. Wenn KT die Fragen richtig beantworten, dürfen sie jeweils das Feld mit einem Spielstein belegen. Wer in einer Reihe zuerst drei Fragen richtig beantwortet hat, hat gewonnen.

Wichtig ist, dass die KT selbst kontrollieren, ob die Antworten korrekt sind, und der/die KL sich darauf beschränkt, gegebenenfalls Unterstützung anzubieten. Achten Sie darauf, dass Gruppen möglichst aus KT mit unterschiedlichen Muttersprachen bestehen, damit gewährleistet ist, dass alle die Chance nutzen, Deutsch zu sprechen. Wenn es nicht zu vermeiden ist, dass eine Gruppe aus KT mit gleicher Muttersprache besteht, führen Sie folgende Regel ein: Ein KT verliert ein bereits gewonnenes Feld, wenn er einmal nicht Deutsch spricht, die entsprechende Aufgabe darf von dem KT gelöst werden, der als Nächstes dran ist.

Vorbereitung: Die KT bekommen am Tag vor dem Spiel die Hausaufgabe, sich die Lektionen 1–4 noch einmal anzuschauen.

Auftaktseite

Lernziele und Lerninhalte:

Sprechen:	über Freizeitaktivitäten sprechen, sagen, was man gerne oder nicht gerne macht
Hören:	Hörcollage zu Freizeitaktivitäten
Wortschatz:	Freizeitaktivitäten

Arbeitsbuch: Ü 1–2

A Wie spät ist es?

Lernziele und Lerninhalte:

Sprechen:	die Uhrzeit sagen, nach Uhrzeiten fragen, nach dem Beginn und dem Ende von Veranstaltungen fragen
Schreiben:	Sätze mit Uhrzeit
Hören:	Uhrzeiten erkennen
Wortschatz:	nicht offizielle und offizielle Uhrzeit
Grammatik:	Fragen und Antworten mit *wann* und *um* (temporal)

Kannbeschreibungen GER / Rahmencurriculum:
Kann, auch telefonisch, auf einfache Fragen zu Ort und Zeit Auskunft geben.

Arbeitsbuch: Ü 3–7

B Was macht Frau Costa am Samstag?

Lernziele und Lerninhalte:

Sprechen:	einen Tagesablauf beschreiben, sagen, was man Wochenende oder jeden Tag macht
Schreiben:	Sätze mit trennbaren Verben
Wortschatz:	Freizeit-, Wochenend- und Alltags-aktivitäten
Grammatik:	trennbare Verben

Kannbeschreibungen GER / Rahmencurriculum:
Kann sagen, was er/sie an einem normalen Tag macht.

Arbeitsbuch: 8–12

C Meine Woche

Lernziele und Lerninhalte:

Sprechen:	einen Wochenplan beschreiben, den eigenen Wochenplan beschreiben
Hören:	der Wochenplan von Michael
Wortschatz:	Wochentage, Tageszeiten

Arbeitsbuch: Ü 13–18
Portfolioübung 18 b: Wochenplan

D Hast du Zeit?

Lernziele und Lerninhalte:

Sprechen:	Verabredungen
Hören:	Verabredungsdialog
Wortschatz:	Redemittel für Verabredungen

Kannbeschreibungen GER / Rahmencurriculum:
Kann ausdrücken, wie er/sie zu einem Vorschlag eines Gesprächspartners steht.
Kann etwas ablehnen.
Kann, auch telefonisch, auf einfache Fragen zu Ort und Zeit Auskunft geben.

Arbeitsbuch: Ü 19–22
Schreibtraining Ü 23: Vokal + *h*
Arbeitsbuch – Deutsch plus: Veranstaltungskalender Ü 24 HV, Ü 25: Wochenendpläne
Arbeitsbuch – Wichtige Wörter: Ü 1–3
Lerntipp: Trennbare Verben im Satz lernen
Arbeitsbuch Bildlexikon Ü 4–7: Freizeitaktivitäten

Phonetik: lange und kurze Vokale

Kopiervorlagen in den Handreichungen:
KV 8: Wie spät ist es?
KV 9: Satzpuzzle
KV 10A/B: Verabredungsdialoge

In Lektion 5 wird das Thema Freizeit aus Lektion 4 fortgeführt. Die KT sprechen darüber, was sie gern oder nicht gern machen. Außerdem geht es um die Zeit: Uhrzeiten, Tageszeiten und Wochentage sowie um Verabredungen.

Lektion 5
Der Tag und die Woche

Auftaktseite

Lernziele und Lerninhalte:

Sprechen:	über Freizeitaktivitäten sprechen, sagen, was man gerne oder nicht gerne macht
Hören:	Hörcollage zu Freizeitaktivitäten
Wortschatz:	Freizeitaktivitäten

1

Die KT hören Geräusche, die sie den Bildern/Aktivitäten zuordnen (1 a). So lernen sie den neuen Wortschatz auf drei Ebenen: visuell, sprachlich und durch Hören.
Folgende Situationen kommen in der Hörcollage vor: schwimmen, joggen, im Internet surfen, tanzen, Fußball spielen. Anschließend sprechen die KT im Plenum über die Aktivitäten (1 b). Sie sollten die Sätze auch aufschreiben.

2

Die KT wenden den neuen Wortschatz für sich selbst an. Zunächst machen einige Fragen und Antworten im Plenum die Runde, anschließend Partnerarbeit. Schreiben Sie den Satz *Ich surfe gern im Internet.* auch mit Negation. Sammeln Sie weitere Freizeitaktivitäten, z. B. *Sport treiben, ins Kino gehen, spazieren gehen* usw.

Arbeitsbuch: Ü 1–2

A Wie spät ist es?

Lernziele und Lerninhalte:

Sprechen:	die Uhrzeit sagen, nach Uhrzeiten fragen, nach dem Beginn und dem Ende von Veranstaltungen fragen
Schreiben:	Sätze mit Uhrzeit
Hören:	Uhrzeiten erkennen
Wortschatz:	nicht offizielle und offizielle Uhrzeit
Grammatik:	Fragen und Antworten mit *wann* und *um* (temporal)

Einführung der Uhrzeiten. Zunächst werden die inoffiziellen Zeiten behandelt, anschließend die offiziellen.

1

Hilfreich für die Einführung der Uhrzeiten ist eine Uhr aus Karton oder eine Spielzeuguhr mit drehbaren Zeigern, die in den Unterricht mitgenommen werden kann. Sollte keine derartige Uhr zur Verfügung stehen, können Sie die Uhrzeit mit Hilfe eines Tafelbildes erläutern.
Schreiben Sie die Frage *Wie spät ist es?* an die Tafel und schreiben Sie dann einige einfache Antworten: *Es ist 6 Uhr, 7 Uhr.* usw. Beschränken Sie sich auf volle Stunden. Sofern Ihr Kurs entsprechend beginnt und endet, nennen Sie auch diese Uhrzeiten. Demonstrieren Sie die Sätze dann mit der mitgebrachten Uhr oder dem Tafelbild: *Es ist 6 Uhr, 7 Uhr.* usw. Kennzeichen Sie an der Tafel die Bereiche *vor* und *nach* mit farbiger Kreide. In den nächsten Schritten führen Sie *Viertel vor/nach* und *halb* ein, dann *fünf, zehn* und *zwanzig Minuten.* Zeigen Sie, wo auf der Uhr der Bereich vor der vollen/halben Stunde und der Bereich nach der vollen/halben Stunde liegt. Evtl. sind lernungeübte KT mit *halb, Viertel, vor* usw. anfangs überfordert und brauchen ausführlichere Erläuterungen. Beziehen Sie AB-Übung 3 für lernungeübte KT ein.
Eine Frage- und Antwortrunde im Plenum, an der sich alle KT beteiligen, schließt Übung 1 a ab.

In 1 b müssen die KT jeweils eine Reihe im 5-Minuten Takt, im Viertelstundentakt und im Halbstundentakt fortsetzen. Erweitern Sie die Aufgabe mit Reihen im 10-Minuten- und im 20-Minutentakt. Die Übung ist gut als Kettenübung im Plenum geeignet.

2

Dieses Hörverstehen dient einer ersten Kontrolle, ob die KT die Uhrzeiten richtig verstehen können. (Lösung: halb sieben, Viertel nach sieben, halb zwei, zwanzig vor drei)

3

Erläutern Sie das Fragewörter *wann* und die temporale Präposition *um*, die in 3 erstmals vorkommen. Lassen Sie die KT zunächst den Dialog in 3 a in Partnerarbeit lesen, bevor die Fragen und Antworten in 3 b gemacht werden.

Varianten:
- Sofern eine Spieluhr oder eine Uhr aus Pappe vorhanden ist, macht sie im Plenum die Runde. Die KT stellen jeweils eine Uhrzeit ein und reichen die Uhr mit der Frage *Wie spät ist es?* an den Nachbarn weiter.
- Ein/e KT kommt an die Tafel und hat die Aufgabe, Uhrzeiten, die aus dem Plenum zugerufen werden, in ein Tafelbild einzutragen oder auf der mitgebrachten Uhr einzustellen.
- Arbeiten Sie mit der Kopiervorlage 8.

KV 8 Kopiervorlage 8 enthält neun Uhren ohne Zeiger, in die die KT Uhrzeiten eintragen, um sich gegenseitig danach zu fragen und zu antworten.

4

Einführung der offiziellen Variante der Uhrzeit. Das globale HV von 4 a dient dazu, zunächst die Situationen zu klären. Geben Sie den KT Zeit, sich die Abbildungen anzusehen und sammeln Sie: Was ist auf den Fotos zu sehen? Präsentieren Sie danach die Hörtexte und spielen Sie diese ein zweites Mal vor, bevor die KT 4b lösen. (Lösung 4 a: A2, B1, C4, D5, E3)

5

Erläutern Sie dann den Unterschied zwischen der offiziellen und der nicht offiziellen Uhrzeit. Schreiben Sie über Übung 5 hinausgehend weitere Uhrzeiten an die Tafel, z. B. 15.15, 17.45, mit denen die KT in Partner- oder Gruppenarbeit in der offiziellen und in der nicht offiziellen Variante Sätze bilden: *Es ist Viertel vor sechs. / Es ist 5 Uhr 45. / Es ist 17 Uhr 45.* Anschließend schreiben die KT selbst Uhrzeiten auf und bilden Sätze.

6

Die letzte Übung ist eine gelenkte Dialogvariation, bei der die KT auch Zeitangaben mit *bis* und *von … bis* kennen lernen.
Erläutern Sie diese Präpositionen vorab mit Hilfe des Grammatikkastens. Zunächst einige Dialogübungen im Plenum, anschließend Partnerdialoge. Lernungeübte KT sollten vor der Partnerarbeit mit Unterstützung durch den/die KL die Uhrzeiten in der Übung in der offiziellen und der nicht offiziellen Variante laut sprechen und evtl. auch schreiben.

Arbeitsbuch: Ü 3–7

B Was macht Frau Costa am Samstag?

Lernziele und Lerninhalte:

Sprechen:	einen Tagesablauf beschreiben, sagen, was man Wochenende oder jeden Tag macht
Schreiben:	Sätze mit trennbaren Verben
Wortschatz:	Freizeit-, Wochenend- und Alltagsaktivitäten
Grammatik:	trennbare Verben

1

Da sowohl die Grammatik als auch der Wortschatz für die KT vollkommen neu sind, empfiehlt sich für 1 a Plenumsarbeit, 1 b in Gruppenarbeit, Auswertung im Plenum. Anschließend erläutert der/die KL die trennbaren Verben. Schreiben Sie einen Satz oder zwei Sätze aus 1 a an die Tafel. Schreiben Sie den Infinitiv links neben den Satz und markieren das Präfix und Grundverb farbig. Kreisen Sie die Verbteile in den Sätzen ein.

ein|kaufen
auf|hören

	1	2 Verb		
einkaufen	**Sie**	**kauft**	**Lebensmittel**	**ein.**
aufhören	**Der Film**	**hört**	**spät**	**auf.**

Anschließend schreiben die KT die Sätze in 1c, die sich an den Sätzen in 1 a orientieren. Insbesondere für lernungeübte KT kann es hilfreich sein, alle Sätze aus 1 a ins Heft zu schreiben und die Verben zu markieren.

Variante:

Üben Sie die Satzklammer auch wie folgt: Schreiben Sie die Wörter bzw. Satzteile eines Satzes auf Karton, z. B.

Sie	*steht*	*um 9 Uhr*	*auf.*

Jeweils ein/e KT erhält ein Wort bzw. einen Satzteil, die KT stellen sich in der richtigen Reihenfolge auf. Oder: Man beginnt mit einem einfachen Satz:

Sie	*steht*	*auf.*

Andere KT haben Schilder mit weiteren Worten/Satzteilen, z. B.:

immer	*um neun Uhr*

Diese KT stellen sich anschließend an den richtigen Platz zwischen die KT mit dem Basissatz.

2

Die Fragen und Antworten dienen sowohl der Festigung der trennbaren Verben als auch der Uhrzeiten. Lassen Sie die KT in zwei Varianten antworten: *Sie steht um neun Uhr auf. – Um neun Uhr steht sie auf.*

3

Diese Übung können Sie für lerngeübte KT auch erweitern, wenn z. B. lernungeübte KT mehr Unterstützung und mehr Zeit brauchen. Beginnen Sie, z. B.:
Der Kurs findet statt. – Der Kurs findet morgen statt. Der Kurs findet morgen um 9 Uhr statt. – Der Kurs findet morgen um neun Uhr wieder statt. (Siehe auch AB-Übung 10.)

Der Tag und die Woche

Für lernungeübte KT gehören die trennbaren Verben zu den großen Herausforderungen. Deshalb sollten Sie mit ihnen in jedem Fall auch Übung 11 im AB machen. Schreiben Sie weitere Beispiele wie in dieser AB-Übung an die Tafel, die die KT dann in ihrem Heft ergänzen.

4

Die KT berichten über sich selbst, wobei sie alles, was sie in dieser Lektion bisher gelernt haben, anwenden können: trennbare Verben, den Wortschatz für Freizeitaktivitäten, Uhrzeiten. Sammeln Sie ggf. vor Beginn der Übung weitere geeignete Verben und Aktivitäten an der Tafel.

Gehen Sie auch auf die Kombination *gehen* + Infinitiv (einkaufen gehen) in dem Grammatikkasten ein und geben Sie weitere Beispiele wie z. B. *schwimmen gehen*. Verweisen Sie auf die Analogie zu den trennbaren Verben, bei denen der Verbzusatz wie hier der Infinitiv am Ende des Satzes steht.

Erweitern Sie die Übungen um Reaktionen wie z. B. *Interessant! – Langweilig! – Schön!* und machen Sie eine Liste mit weiteren positiven und negativen Reaktionen. Knüpfen Sie an geeignete Redemittel aus Lektion 3, Block A, Übung 5 an, z. B.: *toll, super, nicht schlecht*.

Lernungeübte KT brauchen insbesondere für die schriftliche Übung 4 b Unterstützung. Schreiben Sie geeignete Satzanfänge an die Tafel oder auf OHP bzw. geben Sie Uhrzeiten und Verben vor, z. B.:

aufstehen – einkaufen – die Wohnung aufräumen – Freunde treffen

7 Uhr – 9 Uhr – 11 Uhr – 18 Uhr

Variante:

Schreiben Sie die trennbaren Verben auf Kärtchen. Jede/r KT erhält ein Kärtchen. KT 1 formuliert eine Frage mit seinem Verb, z. B.: *Wann kaufst du am Samstag ein?* KT 2 antwortet und fragt dann KT 3 mit seinem Verb usw. Diese Übung ist sowohl als Kettenübung als auch als Aktivität möglich, bei der sich die KT im Raum bewegen und wechselnde Partner/innen fragen.

KV 9 Im Anhang finden Sie als Kopiervorlage ein Satzpuzzle zu den trennbaren Verben. Schneiden Sie die Sätze entsprechend den Satzteilen aus und kleben Sie sie auf Karton. Die KT sollen die Satzteile in die richtige Reihenfolge bringen. Es bieten sich unterschiedliche Varianten an: Partnerarbeit oder Gruppenarbeit, lernungeübte KT ordnen jeweils nur einen Satz, lerngeübte KT erhalten evtl. zwei oder drei Sätze gemischt, sodass sie zuerst die Verben und Satzteile zuordnen müssen, bevor sie ordnen. Es sind auch drei Fragen (2 *W*-Fragen, 1 *Ja-/Nein*-Frage) für lerngeübte KT enthalten. Sammeln Sie die Sätze anschließend an der Tafel.

Arbeitsbuch: 8–12

C Meine Woche

Lernziele und Lerninhalte:

Sprechen:	einen Wochenplan beschreiben, den eigenen Wochenplan beschreiben
Hören:	der Wochenplan von Michael
Wortschatz:	Wochentage, Tageszeiten

Nach der Uhrzeit geht es nun um Wochentage und Tageszeiten. Teilnehmer/innen in Integrationskursen kennen die Wochentage oft schon, sollte es noch Unsicherheiten geben, empfiehlt sich AB-Übung 13 als Einstieg.

1

Erläutern Sie die temporale Präposition *an (am)*, bevor KT in Partnerarbeit fragen und antworten. Im Übrigen kommen in 1 a alle in Lektion 5 eingeführten temporalen Präpositionen vor.

In 1 b lernen die KT die Tageszeiten. Besprechen Sie die Tageszeiten und heben Sie hervor, dass man bei den Tageszeiten wie bei den Wochentagen *am* benutzt, dass aber *in der Nacht* eine Ausnahme darstellt. Heben Sie die Stellung des Verbs nach *Am Vormittag…* usw. hervor, bevor die KT Sätze entsprechend Übung 1 b schreiben.

Schreiben Sie auch eine komplette Tabelle von 0–24 Uhr an die Tafel, auf der die Tageszeiten vom Morgen bis in die Nacht zugeordnet sind. Manchmal sind Uhrzeiten und Tageszeiten eine Frage der Interpretation. Fordern Sie die KT auf zu sagen, wie für sie Tageszeiten und Uhrzeiten zusammenhängen, ob z. B. 3 Uhr noch *in der Nacht* bedeutet oder schon *am Morgen*.

Ordnen Sie dann die Aktivitäten von Frau Joona gemeinsam mit den KT zunächst den Tageszeiten zu.

	Montag	Dienstag	…
am Vormittag:			
am Nachmittag:			
am Abend:			

2
Schreiben Sie die Wochentage an die Tafel, die KT hören den Hörtext ein weiteres Mal, nachdem sie die Aufgabe gelöst haben (Lösung: 1 F; 2 R; 3 F; 4 F; 5 R), und notieren die Informationen, die sie anschließend in einen Wochenplan an der Tafel ergänzen.
Tragen Sie vorab ein Beispiel ein, um die Aufgabe zu erklären. Nach Lösung der Aufgabe kann sich das folgende Tafelbild ergeben:

Der Wochenplan von Michael

Montag	*Dienstag*	*Mittwoch*	*Donnerstag*	*Freitag*	*Samstag*	*Sonntag*
		arbeiten	*arbeiten*	*arbeiten*	*Frankfurt*	*Frankfurt*
16.00: Basketball	*Dienstag-abend: Freunde kommen, kochen*	*Fahrkarte kaufen?*	*Fahrkarte kaufen?*	*Abend: Koffer packen*	*Schwester besuchen*	*Schwester besuchen*
Fahrrad reparieren				*lesen*		

Mit diesem Wochenplan berichten die KT über die Woche von Michael.

3
Nachdem die KT in Einzelarbeit einen eigenen Wochenplan geschrieben haben, folgt ein Frage- und Antwortspiel in Partnerarbeit. Die KT notieren die Antworten ihres/ihrer Lernpartners/in und berichten anschließend im Kurs.

Das Thema Wochenplan ist auch für einen Lerntipp geeignet. Fordern Sie die KT auf, einen Wochenplan für das eigene Lernen zu Hause zu erstellen, der über die Hausaufgabe hinausgeht, z. B.:
Montag: *Vokabeln lernen*
Dienstag: *neue Wörter notieren (die sie z. B. beim Einkaufen oder während eines Spaziergangs auf Werbeplakaten lesen)*
Mittwoch: *Aussprache üben*
Donnerstag: *im Internet lernen*
Freitag: *den Stoff aus der letzten Woche wiederholen*

Damit zeigen Sie den KT weitere Lernmöglichkeiten auf, zweitens kann dies besonders für lernungeübte KT eine Hilfe sein, das eigene Lernen zu strukturieren.
Weisen Sie aber auch darauf hin, dass die KT diese Zusatzaktivitäten zeitlich begrenzen sollten, z. B. 30 Minuten pro Tag. Es wäre kontraproduktiv, wenn sie den Eindruck gewinnen, dass sie während der Dauer des Kurses die Woche mit pausenlosem Lernen verbringen müssen.

Arbeitsbuch: Ü 13–18
Portfolioübung 18 b: Wochenplan

D Hast du Zeit?

Lernziele und Lerninhalte:
Sprechen: Verabredungen
Hören: Verabredungsdialog
Wortschatz: Redemittel für Verabredungen

1
Das einleitende globale und detaillierte HV dient auch zur Einführung von Redemitteln für Verabredungen, die nachfolgend weiter geübt werden. Nachdem die KT 1 a und 1 b gelöst haben, schreiben sie den Dialog in der richtigen Reihenfolge ins Heft. Lernungeübte KT können so Redemittel üben und die Orthographie festigen. Lerngeübte KT bekommen zusätzlich den Auftrag, den Dialog zu variieren: andere Tage, Uhrzeiten, andere Aktivitäten, z. B.: *joggen, schwimmen gehen, wandern* usw.

2
Erläutern Sie die Redemittel im Kasten, nachdem die KT die Dialoge in 2 a gehört und in Partnerarbeit gelesen haben. Anschließend ergänzen Sie die Tabelle.

Lernungeübte KT beschränken sich bei 2 c zunächst auf positive und negative Reaktionen, z. B.:
– *Gehen wir am Samstag ins Kino?*
+ *Sehr gern. / Nein, ich habe keine Zeit.*
Dann werden diese Minidialoge erweitert:
– *Gehen wir am Samstag ins Kino?*
+ *Ja gern, aber nicht am Samstag. Hast du am Sonntag Zeit?*
– *Ja, das geht.*
Lerngeübtere KT steigen schon auf der zweiten Stufe in die Dialoge ein.

Wenn die KT sicher genug sind, schließen sie die Bücher und bewegen sich im Raum, sodass die Verabredungsdialoge mit wechselnden Partnern/Partnerinnen gespielt werden. Hilfe bietet auch der Dialogbaukasten in AB-Übung 21, der den KT ein Gerüst gibt, um auch einen umfangreicheren Dialog zu führen.

KV 10 Hier finden Sie zehn verschiedene Situationen: zehn Kärtchen mit Terminvorschlägen und zehn Kärtchen mit jeweils einer Absage. Eine Gruppe erhält Kärtchen mit Terminvorschlägen, die andere Kärtchen mit Absagen. Es empfiehlt sich, die Kärtchen auf verschiedenfarbiges Papier zu kopieren, sodass die Vorschläge eine andere Farben haben als die Absagen. Die KT bewegen sich frei im Raum, KT mit Terminvorschlägen sprechen KT mit Absagekärtchen an. Die KT mit Absagekärtchen können wählen, ob sie nur negativ reagieren oder einen Gegenvorschlag machen. Nach einiger Zeit wechseln die Gruppen.

Arbeitsbuch: Ü 19–22
Schreibtraining Ü 23: Vokal + *h*
Arbeitsbuch – Deutsch plus Ü 24: Veranstaltungskalender, Ü 25: Wochenendpläne
Arbeitsbuch – Wichtige Wörter: Ü 1–3
Lerntipp: trennbare Verben im Satz lernen
Arbeitsbuch Bildlexikon Ü 4–6: Freizeitaktivitäten, Portfolioübung Ü 7: Was finden Sie interessant?

Sprechen aktiv

1

Wörter sprechen: In dieser Übung werden noch einmal die Uhrzeiten sowie die Tageszeiten behandelt. 1 b ist auch im Plenum möglich, allerdings sollten sich dann die KT auf jeweils zwei Sätze beschränken, damit die Übung nicht zu viel Zeit in Anspruch nimmt.

2

Minidialoge sprechen: Wechselspiel für Wochenpläne. In einer zweiten Runde können die KT über die Schüttelkästen hinausgehend weitere Aktivitäten eintragen.

3

Grammatik sprechen: Übung zu den trennbaren Verben im Stil von AB-Übung 10.
Lerngeübte KT können diese Übung nach dem Muster des Spiels *Ich packe meinen Koffer* erweitern. Diese Übung sollte mindestens in Dreiergruppen gemacht werden, wobei ein/e KT die ergänzten Satzteile protokolliert und ggf. korrigiert.

4

Flüssig sprechen: In dieser Lektion geht es um Fragen, die sich um das Thema Zeit drehen. Ebenso wie in den Lektionen 1–3 können Sie diese Fragen zunächst nachsprechen und dann auch beantworten lassen. Diese Fragen eignen sich auch gut zur Arbeit an den Akzenten/Betonungen. Jede Frage hat ein oder zwei betonte Wörter, die Sie klatschen können oder auch durch große und kleine Schritte bewusst machen lassen können. *Wie spät ist es? – Wie viel Uhr ist es? – Wann fängt der Kurs an? – Bis wann geht der Kurs? – Wann beginnt die Pause? – Wann hört der Kurs auf? – Hast du heute Zeit? – Spielen wir zusammen Schach? – Kommst du mit?*

5

Dialogtraining: Diese Übung baut auf der Videosequenz zu Lektion 5 auf.

Phonetik: lange und kurze Vokale, s. S. 134 in den *Handreichungen.*

Auftaktseite

Lernziele und Lerninhalte:

Sprechen: über Essgewohnheiten sprechen
Wortschatz: Lebensmittel

Arbeitsbuch: Ü 1–3
Portfolioübung Ü 2: Was man gern / nicht gern isst

A Der Einkaufszettel

Lernziele und Lerninhalte:

Sprechen: sagen, was man beim Einkauf kaufen soll, einen Einkaufszettel erarbeiten
Hören: Dialog über Lebensmittel, die eingekauft werden müssen, Ansagen im Supermarkt
Schreiben: Ansagen im Supermarkt, Lebensmittel, Einkaufszettel
Wortschatz: Lebensmittel, Mengenangaben und Verpackungen für Lebensmittel
Grammatik: Imperativ

Arbeitsbuch: Ü 4–11

B Einkaufen

Lernziele und Lerninhalte:

Sprechen: Einkaufsdialoge führen
Hören: Einkaufsdialoge, Preise
Schreiben: Einkaufsdialoge sortieren
Wortschatz: Redemittel für Einkaufsdialoge, Preise
Grammatik: *möchte*

Kannbeschreibungen GER / Rahmencurriculum:

Kann gut verständlich Zahlenangaben machen, z. B. Preise wiederholen, Größen angeben.
Kann Einkaufsdialoge führen.

Arbeitsbuch: Ü 12–18

C Das mag ich

Lernziele und Lerninhalte:

Sprechen: sagen, was mag bzw. gerne / nicht gerne isst
Grammatik: das Verb *mögen*, Negation mit *nicht*

Kannbeschreibungen GER / Rahmencurriculum:

Kann Neigungen ausdrücken.

Arbeitsbuch: Ü 19–22

D Essen in Deutschland

Lernziele und Lerninhalte:

Sprechen: die eigenen Essgewohnheiten, Essgewohnheiten im Heimatland
Lesen: Essgewohnheiten in Deutschland
Wortschatz: Mahlzeiten
Grammatik: das Pronomen *man*

Arbeitsbuch: Ü 23–24
Portfolioübung Ü 24: Was man zum Frühstück, Mittag- und Abendessen isst
Schreibtraining Ü 25: *ie* oder *ei*
Arbeitsbuch–Deutsch plus Ü 26: Ein Pfannkuchenrezept
Arbeitsbuch – Wichtige Wörter: Ü 1–3
Lerntipp: Wörter in Gruppen lernen
Arbeitsbuch Bildlexikon Ü 4–6: Lebensmittel

Phonetik: Die Umlaute *ä*, *ö*, *ü*

Kopiervorlagen in den Handreichungen:
KV 11: Der Imperativ
KV 12A/B: *Wie viel kostet …? / Wie viel kosten …?*

Lektion 6 ist eine Lektion rund ums Essen. Die KT lernen den Wortschatz für Mengen- und Preisangaben kennen sowie die Redemittel für den Einkauf. In einfachen Worten üben sie, sich über kulturelle Unterschiede bei Essgewohnheiten auszudrücken.

6 Lektion 6
Guten Appetit!

Auftaktseite

Lernziele und Lerninhalte:

Sprechen:	über Essgewohnheiten sprechen
Wortschatz:	Lebensmittel

1

Einige Lebensmittel dürften die KT bereits von eigenen Einkäufen kennen. Die Verbindung von Wörtern und Bildern erleichtert den Zugang. Die Zuordnung erfolgt in Gruppenarbeit, wobei die Gruppen gemischt sein sollten, d. h., in den Gruppen sollten KT, die schon länger in Deutschland leben, mit solchen, die noch nicht lange hier sind, zusammenarbeiten. So können sich die KT gegenseitig unterstützen.
Erarbeiten Sie mit den KT ein Wörternetz, in dem die Lebensmittel verschiedenen Gruppen zugeordnet sind (s. auch AB-Übung 1.)

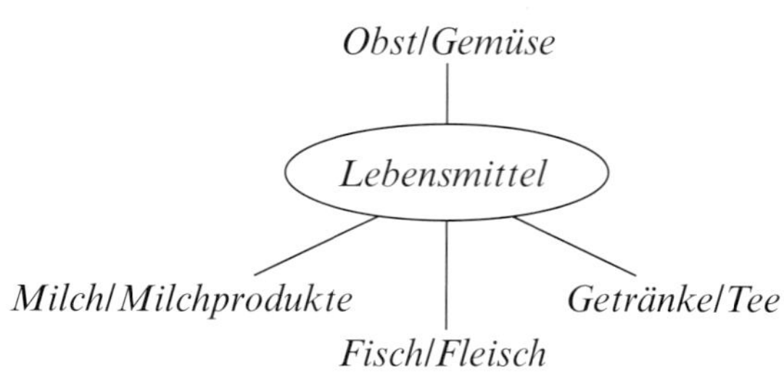

2

Hier lernen die KT die Adverbien der Häufigkeit kennen und erhalten Gelegenheit, über ihre eigenen Essgewohnheiten zu sprechen. Erläutern Sie zunächst die Adverbien z. B. anhand Ihrer eigenen oder fiktiver Essgewohnheiten und der Wochentage, z. B.:
Ich esse immer Brot.
Immer = Montag, Dienstag usw.
Ich esse manchmal Joghurt.
Manchmal = Montag, Mittwoch, Freitag usw.

Die Grafik in 2a wird in Einzelarbeit ergänzt, anschließend notieren die KT ihre beliebten oder weniger beliebten Lebensmittel auf einem Zettel, der/die KL sammelt sie ein und verteilt sie neu. Jede/r KT liest vor, was auf dem Zettel, den er/sie erhalten hat, steht, die anderen raten, wer es geschrieben hat. Diese Übung dient u. a. als Test, wie gut sich die KT bereits kennen, und sie kann ihren sozialen Zusammenhalt stärken.

Fragen Sie weiter: Was isst man in den Heimatländern der KT oft, manchmal, selten oder nie? Das kann Anlass für eine interkulturelle Diskussion über Essgewohnheiten sein.

Arbeitsbuch: Ü 1–3
Portfolioübung Ü 2: was man gern/nicht gern isst

A Der Einkaufszettel

Lernziele und Lerninhalte:

Sprechen:	sagen, was man beim Einkauf kaufen soll, einen Einkaufszettel erarbeiten
Hören:	Dialog über Lebensmittel, die eingekauft werden müssen, Ansagen im Supermarkt
Schreiben:	Ansagen im Supermarkt, Lebensmittel, Einkaufszettel
Wortschatz:	Lebensmittel, Mengenangaben und Verpackungen für Lebensmittel
Grammatik:	Imperativ

1a

Gehen Sie die Lebensmittelliste durch und klären Sie den neuen Wortschatz, bevor die KT den Text hören. Die Lebensmittel, die auf der Auftaktseite nicht vorkommen, sind hier auch abgebildet: Eier, Zucker, Orangen, Mais, Kaugummi. Anschließend hören die KT den Text zweimal, um 1a zu lösen, und berichten im Kurs, was sie angekreuzt haben. (Lösung: Butter, Eier, Brot, Kaugummi). Schreiben Sie für lernungeübte KT den Einleitungssatz an die Tafel: *Familie Kroos braucht …*
Erläutern Sie mit den Beispielen aus dem Hörtext außerdem, dass man Lebensmittel oft ohne Artikel verwendet, auch wenn sie im Singular stehen, z. B. *Familie Kroos braucht Butter. – Sie kaufen auch Kaugummis.* usw.
Sie können auch die Gelegenheit nutzen, um die Negation mit *kein* zu wiederholen: *Familie Kroos braucht keine Milch.*

1b

Die KT hören den Text ein drittes Mal mit Pausen, lernungeübte KT oder KT mit HV-Problemen evtl. auch ein viertes Mal, wobei es jetzt um den Imperativ in der 2. Person Singular und Plural geht. Geben Sie den KT vor dem Hören etwas Zeit, damit sie die Sätze lesen können.
Schreiben Sie die Lösungen an die Tafel:
Kauf doch bitte Butter!
Vergiss die Eier nicht!
Hol das Brot bitte nicht im Supermarkt!
Geh doch zum Bäcker!

Kommt, Laura und Marie, wir gehen!
Wartet noch einen Moment!
Vergesst den Einkaufszettel nicht!
Bringt auch noch Kaugummis mit!

Beachten Sie, dass mit *vergessen* auch der Imperativ starker Verben eingeführt wird. Erläutern Sie anhand des Grammatikkastens vor allem, dass Imperativsätze in der 2. Person Singular keine Nominativergänzung haben, was eine häufige Fehlerquelle ist. Schreiben Sie dafür weitere Beispiele an die Tafel.

Andere Formen des Imperativs, die in der Lektion selbst nicht vorkommen (*sein*, trennbare Verben und Verben mit dem Vokalwechsel a → ä), können Sie anhand der Übersicht auf der *Gewusst-wie*-Seite und des Grammatikanhangs im Arbeitsbuch S. 94 Teilband, S. 182 Gesamtband) erläutern.

2

Hier wird der Imperativ kommunikativ eingeübt. Übung 2 eignet sich als Kettenübung. Schreiben Sie einige Lebensmittel an die Tafel, mit denen die KT die Imperative erweitern. Wenn ein/e KT die Reihe nicht fortsetzen kann, beginnt das Spiel mit einem anderen Verb von vorn. Gehen Sie auch auf die Verbindung von *bitte* + Imperativ ein. So wird deutlich, dass der Imperativ nicht nur eine strenge Befehlsform ist, sondern auch höflich gemeint sein kann.

3

Einführung des Imperativs in der 3. Person Plural bzw. formelle Variante. Schreiben Sie die Sätze aus 3 a komplett an die Tafel und erläutern Sie die Imperativform, nachdem die KT 3 a gelöst haben.

Bei 3 b schreiben die lerngeübten KT die Sätze von Anfang an selbstständig, die lernungeübten schreiben zwei Sätze, Unterstützung durch den/die KL, bevor sie es alleine versuchen.

Erläutern Sie im Anschluss an 3 b anhand der Übersicht auf der *Gewusst-wie*-Seite zusammenfassend den Imperativ. Variieren Sie bei Aufgabe 3 auch mit der informellen Variante des Imperativs.

Der Imperativ gehört für viele Deutschlernende zu den schwierigen Grammatikthemen. Deshalb empfiehlt es sich, auch die zugehörigen AB-Übungen 4–8 gemeinsam zu bearbeiten.
Beachten Sie, dass in 7 mit *anfangen* ein trennbares Verb vorkommt.

KV 11 zum Imperativ. Kleben Sie die Kärtchen auf verschiedenfarbige Karteikarten, z. B. die Kärtchen der linken Spalte auf weiße und die der rechten Spalte auf rote Karteikarten. Die KT bewegen sich im Raum, suchen den passenden Partner / die passende Partnerin und sprechen die Minidialoge. Lerngeübte TN können und werden auch mit etwas Phantasie diese Minidialoge ausbauen.

4

Verpackungen und Mengenangaben für Lebensmittel. Die Übungen 4 und 5 sind auch eine Vorentlastung für die Einkaufsdialoge im nachfolgenden Block. Überlegen Sie gemeinsam mit den KT, welche Lebensmittel in den Verpackungen außerdem möglich sind.

5

Partnerarbeit, individuelle Unterstützung durch den/die KL. Anschließend berichten die KT im Kurs.

Arbeitsbuch: Ü 4–11

B Einkaufen

Lernziele und Lerninhalte:

Sprechen:	Einkaufsdialoge führen
Hören:	Einkaufsdialoge, Preise
Schreiben:	Einkaufsdialoge sortieren
Wortschatz:	Redemittel für Einkaufsdialoge, Preise
Grammatik:	*möchte*

1

Zunächst sammeln die KT mit Hilfe der Fotos von 1 a Einkaufsmöglichkeiten und fragen und antworten wie vorgegeben. Überlegen Sie gemeinsam mit den KT: Wo/Wann muss man beim Einkauf mit dem Personal sprechen: auf dem Markt, am Kiosk, in der Bäckerei, eventuell an der Kasse, oder wenn man einen bestimmten Artikel sucht. Fragen Sie die KT, wo sie normalerweise einkaufen und ob sie den Kauf z. B. in der Metzgerei vermeiden und eher abgepackte Waren nehmen, weil sie sich unsicher fühlen. Erläutern Sie, dass es in diesem Block auch darum geht, dass die KT in Einkaufssituationen sicherer werden.
Anschließend hören die KT den Dialog und ordnen ihn den Fotos zu, Ü 1 b, globales HV.
(Lösung: auf dem Markt)

Lernungeübte KT oder KT, die noch nicht lange in Deutschland leben, sollten den Dialog ein weiteres Mal hören, bevor sie ihn schreiben (1 c), lerngeübte KT oder KT mit Vorkenntnissen schreiben ihn zuerst und kontrollieren anschließend mit der CD.

Beachten Sie, dass in dem Dialog erstmals *möchten* vorkommt. Erläutern Sie dieses Verb anhand des

Grammatikkastens unten rechts auf der Seite. Notieren Sie das Verb mit Stamm und Endung an der Tafel:

ich	möcht-e
du	möcht-est
er/es/sie	möcht-e
wir	möcht-en
ihr	möcht-et
sie/Sie	möcht-en

Schreiben Sie die Konjugation eines der bisher gelernten regelmäßigen Verbs, z. B. *machen*, daneben und lassen Sie die KT die Formen vergleichen, damit sie selbst entdecken, dass die Konjugation in der 3. Person Singular von den bisher bekannten Formen abweicht (s. auch AB-Übung 15).

2

Die Übungen zu Preisen sind der nächste Schritt auf dem Weg zu eigenen Einkaufsdialogen der KT. Erläutern Sie anhand des Infokastens, wie man Preise spricht. Geben Sie mehrere Beispiele. Schreiben Sie Preise an die Tafel, die die KT nachsprechen. Oder lassen Sie eine/n KT Preise an der Tafel notieren, die ihm/ihr die KT aus dem Plenum zurufen. Die Übung ist auch eine gute Möglichkeit, Zahlen zu wiederholen.
Wenn die KT die Texte gehört haben, sollten sie ihre Lösungen in ganzen Sätzen formulieren, z. B.: *Ein Kilo Tomaten kostet nicht 1,40€. Ein Kilo Tomaten kostet 1,60€.* In schnellen Lerngruppen können Sie auch *nicht … sondern* einführen: *Ein Kilo Tomaten kostet nicht 1,40€, sondern 1,60€.* (Lösung 2b: Tomaten 1,60€, Wein 4,29€, Butter 0,99€, Milch 1,35€)

Varianten:

- Wenn die Aufgaben gelöst sind, können die KT in Partnerarbeit *Ja-/Nein*-Fragen wiederholen. KT 1 fragt immer mit den falschen Preisen, KT 2 antwortet mit den richtigen:
  + *Kosten die Tomaten 1,40€?*
  – *Nein, sie kosten 1,60€.* usw.
- Die KT bringen Lebensmittelprospekte eines Discounters oder Supermarktes mit und fragen sich gegenseitig nach Preisen. Für lerngeübte KT oder KT mit Vorkenntnissen: Falls geeignete Prospekte verschiedener Anbieter vorhanden sind, machen die KT Preisvergleiche. Erläutern Sie ggf. den Komparativ *viel – mehr* und geben Sie ein Muster vor: *Im Supermarkt XX kostet die Milch 10 Cent mehr als im Supermarkt XY.*

Die AB-Übungen 17 und 18 können besonders für lernungeübte KT oder KT, die Schwierigkeiten im Mündlichen haben, als weitere Vorentlastung für 3 dienen.

3

In Übung 3a sind die Dialoge noch etwas stärker gelenkt, während die KT in Übung 3b zu einer freien Dialogproduktion übergehen. Beachten Sie, dass in 4 mit *Weißbrot* und *Käsekuchen* neuer Wortschatz auftaucht, der vorab geklärt werden sollte.

Schreiben Sie für lernungeübte KT evtl. noch einmal ein Dialogmuster an die Tafel, das sie für den ersten Dialog noch benutzen dürfen, von dem sie sich anschließend aber lösen sollten:
Guten Tag, was möchten Sie?
Ich hätte gern ________.
Haben Sie noch einen Wunsch?
Ja, noch ___________, bitte.
Ist das alles? Möchten Sie noch etwas?
Nein, ________. Was ________?
________ Euro bitte.

Lerngeübte KT können sich bei 3a auf einen Dialog beschränken und dann zu 3b übergehen, lernungeübte KT, die mehr Zeit und stärkere Unterstützung durch den/die KL brauchen, beschränken sich auf die Dialoge von 3a.

Variante:

Der Kurs wird in Gruppen geteilt. Jeweils 2 KT betreiben ein Geschäft: Obst- und Gemüseladen, Bäckerei, Metzgerei. Nachdem die „Geschäftsinhaber" ihre Waren und Preise festgelegt und auf Kärtchen notiert haben, führen sie Einkaufsdialoge mit den anderen KT, d. h. den Kunden, die allein, zu zweit oder zu dritt einkaufen. Nach einiger Zeit werden die Rollen getauscht.

KV 12A+B In Partner- oder Gruppenarbeit üben die KT Lebensmittelwortschatz und Preise. Auf KV A und B sind dieselben Lebensmittel abgebildet, A hat aber andere Preisinformationen als B. In diesem Wechselspiel fragen sich die KT gegenseitig nach Preisen und antworten auf die Frage, wie viel etwas kostet. Sie sprechen in diesen Minidialoge auch den Wortschatz für Verpackungen und Mengenangaben.

Arbeitsbuch: Ü 12–18

C Das mag ich

Lernziele und Lerninhalte:

Sprechen:	sagen, was mag bzw. gerne / nicht gerne isst
Grammatik:	das Verb *mögen*, Negation mit *nicht*

1

Erläutern Sie zunächst die Konjugationsformen von *mögen* anhand des Infokastens, anschließend berichten KT, was Susanna mag (1 a) und variieren die Sätze (1 b).

Nutzen Sie 1 b, um auf die Negation mit *nicht* näher einzugehen, die in den vorangegangenen Lektionen schon häufiger vorgekommen ist, z. B. in Lektion 2, Auftaktseite: *Ich kenne Athen nicht.* in Lektion 3, A5 b *nicht schlecht, nicht schön* oder in Lektion 6, A1 b *Kauf das Brot bitte nicht im Supermarkt. Vergiss die Eier nicht.*

Üben Sie *nicht* dann mit weiteren Beispielen:

Ja	***Nein***
Ich heiße Tom.	*Nein, ich heiße ____ Tom.*
Ich bin 28 Jahre alt.	*Ich bin ____ 28 Jahre alt.*
Ich komme aus Berlin.	*Ich komme ____ aus Berlin.*
Ich wohne in Hamm.	*Ich wohne ____ Hamm.*
Ich bin Arzt von Beruf.	*Ich bin ____ Arzt von Beruf.*
Ich arbeite viel.	*Ich arbeite ____ viel.*

2

Zunächst Fragen und Antworten in Partnerarbeit: *Magst du / Mögen Sie … – Isst du / Essen Sie gern …* usw., die KT ergänzen die Tabelle und berichten anschließend über ihren Lernpartner / ihre Lernpartnerin im Kurs. In 2 b werden die Fragen und Antworten weiter variiert.

Arbeitsbuch: Ü 19–22

D Essen in Deutschland

Lernziele und Lerninhalte:

Sprechen:	die eigenen Essgewohnheiten, Essgewohnheiten im Heimatland
Lesen:	Essgewohnheiten in Deutschland
Wortschatz:	Mahlzeiten
Grammatik:	das Pronomen *man*

1

1a dient als Vorentlastung für das nachfolgende detaillierte LV in 1 b. Evtl. ist in manchen Heimatländern eine warme Mittagsmahlzeit nicht üblich, da man am Abend warm isst.

Danach lesen die KT den Text zunächst leise. Beachten Sie, dass ein Teil der Lebensmittel auf den vorangegangen Seiten nicht vorgekommen ist: *Kakao, Honig, Müsli, Suppe, Gurke, Sahne.* Klären Sie diesen Wortschatz, sollten bei den KT während der Lektüre entsprechende Fragen auftauchen. Die Fragen beantworten die KT in Partnerarbeit mit anschließender Besprechung im Plenum, wobei auch noch einmal überprüft werden kann, ob den KT der Lebensmittelwortschatz aus den vorangegangen Blöcken noch vertraut ist.

Varianten:

- Dieser Text enthält Informationen, die die KT in einer Tabelle *Frühstück – Mittagessen – Abendessen* sammeln können. Damit erhalten sie beispielhaft eine Struktur zur Erleichterung des Textverständnisses.
  Lerngeübte KT können anschließend anhand ihrer Notizen im Kurs über die Essgewohnheiten berichten. Weisen Sie auch darauf hin, dass man die Mahlzeiten mit der Präposition *zu* verwendet, und notieren Sie z. B. an der Tafel:
  Ich esse zum Frühstück …
  Die Kinder essen zum Mittagessen …
  Er isst zum Abendessen …
- Die KT erarbeiten in Gruppen jeweils zwei weitere *W*-Fragen zu je einem Abschnitt. Es folgt eine Frage- und Antwortrunde im Plenum.

2

Wie bei Übung 2 auf der Auftaktseite bietet sich auch hier noch einmal Gelegenheit, die kulturellen Unterschiede bei den Essgewohnheiten anzusprechen. Geben Sie den KT ausreichend Zeit, diese Aufgabe vorzubereiten. Lassen Sie KT gleicher Nationalität in Gruppen zusammenarbeiten, die Gruppen berichten im Plenum.
Weisen Sie auf das Indefinitpronomen *man* hin und erläutern Sie den Unterschied zu dem Nomen *der Mann*. Beide werden häufig verwechselt.

Arbeitsbuch: Ü 23–24
Portfolioübung Ü 24: Was man zum Frühstück, Mittag- und Abendessen isst
Schreibtraining Ü 25: *ie* oder *ei*
Arbeitsbuch–Deutsch plus Ü 26: Ein Pfannkuchenrezept
Arbeitsbuch – Wichtige Wörter: Ü 1-3
Lerntipp: Wörter in Gruppen lernen
Arbeitsbuch Bildlexikon Ü 4–6: Lebensmittel, Partnerübung Ü 6 c: *Was passt zusammen?*

Lektion 6
Guten Appetit!

Sprechen aktiv

1

Wörter sprechen: In dieser Übung wird der Wortschatz zu Lebensmitteln wiederholt. Es bieten sich mehrere Varianten an: *Ja-/Nein-*Fragen wie in den Sprechblasen vorgegeben oder die Frage *Was kauft Herr Paoletti/Frau Luis (nicht)?* Die KT können bei den Antworten dann z. B. wahlweise eines oder mehrere Lebensmittel kombinieren.

2

Minidialoge sprechen: Mit der Variante *Bestellen im Café* werden die Einkaufsdialoge sowie die Preise aus Block B wiederholt.

3

Grammatik sprechen: Übung zum Imperativ, Partnerarbeit mit individueller Unterstützung durch den/die KL. Erläutern Sie zuvor die Funktion des Partikelwortes *doch*, das dem Satz je nach Tonlage einen anderen Akzent gibt. Die Übung eignet sich gut für differenziertes Arbeiten: Lernungeübte KT beschränken sich auf die Vorschläge in der Übung, lerngeübte KT üben z. B. auch mit trennbaren Verben und variieren die Dialoge:

KT 1: Räum bitte dein Zimmer auf.
KT 2: Das mache ich morgen.

KT 1: Kauf bitte ein Brot.
KT 2: Tut mir leid. Ich habe keine Zeit.

KT 1: Ich gehe schwimmen. Komm doch mit.
KT 2: Ja gern. Das ist eine tolle Idee.

4

Flüssig sprechen: Thema dieser Nachsprechübung sind die Redemittel, die man für das Einkaufen braucht. Diese Redemittel werden sehr häufig gebraucht, deshalb lohnt es sich, auf eine gute Aussprache und vor allem auf die Flüssigkeit zu achten. Die KT werden in ihrem Alltag motivierende Erfolgserlebnisse sammeln können.

5

Dialogtraining: Diese Übung baut auf der Videosequenz zu Lektion 6 auf. Eine Variationsmöglichkeit ist hier der Austausch der eingekauften Lebensmittel und Preise.

Phonetik: die Umlaute *ä, ö, ü,* s. S. 135 in den *Handreichungen.*

Auftaktseite

Lernziele und Lerninhalte:

Sprechen:	Berufe und Arbeitsorte
Hören:	Berufe erkennen
Wortschatz:	Berufe

Arbeitsbuch: Ü 1–2

A Das muss ich machen

Lernziele und Lerninhalte:

Sprechen:	Berufe beschreiben: Arbeitszeiten, Aufgaben, sagen, was man im Beruf wichtig findet, fragen, was jemand (nicht) kann/muss/will
Lesen:	Berufsporträts
Schreiben:	Sätze mit Modalverben
Wortschatz:	Aufgaben im Beruf
Grammatik:	die Modalverben *können*, *müssen* und *wollen*

Kannbeschreibungen GER / Rahmencurriculum:
Kann einfach und klar wichtige Auskünfte geben, z. B. dass er/sie einen bestimmten Job ausüben möchte.

Arbeitsbuch: Ü 3–15
Portfolioübung Ü 15: Was man bei seiner Arbeit machen will/kann/muss

B Rund ums Geld

Lernziele und Lerninhalte:

Sprechen:	Dialog wegen einer Überweisung
Hören:	Telefongespräch über eine Überweisung
Wortschatz:	Bankgeschäfte

Kannbeschreibungen GER / Rahmencurriculum:
Kann wichtige Formulare im Zahlungsverkehr ausfüllen.
Kann einem Kontoauszug die wesentlichen Informationen entnehmen.

Arbeitsbuch: Ü 16–17

C Ein Tag im Leben von Maria Stein

Lernziele und Lerninhalte:

Sprechen:	den eigenen Alltag beschreiben, sagen, wo man war oder wohin man geht
Lesen	der Alltag von Maria Stein: Bilder und Sätze zuordnen
Schreiben:	Sätze mit Präpositionen + Dativ
Grammatik:	Präpositionen + Dativ: *aus*, *bei*, *mit*, *nach*, *von*, *zu*, *vor*

Arbeitsbuch: Ü 18–23
Schreibtraining Ü 24: Sätze korrekt schreiben
Arbeitsbuch – Deutsch plus Ü 25: Texte über Berufe sortieren und schreiben, Ü 26 Stellenanzeigen
Arbeitsbuch – Wichtige Wörter: Ü 1–4
Lerntipp: Nomen und Verben zusammen lernen
Arbeitsbuch Bildlexikon Ü 5–8: Berufe und Arbeitsorte

Phonetik: die Diphtonge *ei*, *au*, *eu*

Kopiervorlagen in den Handreichungen:
KV 13: Partnerinterview Modalverben
KV 14A/B: Präpositionen-Schlange

In Lektion 7 geht es um Arbeit und Beruf. sowie um Bankgeschäfte. Die KT lernen, ein Überweisungsformular auszufüllen und einen Terminplan zu machen.

Arbeit und Beruf

Auftaktseite

Lernziele und Lerninhalte:

Sprechen:	Berufe und Arbeitsorte
Hören:	Berufe erkennen
Wortschatz:	Berufe

1

Zunächst betrachten die KT das Bild im Hinblick auf die Berufe. Dann hören die KT die Hörcollage zweimal. Folgende Berufe kommen vor: Kfz-Mechaniker, Kellner, Koch, Altenpflegerin, Kranführer, Programmiererin, Hubschrauberpilotin, Reinigungskraft.

2

Hier rücken die Arbeitsorte ins Zentrum, die KT besprechen, was man abgesehen von den Personen noch auf dem Bild sieht: ein Büro, ein Restaurant, eine Autowerkstatt, eine Baustelle, eine Wohnung, eine Straße. Anschließend fragen und antworten sie wie in den Sprechblasen vorgegeben. Beachten Sie, dass mit *in* und *auf* hier Wechselpräpositionen mit Dativ vorkommen, die dann in Lektion 9 explizit eingeführt werden.

3

Anschließend nennen die KT wie schon in Lektion 1, E2 noch einmal ihre eigenen Berufe.

Arbeitsbuch: Ü 1–2

A Das muss ich machen

Lernziele und Lerninhalte:

Sprechen:	Berufe beschreiben: Arbeitszeiten, Aufgaben, sagen, was man im Beruf wichtig findet, fragen, was jemand (nicht) kann/muss/will
Lesen:	Berufsporträts
Schreiben:	Sätze mit Modalverben
Wortschatz:	Aufgaben im Beruf
Grammatik:	die Modalverben *können*, *müssen* und *wollen*

1a

Die vier Lesetexte dienen mehreren Zielen: dem Leseverstehen, der Einführung von Wortschatz zum Wortfeld Arbeit/Beruf und der Einführung der Modalverben.
Bilden Sie für die Lektüre Gruppen, je nach Kursgröße bearbeiten ein bis zwei Gruppen je einen Text. In den Gruppen sollten lerngeübte und lernungeübte KT gemischt sein.
Jede Gruppe bearbeitet einen Text und ergänzt die Tabelle in 1 a. Sammeln Sie dann die Lösungen an der Tafel.

1b

Partnerarbeit. Lerngeübte KT können anstelle von *W*-Fragen den Text anhand der Notizen in der Tabelle von 1 a mündlich und/oder schriftlich in eigenen Worten wiedergeben.
Mit der Tabelle haben die KT zugleich eine Liste mit Wörtern für die jeweiligen Berufe und eine Grundlage, um den Wortschatz zu erarbeiten, der für ihre eigenen Berufe wichtig ist, was eine wichtige Hilfe für die Arbeitssuche sein kann: Die KT sammeln zunächst in Partnerarbeit Stichwörter zu ihren eigenen Berufen, Unterstützung durch den/die KL. Anschließend gemeinsame Besprechung im Plenum. Falls es Personen mit gleichem Beruf gibt, sollten diese zusammenarbeiten.
In sehr großen Gruppen oder falls sehr unterschiedliche Berufe vertreten sind, sollten Sie die Aufgabe einschränken, z. B. indem die KT max. vier Wörter oder Ausdrücke zu ihrem Beruf notieren.
1b als Gruppenarbeit. Die KT schreiben zwei bis drei Fragen zu jeweils einem Text, die Fragen machen im Plenum die Runde, die anderen KT antworten.

1c

Übergang zur Grammatikarbeit: Die KT lesen Text 4 noch einmal und unterstreichen die Modalverben. Anschließend ergänzen sie die Sätze von 1 c. Danach unterstreichen die KT die Sätze mit Modalverben auch in den anderen Lesetexten.

Text 1:
Ich muss nach den Operationen aufräumen.
Sie muss oft am Wochenende arbeiten.

Text 2:
Ich kann noch nicht so gut Deutsch und deshalb kann ich keine Stelle als Buchhalter finden.
Ich will auch mehr verdienen und will jetzt eine andere Arbeit suchen.

Text 3:
Oft muss ich auch länger bleiben.
Ich kontrolliere die Kasse und muss Formulare bearbeiten und unterschreiben.

Damit haben Sie eine erweiterte Basis, um die Bedeutung, die Konjugation und die Endstellung des Infinitivs, also die Themen der nachfolgenden Aufgaben, zu vertiefen.

2

Hier geht es um die Bedeutung der Modalverben, die auch durch die Illustrationen dargestellt sind. Die Modalverben bereiten vielen KT Schwierigkeiten. Nehmen Sie sich ausreichend Zeit für dieses Thema. Erläutern Sie die Bedeutung der Modalverben auch mit Sätzen, die zur Kurssituation passen: *Welche Sprachen können die KT sprechen? Was müssen sie im Unterricht machen? Was dürfen sie, was dürfen sie nicht?* usw.

3

Besprechen Sie die Konjugation, nachdem die KT die Lücken in Einzelarbeit ausgefüllt haben. Die Formen, die bereits eingetragen sind, sind neu. Abschließend notieren drei KT die Formen je eines der Modalverben ohne Buch an der Tafel.

4

Im Mittelpunkt steht hier die Verbstellung bei Modalverben + Infinitiv, also die Satzklammer. Bevor die KT die Übung machen, bietet sich folgende Erklärung an:

Position 1	Position 2 (konjugiertes Verb)		Ende (Infinitiv)
Wir	wollen	Deutsch	lernen.
Sie	müssen	die Wohnung	putzen.

Wiederholen Sie die anlässlich der Einführung der trennbaren Verben vorgeschlagene Aktivität: 4–5 KT erhalten je einen Satzteil, den Sie zuvor auf Karton geschrieben haben und stellen sich in der richtigen Reihenfolge auf (s. Kommentare zu Lektion 5, Ü B1 in den *Handreichungen*.) Lassen Sie die KT einige Sätze schreiben, bevor sie sprechen.

Varianten:

- Wenn die KT mit den Modalverben sicherer sind, können Sie die Fragen und Antworten aus 1b wiederholen, dieses Mal mit Modalverben: *Wie lange muss Herr Suazo arbeiten?* usw.
- Lerngeübte KT fassen die Texte auf Basis der Tabelle ein weiteres Mal zusammen, wobei der Schwerpunkt auf den Modalverben liegt.
- Würfelspiel nach dem Modell von Übung A4 in Lektion 2, dieses Mal mit den Modalverben (s. hierzu Kommentare zu Lektion 2, Übung A4 in den vorliegenden *Handreichungen*).

5

In dieser kommunikativen Übung wenden die KT die neu gelernten Modalverben an. Die KT sind aufgefordert, Sätze zu ihrem Beruf bzw. zu ihren Berufswünschen zu formulieren. Die KT schreiben zunächst 3–4 Sätze in Einzelarbeit und berichten dann im Kurs.
Weisen Sie darauf hin, dass *können* in der Übung in zwei Bedeutungen vorkommt. Erstens als Fähigkeit, so wurde das Modalverb in den vorangegangen Aufgaben eingeführt, zweitens als Möglichkeit (z. B. *Ich kann am Wochenende arbeiten.*)

Varianten:

- Erweitern Sie den Redemittelkasten. Die KT bilden weitere Sätze: *Was wollen/können/müssen sie noch?*
- Lassen Sie mit dem Modalverb *müssen* den Tagesablauf wiederholen, der in Lektion 5 Block B ebenfalls Thema war.

KV 13 In diesem Partnerinterview finden sich Fragen mit Modalverben. Die KT interviewen sich zuerst und machen Notizen, danach berichten sie über den Partner / die Partnerin im Plenum. Geben Sie für das Partnerinterview eine Zeitvorgabe von 10–15 Minuten. Wer danach noch nicht fertig ist, berichtet nur das, was er/sie erfahren hat. Als Hausaufgabe schreiben die KT anhand ihrer Notizen vollständige Sätze über ihre/n Lernpartner/in.

Arbeitsbuch: Ü 3–15
Portfolioübung Ü 15: Was man bei seiner Arbeit machen will/kann/muss

B Rund ums Geld

Lernziele und Lerninhalte:

Sprechen:	Dialog wegen einer Überweisung
Hören:	Telefongespräch über eine Überweisung
Wortschatz:	Bankgeschäfte

1

Die KT betrachten die Abbildungen: *Was ist das?* Wahrscheinlich ist vielen KT der Wortschatz schon bekannt, weshalb die Zuordnung in Form eines Plenumsgesprächs erfolgen kann. Erstellen Sie ein Wörternetz:

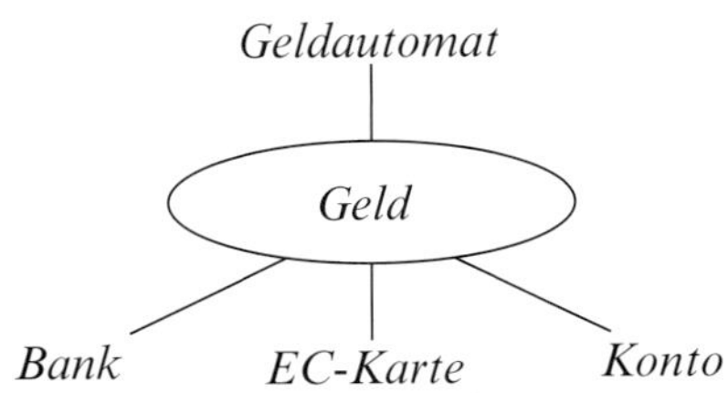

So festigen die KT den Wortschatz und sie haben Gelegenheit, ihr Vorwissen zu aktivieren. *Welche Begriffe zu den Themen Bank und Geld kennen sie noch?*, Z. B. Sparbuch, Zinsen, Kredit, Gebühren usw. Das Wörternetz bildet die Grundlage für weitere Fragen: Welche Bankgeschäfte müssen die KT erledigen, haben sie schon einmal ein Gespräch am Bankschalter mit einem Bankmitarbeiter / einer Bankmitarbeiterin geführt, haben sie alleine oder mit Hilfe anderer ein Girokonto eröffnet?

2

Die Hörverstehensübungen 2 a und 2 b dienen als Vorbereitung auf 2c, in der die KT eigene Dialoge sprechen sollen. Ein Zusatzübung stellt Ü 17 b im AB dar, wo ein Überweisungsformular auszufüllen ist.

Arbeitsbuch: Ü 16–17

C Ein Tag im Leben von Maria Stein

Lernziele und Lerninhalte:

Sprechen:	den eigenen Alltag beschreiben, sagen, wo man war oder wohin man geht
Lesen:	Der Alltag von Maria Stein: Bilder und Sätze zuordnen
Schreiben:	Sätze mit Präpositionen + Dativ
Grammatik:	Präpositionen + Dativ: *aus*, *bei*, *mit*, *nach*, *von*, *zu*, *vor*

1

Die Zuordnung der Bilder zu den Sätzen in 1 a erfolgt in Partnerarbeit mit anschließender Besprechung im Plenum. 1 b in Gruppen mit besonderer Unterstützung für lernungeübte KT. Beachten Sie, dass mit *vor der Arbeit* auch eine Wechselpräposition in temporaler Bedeutung im Dativ vorkommt, die hier der temporalen Präposition *nach (nach der Pause)* gegenübersteht.

Schreiben Sie anschließend die Präpositionen + Dativ an die Tafel: *aus dem Haus*, *vor der Arbeit*, *zur Kita* usw. Erläutern Sie dann anhand des Grammatikkastens zunächst die Artikel im Dativ, vor allem die Zusammenziehung von Präposition und Artikel.

2

Einzel- oder Partnerarbeit. Die Aufgabe dient zum einen der Festigung der Form, zum anderen bietet sie dem/der KL die Möglichkeit zu überprüfen, ob die KT diese verstanden haben.

Variante:

Für lerngeübte KT. Schreiben Sie die Präpositionen mit Dativ aus 1 a in ungeordneter Reihenfolge an die Tafel.:

zum Supermarkt – beim Chef – aus dem Haus – mit ihren Kollegen – mit ihrem Sohn – von der Arbeit – zur Kita – nach der Pause – vor der Arbeit – mit dem Zug – zur Arbeit

Die KT decken den Text ab und bilden mit Hilfe des Tafelanschriebs und der Bilder Sätze.

Weisen Sie auch auf die Dativendungen des unbestimmten Artikels bzw. der Possessivartikel hin, z. B. mit Sätzen wie: *Er geht zu seiner Freundin.*, *Er fährt mit einem Bus.* o. Ä. Erklären Sie, dass die Endung bei den Artikelwörtern immer gleich ist: beim bestimmten Artikel, beim unbestimmten Artikel, bei *kein* und auch bei den Possessivartikeln. Als Hilfe können neben einem Tafelanschrieb die Erläuterungen auf der *Gewusst-wie*-Seite und im Grammatikanhang im Arbeitsbuch (S. 96 Teilband A1.1, S. 185 Gesamtband A1) dienen.

3

Diese Übung ist eine weitere Hilfe, die Bedeutung der Präpositionen mit Hilfe der Fragen *wo*, *woher* und *wohin* zu erschließen.

Erläutern Sie, dass die Präpositionen *bei* vor allem bei Personen und Institutionen vorkommt, verzichten Sie hier aber auf weitere Einzelheiten (z. B. Unterschiede wie *von der Post / aus der Post* oder *zum / in den Supermarkt.*)

Schon mehrfach vorgekommen ist die Präposition *nach* in lokaler Bedeutung (s. Grammatikkasten neben 3 b). Erläutern Sie die Funktion dieser Präposition bei Städte- und Ländernamen und weisen Sie auf Stellen in den vorangegangenen Lektionen hin, wo *nach* bereits vorgekommen ist (von Uhrzeiten abgesehen), z. B. Lektion 4, Ü B3; Lektion 5, Ü C1a, D1b, D2c. In AB-Übung 23 wird der Unterschied von *in* und *nach* bei Städte- und Ländernamen geübt.

Die Fragen und Antworten von 3 b sollten zuerst im Plenum die Runde machen, anschließend Partnerarbeit. Geben Sie weitere Nomen mit Artikelwörtern für die Fragen und Antworten vor (z. B. ein Freund, eine Freundin, mein Vater, meine Tante).

Lassen Sie die KT bei 3 b auch Fragen und Antworten mit *Woher kommen Sie?* machen.

4

Dieser stärker gelenkten Übung kann sich eine freiere Variante anschließen, für die sich z. B. folgende Satzbausteine eignen:

Um acht Uhr	*gehe ich*	*zur Sprachschule.*
Am Vormittag	*fahre ich*	*zum Kindergarten.*
Um 13.00 Uhr		*zum Supermarkt.*
Am Mittag		*nach Hause.*
Um 5.00 Uhr		…
Am Nachmittag		…

Lassen Sie jede/n KT im Plenum einen Satz sagen. Führen Sie eine zweite Runde durch, bei der Sie dann die Präpositionen vor den Nomen wegwischen. Abschließend antworten die KT auf Fragen wie z. B. *Kannst du am Mittwochnachmittag? – Hast du am Donnerstagvormittag Zeit?* frei.

KV 14 A/B Ergänzungsübung in Kombination mit einem Puzzle für lernungeübte KT. Die KT erhalten acht Sätze in acht Feldern, bei denen jeweils die Präposition fehlt. Schneiden Sie die acht Präpositionen aus und kleben Sie sie auf Kärtchen. Die KT sollen nun die Kärtchen mit den Präpositionen auf die passenden Felder legen. Wenn die Aufgabe korrekt gelöst ist, ergibt die Abfolge der Karten das zusammenhängende Bild einer Schlange.

Arbeitsbuch: Ü 18–23
Schreibtraining Ü 24: Sätze korrekt schreiben
Arbeitsbuch – Deutsch plus Ü 25: Texte über Berufe sortieren und schreiben, Ü 26: Stellenanzeigen
Arbeitsbuch – Wichtige Wörter: Ü 1–4
Lerntipp: Nomen und Verben zusammen lernen
Arbeitsbuch Bildlexikon Ü 5–8: Berufe und Arbeitsorte

Sprechen aktiv

1

Grammatik sprechen: In dieser Übung werden noch einmal die Präpositionen + Dativ in lokaler Bedeutung geübt. Neben einer reinen Bildbeschreibung sind auch Fragen und Antworten möglich, z. B.: *Wo ist Herr Yurdakül? – Zu Hause.* usw.

2

Minidialoge sprechen: Hier werden noch einmal Modalverben geübt. Es bietet sich an, noch einmal Verabredungsdialoge zu üben, um die es in Lektion 5, Block D ging, dieses Mal mit Einbeziehung der Modalverben, z. B.:

\+ *Wollen wir am Samstag zusammen kochen?*
– *Nein, da kann ich nicht ich muss arbeiten.*
\+ *Kannst du am Sonntag?*
– *Ja, das geht.* usw.

für lerngeübte KT mit Dialoggrafik:
Samstag – kochen? → *nein – arbeiten*
Sonntag? → *ja*

Die KT variieren diese Dialoge mit anderen Situationen und Wochentagen: *zusammen grillen, Hausaufgaben machen, Freunde besuchen* wie im KB vorgeschlagen oder auch *eine Radtour machen, nach Berlin fahren* usw.

3

Wörter sprechen: Das Thema sind hier noch einmal Berufe. Lerngeübte KT oder KT mit Vorkenntnissen können die Liste der Berufe und damit auch das Ratespiel in 3 b erweitern oder die Fragen und Antworten werden umgekehrt: *Was macht eine Kellnerin? – Wer arbeitet auf der Baustelle?* usw.

4

Flüssig sprechen: Das grammatische Thema dieser Lektion sind die Präpositionen + Dativ. Dieser Nachsprechtext enthält die in der Lektion gelernten Präpositionen in typischen Sätzen. Das Nachsprechen dieser Sätze unterstützt das Lernen dieser Strukturen und die Dativformen. Deshalb sollten Sie darauf achten, dass die KT die Endungen nicht verschlucken oder nachlässig sprechen. Allerdings dürfen die Endungen aber natürlich auch nicht betont werden, das würde zu einer unnatürlichen Intonation führen.

5

Dialogtraining: Diese Übung baut auf der Videosequenz zu Lektion 7 auf. (Lösung: Musst, Kannst, will) Für Aufgabe 5 c (Ergänzung einer Frage mit Antwort) sollten zunächst Fragen erarbeitet werden, was besonders für lernungeübte KT hilfreich ist, z. B.:
Musst du lange arbeiten?
Sind die Kollegen nett?
Bist du allein oder zusammen mit anderen im Büro?

Lerngeübte KT können den Dialog so auch zu einem längeren Interview ausbauen.

Phonetik: die Diphtonge *ei, au, eu*, s. S. 135 in den *Handreichungen*.

Dialoge spielen

1

Die Situationen 1, 5 und 6 können als Einstieg für lernungeübte KT dienen. Eine stärkere Lenkung, z. B. mit Hilfe von Dialoggrafiken, kann für Situation 4 wie folgt aussehen kann:

Fußballverein Freiburg/Name/Begrüßung → *Begrüßung/Name/Mitgliedsbeitrag 2015/Bankverbindung?*
IBAN: DE 85 6809 0000 00 304971
Bank: Volksbank Freiburg → *Wiederholung IBAN, Bank/richtig?*
stimmt → *Dank und Verabschiedung*

Geben Sie evtl. auch Redemittel vor: *Guten Tag, Hier spricht …, Ich möchte … überweisen* usw. Lassen Sie die KT den Dialog variieren: Mitgliedsbeitrag für einen Fußballverein, eine Bank am Kursort u. Ä.
Geeignete Dialoggrafiken finden Sie im Arbeitsbuch für folgende Situationen:
Situation 2: Lektion 5, AB, Ü 21, Situation 7: Lektion 4, AB, Ü 18

Weitere Variationsmöglichkeiten:
Situation 3: Sie sind beim Bäcker und wollen Brot und Kuchen kaufen.
Situation 5: Üben Sie noch einmal Verabredungsdialoge wie in Lektion 5, Block D, dieses Mal mit Einbeziehung der Modalverben, z. B.:

+ *Wollen wir am Samstag zusammen grillen?*
– *Nein, da kann ich nicht ich muss arbeiten.*
+ *Kannst du am Sonntag?*
– *Ja, das geht.*

Beispiel für eine Dialoggrafik: *Samstag – zusammen grillen?* → *nein – arbeiten*
Sonntag? → *ja*

Die KT variieren diese Dialoge mit anderen Situationen und Wochentagen: zusammen kochen, Freunde besuchen wie im KB vorgeschlagen oder auch eine Radtour machen, nach Berlin fahren usw.

Spiel und Spaß

Varianten:

2a

Die KT bilden mit je einem Wort pro Wortfeld einen Satz.

2b

Die KT tauschen ihre Wortlisten nach Ablauf der zwei Minuten. Die KT bekommen weitere zwei Minuten Zeit, um die Listen ihrer Lernpartner/innen zu ergänzen.

2c

Jede/r KT erhält einen Zettel mit einem Wort aus Übung 2a. Die KT bewegen sich im Raum und suchen die KT mit Wörtern des gleichen Wortfeldes. Auf diese Weise finden sich die Gruppen, die wie in 2c vorgeschlagen die Lernplakate machen.
Auf den Lernplakaten schreiben die KT jeweils nur die ersten zwei Buchstaben eines Wortes oder lassen Lücken für die Vokale, die anderen Gruppen bekommen die Aufgabe, die Wörter zu ergänzen.

3

Dieses Spiel ist auch als Pantomime möglich. Je ein/e KT bekommt einen Zettel mit einem Beruf und macht dann einige für diesen Beruf typische Bewegungen. Die anderen KT raten.
Oder: Sie teilen die KT in Gruppen ein, je ein/e KT pro Gruppe demonstriert einen Beruf. Wenn eine andere Gruppe den Beruf richtig rät, bekommt sie einen Punkt.

Auftaktseite

Lernziele und Lerninhalte:

Sprechen:	Arztbesuche, Sprechzeiten von Ärzten nennen, sagen, zu welchem Arzt man geht
Lesen:	Praxisschilder Ärzten zuordnen
Wortschatz:	Fachärzte, Krankheiten

Arbeitsbuch: Ü 1–3

A Ein Besuch beim Arzt

Lernziele und Lerninhalte:

Sprechen:	Terminvereinbarung beim Arzt Körperteile nennen, Dialoge beim Arzt
Lesen/Hören:	Terminvereinbarung beim Arzt, Dialog beim Arzt
Schreiben:	Sätze mit *sollen*
Wortschatz:	Körperteile, Krankheiten, Medikamente
Grammatik:	*sollen*

Kannbeschreibungen GER / Rahmencurriculum:
Kann Auskünfte zur Person bei der Anmeldung beim Arzt geben.
Kann mitteilen, wie es ihm/ihr geht und beschreiben, was ihm/ihr weh tut.
Kann im Gespräch mit Ärzten relevante Informationen verstehen.

Arbeitsbuch: Ü 4–10

B Gesundheit in Deutschland

Lernziele und Lerninhalte:

Sprechen	Informationen über Ärzte und Krankenversicherung austauschen
Lesen:	Informationen über das deutsche Gesundheitssystem
Wortschatz:	Gesundheitssystem

Arbeitsbuch: Ü 11

C Mein Kind ist krank

Lernziele und Lerninhalte:

Sprechen:	erzählen, was man macht, wenn das Kind krank ist
Hören:	Gespräch am Morgen, ein Kind ist krank
Schreiben:	Entschuldigungsschreiben für die Schule

Kannbeschreibungen GER / Rahmencurriculum:
Kann sich mit einfachen Worten krankmelden.
Kann bei Krankheit eine kurze schriftliche Entschuldigung schreiben.

Arbeitsbuch: Ü 12–15
Portfolioübung Ü 15: schreiben, was man macht, wenn das Kind krank ist

D Im Krankenhaus

Lernziele und Lerninhalte:

Sprechen:	Minidialoge
Lesen:	Herr Huth im Krankenhaus
Grammatik:	Personalpronomen im Akkusativ

Arbeitsbuch: Ü 16–20

E 112 – Der Notruf

Lernziele und Lerninhalte:

Sprechen:	Notruf-Dialoge
Lesen/Hören:	ein Notruf
Lesen:	Regeln für einen Notruf
Wortschatz:	Redemittel für Notrufe

Kannbeschreibungen GER / Rahmencurriculum:
Kann telefonisch einen Notruf tätigen.

Arbeitsbuch: Ü 21–22
Schreibtraining Ü 23: Briefe korrekt schreiben, Groß und Kleinschreibung
Arbeitsbuch – Deutsch plus Ü 24: Lesetext Gesund essen, Ü 25: 4 Interviews zum Thema
Arbeitsbuch – Wichtige Wörter: Ü 1–3
Arbeitsbuch Bildlexikon 4–8: Körperteile

Phonetik: *pf* und *z*

Kopiervorlagen in den Handreichungen:
KV 15: Komposita-Domino
KV 16A/B: Der Akkusativ, Wie war das noch? Würfelspiel zum Akkusativ

In Lektion 8 geht es um Gesundheit. Eingeführt werden die Körperteile und die KT erhalten Informationen über das Gesundheitssystem in Deutschland. Sie lernen, einen Termin beim Arzt zu machen, eine Entschuldigung zu schreiben und einen Notruf zu tätigen.

Gute Besserung!

Auftaktseite

Lernziele und Lerninhalte:

Sprechen:	Arztbesuche, Sprechzeiten von Ärzten nennen, sagen, zu welchem Arzt man geht
Lesen:	Praxisschilder Ärzten zuordnen
Wortschatz:	Fachärzte, Krankheiten

1

Der einleitende kurze Erfahrungsaustausch soll die KT auf das Thema einstimmen und sie sollen bereits bekannten Wortschatz aktivieren.
Anschließend ordnen sie die Praxisschilder zu. Die Fragen und Antworten zu den Öffnungszeiten sind erstens eine Wiederholung der Uhrzeiten (Lektion 5, Block A), zweitens lernen die KT am Beispiel von Praxisschildern allgemeine Informationen zu Sprech- bzw. Öffnungszeiten zu verstehen.

2

Hier wird erster Wortschatz zu Krankheiten eingeführt. Zeigen Sie auf Ihren Hals, Bauch usw., um die Körperteile zu erklären. In Block A folgen sie dann komplett. Außerdem bietet sich die Gelegenheit, den Imperativ zu wiederholen.

Arbeitsbuch: Ü 1–3

A Ein Besuch beim Arzt

Lernziele und Lerninhalte:

Sprechen:	Terminvereinbarung beim Arzt, Körperteile nennen, Dialoge beim Arzt
Lesen/Hören:	Terminvereinbarung beim Arzt, Dialog beim Arzt
Schreiben:	Sätze mit *sollen*
Wortschatz:	Körperteile, Krankheiten, Medikamente
Grammatik:	*sollen*

1–2

Am Anfang steht ein HV zu einer Terminvereinbarung beim Arzt. Lassen Sie die KT das Telefongespräch mit verteilten Rollen und dem eigenen Namen lesen, nachdem sie das globale HV in 1 a gelöst haben (Lösung B). Es folgt die Dialogvariation: Statt z. B. Montag um neun Uhr, Donnerstag um 10 Uhr usw. So üben die KT die Intonation, sie wiederholen das Buchstabieren und noch einmal Uhrzeiten.

Sie können auch wieder mit einer Dialoggrafik arbeiten:

(Arztpraxis) *(Patient/in)*
Praxis Dr. … → *Guten Tag, mein Name …*
Ich hätte gern … → *Mittwoch, 9 Uhr?*
→ *Ja/geht*
Name/buchstabieren? → *(buchstabiert Namen)*
Bis …
Auf Wiederhören → *Auf Wiederhören*

Das detaillierte HV von 2 lässt sich auch als Vorentlastung von 1 c heranziehen. (Lösung: Dialog 1: Frau Bas/Dienstag, 15 Uhr; Dialog 2: Herr Hristov/Donnerstag, 11.00 Uhr)
Lerngeübte KT oder KT, die mit den Dialogen schneller fertig sind, variieren die Dialoge weiter: Sie müssen einen anderen Termin aushandeln, weil sie zu dem vorgeschlagenen Termin keine Zeit haben, sie waren schon letzte Woche beim Arzt, brauchen jetzt aber noch einmal einen Termin u. Ä.

3

Einführung der Körperteile. Reihenfolge der Körperteile auf der CD: Kopf, Nase, Hals, Auge, Ohr, Mund, Arm, Hand, Finger, Rücken, Bauch, Bein, Fuß. Bei einem zweiten Hören sprechen die KT die Wörter auch nach.
Zeigen Sie dann z. B. auf Ihren Kopf und fragen Sie: „Was ist das?" Die KT antworten und lösen dann 3 b in Partnerarbeit
Erstellen Sie mit den KT ein Wörternetz an der Tafel, das z. B. so aussehen kann:

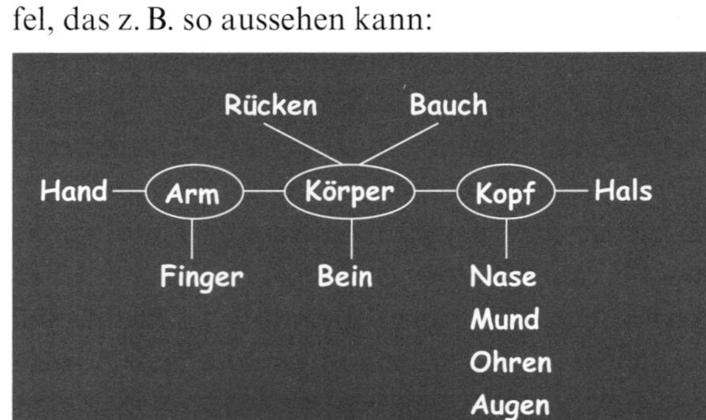

4

Gespräch beim Arzt. Bevor die KT 4 b lösen, lesen sie den Dialog, um unbekannten Wortschatz zu klären.

Schreiben Sie für die Einführung von *sollen* (4 c) folgende Imperative aus dem Dialog an die Tafel: *Trinken Sie viel. – Nehmen Sie täglich Vitamin C. – Bleiben Sie im Bett. – Schlafen Sie viel.*

Formen Sie dann einen Satz um: *Der Arzt sagt, ich soll viel trinken.* und schreiben sie diesen an die Tafel. Markieren Sie die Position von *sollen* und des Infinitivs und erinnern Sie an die Regeln, die die KT bei der Einführung von *können, müssen* und *wollen* in Lektion 7 gelernt haben.

Position 1	Position 2 (konjugiertes Verb)		Ende (Infinitiv)
Er	soll	viel	trinken.

Anschließend ergänzen die KT den Satz im Kursbuch und schreiben die weiteren Sätze mit *sollen* ins Heft. Individuelle Kontrolle durch den/die KL.
Erläutern Sie *sollen* auch mit Hilfe von Situationen im Kurs: *Bitte lesen Sie den Text. – Der Lehrer sagt, wir sollen den Text lesen.* usw.

In Gruppen mit lerngeübten KT sollten Sie den Gegensatz von *sollen* und *müssen* erläutern, der vielen KT große Schwierigkeiten bereitet. Dafür eignet sich folgende Gegenüberstellung:
Herr Hristov ist krank. Er muss im Bett bleiben. – Der Arzt sagt, er soll im Bett bleiben. usw.

5

Schreiben Sie für lernungeübte KT für einen der Dialoge auch einen Lückentext an die Tafel, z. B. für Situation 1:
\+ *Guten Tag, was fehlt Ihnen denn?*
– *Ich habe* ______.
\+ *Machen Sie* ______, *gehen Sie* ______ *und* ______ *Sie nicht schwer.*

Nachdem die KT die Dialoge gespielt haben, formen sie die Imperative in Sätze mit *sollen* um, z. B.: *Der Arzt sagt, ich soll nicht schwer tragen.* usw.

Arbeitsbuch: Ü 4–10

B Gesundheit in Deutschland

Lernziele und Lerninhalte:

Sprechen:	Informationen über Ärzte und Krankenversicherung austauschen
Lesen:	Informationen über das deutsche Gesundheitssystem
Wortschatz:	Gesundheitssystem

1

Hier erhalten die KT Informationen über das deutsche Gesundheitswesen. Im Alltag werden die KT häufig mit komplexen Texten bzw. komplexem Wortschatz konfrontiert. Die zahlreichen neuen Wörter (Gesundheitskarte, Krankschreibung, Arbeitgeber usw.) dienen auch dazu, die KT auf solche Situationen vorzubereiten. Daher steht neben dem Leseverstehen die Vermittlung von Lesestrategien im Mittelpunkt: Die KT sollen für die Zuordnung kein Wörterbuch benutzen, geben Sie ein Zeitlimit von wenigen Minuten vor und geben Sie den Tipp, bei 1 „pragmatisch“ vorzugehen, d. h. nach Übereinstimmungen in Worten und Bildern zu suchen, ohne die Texte Wort für Wort zu lesen.
1 b in Partnerarbeit, Auswertung im Plenum.

Variante:
Für das Detailverständnis empfehlen sich neben der Korrektur der falschen Aussagen in 1 b auch *W*-Fragen:
1. *Wo braucht man die Gesundheitskarte?*
2. *Was trägt der Zahnarzt in das Bonusheft ein?*
3. *Wer bekommt die Krankschreibung?*
4. *Wer bekommt die Überweisung?*
5. *Wofür braucht man die Rezepte?*

Lerngeübte KT können Fragen dieser Art auch in Gruppen- oder Partnerarbeit erarbeiten. Die Fragen werden dann im Plenum beantwortet oder die KT tauschen die Fragen aus.

2

Das abschließende Projekt dient wieder dazu, dass die KT ihre Wohnumgebung näher kennenlernen. Geben Sie den KT verschiedene Aufträge: Eine Gruppe sucht die Adressen von zwei bis drei Hausärzten im Telefonbuch oder im Internet, eine weitere die von Zahnärzten und Augenärzten oder auch von anderen Fachärzten. Soweit möglich notieren die KT auch die Sprechzeiten der Ärzte. In der nächsten Stunde berichten die KT über ihre Ergebnisse und sammeln die Adressen und Sprechzeiten der Ärzte auf einem Blatt Papier, das Sie kopieren und dann als Informationsblatt an die KT verteilen können.

KV 15 Lektion 8 enthält viele Komposita, die mit dem Domino in Kopiervorlage 15 geübt werden können. In Lektion 12 werden die Regeln für die Bildung von Komposita erläutert und vertiefend geübt.

Arbeitsbuch: Ü 11

C Mein Kind ist krank

Lernziele und Lerninhalte:

Sprechen:	erzählen, was man macht, wenn das Kind krank ist
Hören:	Gespräch am Morgen, ein Kind ist krank
Schreiben:	Entschuldigungsschreiben für die Schule

1

Zunächst betrachten die KT das Foto und sprechen über die Situation: Wer sind die Personen, was ist passiert? Anschließend hören die KT das Gespräch und lösen die Aufgaben. (Lösung: 1 A; 2 B; 3 A; 4 C; 5 B)
Lassen Sie eine/n lerngeübte/n KT das Gespräch mit Hilfe der korrekten Antworten in eigenen Worten wiedergeben und stellen Sie weitere Fragen: *Wann gehen Lena und ihre Mutter zum Arzt? – Was soll der Bruder machen?*

Machen Sie auf die Vermutung der Mutter im Dialog aufmerksam: *Vielleicht ist es Scharlach.* Dieses Wort ist den meisten KT möglicherweise zwar unbekannt, aber es bietet Gelegenheit, verschiedene Kinderkrankheiten zu sammeln. Schreiben Sie das Wort an die Tafel und fragen Sie die KT, welche weitere Kinderkrankheiten sie kennen (z. B. Masern, Windpocken, Mumps, Röteln). Fordern Sie die KT auf kurz zu berichten, ob sie selbst oder ihre Kinder schon eine dieser Krankheiten hatten. Geben Sie dafür Fragen vor: *Welche Krankheiten(n) hatten Sie? – Wie lange waren sie im Bett / nicht in der Schule?*

2

Mit dem Entschuldigungsbrief erhalten KT mit Kindern ein Modell für den „Notfall", wenn sie für ihr eigenes Kind einen solchen Brief benötigen.

Fragen Sie einleitend, welche KT schon einmal ein Entschuldigungsschreiben für die Schule formulieren mussten. Danach wird die Aufgabe in Partnerarbeit gelöst, Auswertung im Plenum. Anschließend lösen die KT die AB-Übung 12 a. Lernungeübte KT lösen zusätzlich 12 b, lerngeübte KT 12 c.

3

Zunächst sammeln die KT für die Illustrationen geeigneten Wortschatz, der zum Teil auch in dem Hörtext von 1 a vorkommt. Anschließend bilden sie Sätze. Erweitern sie in Partnerarbeit und mit Unterstützung durch den/die KL die Möglichkeiten, was man machen kann, wenn das Kind krank ist, z. B.: *kalte Umschläge machen – Apfelsaft bringen – das Zimmer dunkel machen* usw. Sammeln Sie die Ergebnisse an der Tafel, damit die KT im Kurs berichten können. Hier sollten Sie insbesondere KT mit Kindern zu Redebeiträgen ermuntern. Lassen Sie die KT auch kleine Dialoge für einen Erfahrungsaustausch bzw. gegenseitige Tipps machen, z. B.:
+ Du, meine Tochter hat Fieber, was soll ich machen?
– Du kannst doch kalte Umschläge machen.

Variante:
Die KT schließen das Buch. Schreiben Sie Nomen und Verben getrennt an die Tafel, z. B.:

Fieber – Tee – Medikamente
messen – kochen – geben

Das erhöht den Schwierigkeitsgrad und macht die Übung etwas offener. Lerngeübte KT bilden die Sätze direkt, lernungeübte KT ordnen zunächst Nomen und Verben einander zu.

Arbeitsbuch: Ü 12–15
Portfolioübung Ü 15: schreiben, was man macht, wenn das Kind krank ist

D Im Krankenhaus

Lernziele und Lerninhalte:

Sprechen:	Minidialoge
Lesen:	Herr Huth im Krankenhaus
Grammatik:	Personalpronomen im Akkusativ

1

Als Vorentlastung für den nachfolgenden Text beschreiben die KT zunächst die Bilder: *Wer ist auf den Bildern? – Wo ist der Mann? – Wie geht es ihm?* Schreiben Sie für lernungeübte KT geeignete Redemittel auf eine OHP-Folie oder an die Tafel, die KT kombinieren die Satzteile.

Vielleicht …	*telefoniert.*
Er ist …	*Besuch.*
Der Arzt untersucht …	*den Mann.*
Er bekommt …	*ist der Mann krank.*
Er liegt im Bett und …	*im Krankenhaus.*

Anschließend ordnen die KT Bilder und Text zu. Schreiben Sie die ersten beiden Sätze an die Tafel und markieren Sie *Herr Huth* und *ihn*.

Herr Huth hat Bauchschmerzen.
Ein Kollege bringt **ihn** zum Arzt.

Dann lesen die KT den Text ein weiteres Mal und ergänzen die Tabelle. Erläutern Sie die Funktion der Personalpronomen im Akkusativ, indem sie alle Sätze durchgehen und mit *wen* nach den unterstrichenen Satzgliedern fragen.

Variante:
Schreiben Sie die Antworten auf die Fragen in 1 b an die Tafel, sodass sie eine Textzusammenfassung darstellen, z. B.: *Herr Huth hat Bauchschmerzen. Die Ärzte operieren ihn sofort. Seine Familie besucht ihn. Nach fünf Tagen kann er nach Hause gehen.* Ein/e KT liest den Text vor. Streichen Sie dann die Verben weg, ein/e weitere/r KT liest den Text inklusive Verben vor. Verfahren Sie ebenso mit den übrigen Satzteilen, bis der Text nicht mehr an der Tafel steht, sodass die KT die Geschichte frei erzählen.

2
Fragen und Antworten in Partnerarbeit, um die neu gelernten Personalpronomen im Akkusativ zu festigen.

Varianten:
- Die KT bewegen sich im Raum. Jede/r KT erhält ein Kärtchen entweder mit *brauchen* oder *anrufen* und die zugehörigen Nomen. Zunächst stellen z. B. die KT mit *anrufen* ihre Fragen, anschließend die mit *brauchen*. Erweitern Sie die Schüttelkästen z. B. für *anrufen: deinen Freund/deine Freundin – den Arzt/die Ärztin* usw., für *brauchen* z. B. *das Wörterbuch – dein Fahrrad/Auto* usw. Außer mit *mitbringen*, das ebenfalls in 2 vorkommt, sind auch mit weiteren Verben, z. B. *kaufen* und *besuchen,* Fragen und Antworten möglich.
- Versteckspiel mit Gegenständen im Kursraum: Zwei KT verlassen den Raum, drei weitere KT verstecken z. B. jeweils ein Buch, einen Stift oder eine CD in ihrem Rucksack oder ihrer Tasche. Anschließend kommen die KT wieder in den Raum und fragen: *Hast du die CD?* – Die anderen KT antworten: *Ja, ich habe sie*. Oder: *Nein, ich habe sie nicht*. Wer zwei Gegenstände gefunden hat, hat gewonnen.

KV 16A/B Würfelspiel zum Akkusativ. Sie können damit die neu eingeführten Personalpronomen im Akkusativ üben und/oder *ein-/kein-* im Akkusativ wiederholen. Die Spielregeln sind dort erklärt.
Vorbereitung: Kopieren Sie die Kärtchen, schneiden Sie sie dann auseinander, kleben Sie sie auf Karton oder laminieren Sie sie.

Die Kärtchen 1–11 enthalten Fragen mit dem unbestimmten Artikel (Antworten mit *ein/kein*), die Kärtchen 12–14 Fragen mit Possessivartikel, die Fragen 15–18 mit dem bestimmten Artikel, die übrigen Kärtchen Fragen mit Personen (Antworten mit Personalpronomen im Akkusativ).
Je nach Lernstand oder Schwerpunkt Ihres Unterrichts können Sie die Kärtchen unterschiedlich verwenden: Alle zusammen, nur die mit unbestimmtem Artikel oder nur die mit bestimmtem Artikel bzw. Possessivartikel usw. Oder Sie ergänzen weitere Kärtchen mit Nomen und Verben, die in Ihrem Unterricht zusätzlich zu dem Wortschatz, der im Kursbuch enthalten ist, bereits vorgekommen sind.

Arbeitsbuch: Ü 16–20

E 112 – Der Notruf

Lernziele und Lerninhalte:

Sprechen:	Notruf-Dialoge
Lesen/Hören:	Ein Notruf
Lesen:	Regeln für einen Notruf
Wortschatz:	Redemittel für Notrufe

Die KT erhalten Redemittel für Notrufe. Die Notrufnummern 110 für die Polizei und 112 für die Feuerwehr/Rettungswagen kennen die KT bereits aus AB-Lektion 2, Übung 16.

1
Die KT beschreiben zunächst die Bilder, um die Situation zu klären. Geben Sie auch hier den Wortschatz vor: *zwei Autos – Unfall – haben / ein Mann – anrufen – beim Notruf.* Anschließend lesen die KT die Regeln für einen Notruf. Klären Sie unbekannten Wortschatz, bevor die KT den Dialog hören und die Fragen zuordnen.

Die Dialogvariation ist auch mit einem Lückentext oder einer Dialoggrafik möglich:
\+ *Guten Tag, mein Name ist ______. Es gibt hier einen ______.*
– *____ sind Sie?*
usw.

Dialoggrafik:
Name/Unfall
Wo?
Adresse
Wie viele?
eine Person/ zwei Personen …
Wie verletzt?
nicht erklären können/ dringend
Notarzt kommt in wenigen Minuten

2

Dieses Hörverstehen bietet eine weitere Variante für einen Notruf. (Lösung:2a: Text 2; 2b: 1 F; 2 R; 3 F)

Variante:
Auch diesen Notruf können lerngeübte KT mit einer Dialoggrafik spielen, z. B.
Name/Feuer
Wo?
Adresse
Jemand im Haus?
Nein/auf der Straße
Feuerwehr schicken/ Ihr Name?
Name/ein Hausbewohner

Zuvor sollten die KT den Text im Anhang nachlesen.

Arbeitsbuch: Ü 21–22
Schreibtraining Ü 23: Briefe korrekt schreiben, Groß- und Kleinschreibung
Arbeitsbuch – Deutsch plus Ü 24: Lesetext Gesund essen, Ü 25: Vier Interviews zum Thema
Arbeitsbuch – Wichtige Wörter: Ü 1–3
Arbeitsbuch Bildlexikon Ü 4–8: Körperteile

Sprechen aktiv

1

Wörter sprechen: Hier wird noch einmal relevanter Wortschatz zum deutschen Gesundheitssystem wiederholt. Lerngeübte KT bzw. KT mit Vorkenntnissen können die abgebildeten Gegenstände auch kurz beschreiben, z. B.: *Das Bonusheft braucht man bei Zahnarzt. / Medikamente gibt es in der Apotheke.* usw.

2–3

Minidialoge sprechen: Ü 2 greift das Thema von Übung A5 (Tipps bei Gesundheitsproblemen) auf. In Ü 3 sprechen die KT einen fiktiven Dialog. Sie hören einen Satz von der CD und lesen dann die abgedruckte Reaktion laut.

4–5

Grammatik sprechen: Ü 4 übt die Personalpronomen im Akkusativ. Die Übung ist nicht nur in Partnerarbeit, sondern auch als Kettenübung im Plenum möglich. Die KT können zusätzlich in Einzelarbeit weitere Fragen schreiben, die sie dann ihren Lernpartnern/Lernpartnerinnen stellen.
Ü 5 ist eine Konjugationsübung zu den bisher eingeführten Modalverben. Das Spiel verläuft wie folgt: KT 1 sagt ein Verb. KT 2 würfelt und sagt das Verb in der korrekten Form. KT 3 sagt dann einen kompletten Satz.

6

Flüssig sprechen: Diese Nachsprechübung wiederholt die Redemittel, die zur Beschreibung von Krankheiten und Schmerzen wichtig sind. Das ist natürlich eigentlich ein ernstes Thema. Die Sprecher auf der CD sprechen diese Sätze aber mit viel Ausdruck, sehr schön klagend, sodass es Spaß macht, diese Sätze nachzusprechen und die schauspielerischen Fähigkeiten auch einmal in der Fremdsprache auszutesten.

7

Dialogtraining: Diese Übung baut auf der Videosequenz zu Lektion 8 auf (Clip 10). Für die Dialogvariationen von 7 b kann der/die KL gemeinsam mit den KT vorab geeigneten Wortschatz an der Tafel sammeln (Beschwerden, Körperteile, Tageszeiten.)

Phonetik: *pf* und *z*; s. S. 135 in den *Handreichungen*.

Auftaktseite

Lernziele und Lerninhalte:

Sprechen: über Verkehrsmittel sprechen
Wortschatz: Verkehrsmittel
Grammatik: *mit* + Dativ, *zu Fuß*

Arbeitsbuch: Ü 1–3
Portfolioübung Ü 2 b: Verkehrsmittel und Wege

A Der Weg zur Arbeit

Lernziele und Lerninhalte:

Sprechen: über die eigenen Wege berichten
Hören: zwei Personen beschreiben ihren Weg zur Arbeit.
Lesen: zwei Personen beschreiben ihren Weg zur Arbeit

Arbeitsbuch: Ü 4–6
Portfolioübung Ü 6: der Weg zum Deutschkurs

B In der Stadt

Lernziele und Lerninhalte:

Sprechen: Wege mit der U-Bahn beschreiben, sagen, wo etwas oder jemand ist, Wegbeschreibungen
Hören/Lesen: eine Wegbeschreibung mit der U-Bahn, Wegbeschreibungen
Wortschatz: Orte in der Stadt, Richtungsangaben
Grammatik: Wechselpräpositionen + Dativ
Projekt: Informationen über die Stadt sammeln (öffentlicher Nahverkehr)

Kannbeschreibungen GER / Rahmencurriculum:
Kann nach dem Weg fragen und das Wesentliche einer Wegbeschreibung verstehen.
Kann einen Weg beschreiben.

Arbeitsbuch: Ü 7–16

C Der Führerschein

Lernziele und Lerninhalte:

Sprechen: über Verkehrsregeln und Verkehrsschilder sprechen
Hören: Verkehrsunterricht in der Schule
Lesen: Text über die Anerkennung ausländischer Führerscheine
Wortschatz: Verkehrsregeln, Verkehrsschilder
Grammatik: das Modalverb *dürfen*

Kannbeschreibungen GER / Rahmencurriculum:
Kann Hinweisschildern die wichtigsten Informationen entnehmen.

Arbeitsbuch: Ü 17–20
Schreibtraining Ü 21: Verbposition
Arbeitsbuch – Deutsch plus Ü 22: Fahrplan

Kannbeschreibungen GER / Rahmencurriculum:
Kann Fahrplänen für ihn/sie relevante Informationen entnehmen.
Arbeitsbuch – Wichtige Wörter: Ü 1–3
Arbeitsbuch Bildlexikon Ü 4–8: Verkehrsmittel

Phonetik: *ch*

Kopiervorlagen in den Handreichungen:
KV 17: Wo wohnst du? Vergrößerter Plan aus KB B5 b

In Lektion 9 geht es um Verkehr, Verkehrsmittel, den Weg zur Arbeit, Verkehrsregeln und Wegbeschreibungen.

Lektion 9
Wege durch die Stadt

Auftaktseite

Lernziele und Lerninhalte:

Sprechen: über Verkehrsmittel sprechen
Wortschatz: Verkehrsmittel
Grammatik: *mit* + Dativ, *zu Fuß*

1

Die KT diskutieren zunächst: Welche Verkehrsmittel kennen sie bereits, welche sind neu für sie? Anschließend berichten sie, welche Verkehrsmittel sie benutzen. Dabei wiederholen sie die Häufigkeitsadverbien, die auf der Auftaktseite von Lektion 6 eingeführt wurden.

Varianten:

- Möglich sind hier auch eine Umfrage und eine Kursstatistik, welche Verkehrsmittel die KT benutzen. Der/Die KL schreibt die Statistik an die Tafel und ergänzt die Informationen.
  Anschließend berichten die KT anhand der kompletten Statistik über die Ergebnisse. Geben Sie geeignete Redemittel vor:
  Viele benutzen oft …
  Die meisten …
  Nur wenige … usw.
- Die KT befragen ihre Lernpartner/innen über die Nutzung der Verkehrsmittel und berichten anschließend im Kurs.
- Ratespiel: Die KT notieren ihre Angaben auf einem Zettel. Der/Die KL sammelt die Zettel ein und verteilt sie neu. Ein/e KT liest die Angaben auf dem Zettel, den er/sie erhalten hat, vor, die anderen KT raten, von wem der Zettel stammt.

Verweisen Sie anschließend auf den Infokasten zu *mit* und die Sprechblasen. Aus Lektion 7 kennen die KT *mit* in Verbindung mit Personen: *mit den Kindern* usw. Hier wird die instrumentale Bedeutung von *mit* eingeführt. Erläutern Sie auch *zu Fuß* sowie die Frageworte *wie* bzw. *womit* in diesem Kontext: *Wie/Womit kommen Sie zur Schule?* und geben Sie andere Beispiele: *Womit schreiben Sie? – Mit einem Stift* o. Ä.

2

Die Zuordnung ist natürlich subjektiv. Die KT sollten einfache Sätze bilden, um mit Hilfe der Adjektive ihre Meinung über die Verkehrsmittel zu sagen, z. B.: *Das Auto finde ich bequem. – Das Fahrrad ist billig.* Anschließend variieren Sie den Dialog aus 2 b. Eine weitere Variationsmöglichkeit kann Sätze mit *gerne* und *nicht gerne* beinhalten, z. B.:

\+ *Benutzt du gerne das Fahrrad? / Fährst du gern mit dem Rad?*
– *Nein, das Fahrrad benutze ich nicht gerne. Es ist unbequem.*

Geben Sie geeignete Beispiele vor, die die KT dann variieren oder auf deren Basis sie eigene Dialoge entwickeln.

Variante:

Die KT machen ein Lernplakat, das im Kursraum aufgehängt wird. Dafür bringen sie von zu Hause geeignete Prospekte oder Zeitungen mit, in denen Verkehrsmittel abgebildet sind. Diese kleben sie auf das Plakat und schreiben daneben, mit welchen Verkehrsmitteln sie zum Unterricht kommen bzw. welche Verkehrsmittel sie gern oder weniger gern benutzen. Das Plakat wird im Kursraum aufgehängt.

Arbeitsbuch: Ü 1–3
Portfolioübung Ü 2b: Verkehrsmittel und Wege

A Der Weg zur Arbeit

Lernziele und Lerninhalte:

Sprechen: über die eigenen Wege berichten
Hören: zwei Personen beschreiben ihren Weg zur Arbeit.
Lesen: zwei Personen beschreiben ihren Weg zur Arbeit

1

Am Anfang stehen zwei Lese- bzw. Hörtexte, in denen zwei Personen über ihren Weg zur Arbeit berichten, mit Aufgaben zum globalen HV und zum detaillierten LV. Bilden Sie Vierergruppen, nachdem die KT die Aufgaben gelöst haben. Jeweils zwei KT in den Gruppen schreiben *W*-Fragen zu einem der beiden Texte, die die anderen beantworten.

2

Es folgen zwei weitere Wegbeschreibungen als HV (Lösung: Frau Sander: Fahrrad / Zug / 50 Minuten; Herr Hoppe: zu Fuß / Straßenbahn/S-Bahn / eine halbe Stunde).
Bilden Sie wieder Gruppen, nachdem die KT die Aufgaben gelöst haben. Dieses Mal schreiben einige KT aus der Gruppe (eher lerngeübt) während des Hörens *W*-Fragen zu den Texten, die die anderen KT beantworten.

Varianten:

- Die KT fassen die Texte von 1 auf Basis ihrer Notizen in der Tabelle mündlich zusammen. Lerngeübte KT decken die Lesetexte ab, wenn sie erzählen, lernungeübte KT dürfen während ihres Berichts die Notizen zur Unterstützung heranziehen.
- Die KT hören die Texte von 2 noch einmal und machen sich während des Hörens Notizen, die dann die Basis für eine mündliche Wiedergabe bilden.

3

Mit den Übungen 1 und 2 haben die KT Redemittel erhalten, um ihre eigenen Wege zu beschreiben. Erarbeiten Sie mit den KT einen Redemittelkasten, den Sie an die Tafel oder auf OHP-Folie schreiben:
Ich brauche …. Minuten / eine halbe Stunde.
Zuerst gehe ich …. Minuten zu Fuß, dann nehme ich ….
Ich nehme immer das Fahrrad. / das Auto. / Ich fahre immer mit dem … usw.

Anschließend machen die KT Partnerinterviews und berichten dann über ihre Lernpartner/innen im Plenum.

Arbeitsbuch: Ü 4–6
Portfolioübung Ü 6: der Weg zum Deutschkurs

B In der Stadt

Lernziele und Lerninhalte:

Sprechen:	Wege mit der U-Bahn beschreiben, sagen, wo etwas oder jemand ist, Wegbeschreibungen
Hören/Lesen:	eine Wegbeschreibung mit der U-Bahn, Wegbeschreibungen
Wortschatz:	Orte in der Stadt, Richtungsangaben
Grammatik:	Wechselpräpositionen mit Dativ
Projekt:	Informationen über die Stadt sammeln (öffentlicher Nahverkehr)

1

Geben Sie den KT zunächst etwas Zeit, sich mit dem fiktiven U-Bahnplan vertraut zu machen. Anschließend hören die KT den Text und ergänzen die Informationen in 1 a. Hier sind ausschließlich U-Bahnlinien und Zahlen zu ergänzen. (Lösung: Linie U2, 3 Stationen, Linie 1, 2 Stationen)
Indem die KT im zweiten Schritt in 1 b den Weg aus 1 a einzeichnen, bereiten sie die Dialogvarianten in 1 c vor.

Sammeln Sie die Redemittel aus dem Modelldialog an der Tafel:

> **Entschuldigung, wie komme ich zur Stadtwald / zum Zoo / zur Bismarckstraße?**
> **Nehmen Sie Linie … Richtung …**
> **Fahren Sie … Stationen.**
> **Steigen Sie … um.**

usw.

Im Anschluss an 1 c variieren die KT die Dialoge mit eigenen Wegen, z. B. Goethestraße → Südbahnhof, Konzerthalle → Messe usw.

Die KT stellen weitere Fragen zum U-Bahnplan: *Wie viele Stationen haben die U-Bahnlinien? – Wie viele Stationen sind es vom Adenauerplatz bis zum Zoo? – Wie oft muss man von … nach … umsteigen?* Dies bietet auch Gelegenheit, Richtungsangaben wie *von … bis* und *von … nach* zu erläutern (*von … bis* kennen die KT bereits aus Lektion 5 in der temporalen Variante.)

2

Das Projekt bietet die Möglichkeit, dass sich die KT über den öffentlichen Nahverkehr am Kurs- oder Wohnort informieren. Fordern Sie die KT auf, Informationsprospekte der öffentlichen Verkehrsbetriebe oder einen Liniennetzplan in den Unterricht mitzubringen. Sofern ein Liniennetzplan vorhanden ist, sollten die KT ihn ebenfalls für Wegbeschreibungen nutzen.

3

Übergang zur Grammatikarbeit. Die KT beschreiben zunächst das Bild. Was sehen sie? Eine Post, eine Drogerie, Autos, einen Bus usw. Lenken Sie anschließend die Aufmerksamkeit auf die Ortsangaben. Fragen Sie die KT z. B.: *Was ist hinter dem Café? / Wer ist im Bus?* Die KT antworten. Anschließend fragen und antworten die KT in Partnerarbeit. Sammeln Sie die Lösungen an der Tafel und unterstreichen Sie die Präposition und den Artikel im Dativ.

Präpositionen + Dativ kennen die KT bereits aus Lektion 7. Erinnern Sie an diese Präpositionen und erläutern Sie, dass bei den lokalen Präpositionen hier für den Kasus dieselben Regeln gelten. Schreiben Sie zur Erinnerung die Deklination der Artikelwörter ggf. noch einmal an die Tafel oder verweisen Sie auf die Übersicht im Grammatikanhang im AB in Abschnitt 2 und 3 Artikel – Nomen – Pronomen

und Abschnitt 5 Präpositionen, s. auch die Kommentare zu Lektion 7 Block C in den vorliegenden *Handreichungen*. Verweisen Sie auch auf die Zusammenziehungen *im* und auf *am* und ziehen Sie auch die *Gewusst-wie*-Seite heran.
Bereits mehrfach sind im Kursbuch die Wechselpräpositionen auch mit dem Akkusativ vorgekommen (z. B. in Lektion 5, D 2: ins Kino, in Lektion 8, B 1: in die Apotheke, C 1b: in die Schule) und es ist möglich, dass KT danach fragen. Weisen Sie darauf hin, dass die Wechselpräpositionen hier zunächst nur mit Dativ eingeführt werden, und die Wechselpräpositionen mit Dativ und Akkusativ in Lektion 3 des A2-Bandes behandelt werden.

Besprechen Sie mit den KT die Visualisierung der lokalen Präpositionen im Grammatikkasten und geben Sie weitere Beispiele. Nehmen Sie z. B. Ihr Buch oder ein Heft und erläutern Sie: *Das Heft liegt auf dem Tisch, neben/unter dem Buch.* usw. Anschließend fragen und antworten die KT entsprechend 3 b. Setzen Sie die Fragen und Antworten mit Gegenständen im Kursraum fort.

4

Danach spielen und variieren die KT den Dialog in 4. Nehmen Sie das Bild von 3 a als Referenz. Wenn die KT die Dialoge variieren, zeigen sie auch immer, wo die Personen sind. Oder die KT arbeiten in Dreiergruppen. Ein/e KT zeigt auf die beiden Orte, die in dem Dialog zu nennen sind, die beiden anderen KT variieren den Dialog entsprechend.

Varianten:

- Lerngeübte KT erweitern die Dialoge z. B. wie folgt:
  + *Wo bist du?*
  – *Im Supermarkt an der Kasse. / Auf dem Platz unter dem Baum.* usw.

- Für lernungeübte KT. Die KT bilden einen Kreis um einen Tisch mit einem Karton und einem kleinen Ball. Der/Die KL schreibt das Nomen an die Tafel: *der Karton > dem Karton.* Zunächst legt der/die KL, anschließend legen verschiedene KT den Ball vor, hinter oder in den Karton, die anderen KT sagen, wo der Ball liegt.

Lerngeübte KT variieren währenddessen Übung 4, d. h., sie erweitern den Dialog (s. oben) oder mit Hilfe von Dialoggrafiken, z. B.:

+ *wo?* → – *Bahnhof*
+ *kommen – wann?* → – *später / zuerst einkaufen – im Supermarkt*
+ *wie lange?* → – *20 Minuten – kommen danach*

+ *Taxi / Bus / Straßenbahn?* → – *Straßenbahn*

+ *kommen / wann?* → – *nach der Arbeit /*
+ *mitbringen – Brot?* → – *kaufen – wo? – Supermarkt / Bäcker?*
+ *Bäcker*

- Die KT üben die Präpositionen in Partnerarbeit und in einem Frage- und Antwortspiel mit den Gegenständen, die auf ihren Tischen legen.
- Die KT versammeln sich in der Mitte. Jeweils ein/e KT gibt eine Anweisung: *Martin ist an der Tür / an der Tafel / neben Carlos.* usw. Die genannten KT stellen sich in die entsprechende Position.
- Zwei KT verlassen den Raum, die anderen verteilen sich im Raum: *am Fenster, neben dem Tisch, vor der Tafel, in der Ecke* usw. Anschließend kommen die beiden KT zurück und sagen, wo die anderen KT stehen oder sitzen.

5–6

Richtungsangaben und Wegbeschreibungen. Es empfiehlt sich, für diese Aufgaben auch mit **Kopiervorlage 17**, auf der der Plan vergrößert abgebildet ist, als OHP-Folie zu arbeiten. Zu dem HV von 5 a (Lösung: C) können Sie nach einem zweiten Hören weitere Fragen stellen: *An welchem Tag. / Um wie viel Uhr wollen sie das machen?*
Anschließend lesen die KT den zweiten Teil des Gesprächs in 5 b und zeichnen den Weg ein. Lassen Sie eine/n KT den Weg zur allgemeinen Kontrolle mit einem wasserlöslichen Stift auf der OHP-Folie eintragen.
Notieren Sie die Richtungsangaben *nach links, geradeaus, nach rechts* an der Tafel und fragen Sie die KT: *Wo gehen sie nach links?* (An der Sprachschule.) – *Wo gehen sie geradeaus?* (Von der Sprach-

schule bis zum Supermarkt.) – *Wo gehen sie nach rechts?* (Am Supermarkt.) So können Sie zusätzlich die Präpositionen wiederholen.
Dann hören die KT die beiden Dialoge in 5c. Lassen Sie einen lerngeübten KT die Wege mündlich beschreiben, nachdem die Aufgabe gelöst ist. Auch hier sollte jeweils ein/e KT den Weg auf der OHP-Folie für die gemeinsame Kontrolle einzeichnen.

Es folgen die Wegbeschreibungen in Partnerarbeit in Übung 6. Markieren Sie dafür zunächst gemeinsam mit den KT im Plenum in dem Lesetext von 5b sowie in den Hörtexten von 5c im Anhang die Redemittel. Sammeln Sie diese an der Tafel, z. B.

Wo wohnst du denn?
Geh nach rechts/links/immer geradeaus.
Du musst nach links gehen.
in der Nähe vom (Bahnhof)/neben ... .

Weitere Redemittel finden Sie auch auf der *Gewusst-wie*-Seite dieser Lektion.

Variante:
Bringen Sie einen Plan von Ihrem Kursort mit. Die KT machen allgemeine Wegbeschreibungen: *Wie komme ich vom Bahnhof zum Stadttheater?* usw.

Arbeitsbuch: Ü 7–16

C Der Führerschein

Lernziele und Lerninhalte:

Sprechen:	über Verkehrsregeln und Verkehrsschilder sprechen
Hören:	Verkehrsunterricht in der Schule
Lesen:	Text über die Anerkennung ausländischer Führerscheine
Wortschatz:	Verkehrsregeln, Verkehrsschilder
Grammatik:	das Modalverb *dürfen*

1

Das Themas Anerkennung ausländischer Führerscheine bzw. Umschreibung der Führerscheine ist für viele KT relevant, weil sie noch einen machen wollen oder weil sie nicht aus einem EU- oder EWR-Staat kommen. Dazu gibt der Lesetext einige landeskundliche Informationen. Das Thema bietet auch lernungeübten KT, die evtl. schon länger in Deutschland sind, Gelegenheit, ihr Wissen einzubringen. Lassen Sie bei 1b vor allem solche KT zu Wort kommen, die evtl. auch anderen KT Tipps zum Führerschein geben können, nachdem die KT den Text gelesen und die Sätze in 1a gelöst haben.

Darüber hinaus wird mit dem Lesetext das Modalverb *dürfen* eingeführt. Lassen Sie die KT im Anschluss an 1a die Sätze mit *dürfen* unterstreichen und verweisen Sie auf den Grammatikkasten und notieren Sie die Formen von *dürfen*.
Erläutern Sie *dürfen* nach demselben Muster wie die anderen Modalverben in den Lektionen 7 und 8, d. h. zunächst die Satzstellung:

Position 1	Position 2 (konjugiertes Verb)		Ende (Infinitiv)
Dann	dürfen	Sie Ihren Führerschein weiter	benutzen.

Danach bilden die KT entsprechend der Sprechblase weitere Sätze mit *dürfen*.

Erläutern Sie die Bedeutung von *dürfen* auch mit Hilfe verschiedener Beispiele: *Was dürfen Ihre Kinder (nicht)? – Was darf man in der eigenen Wohnung (nicht) machen?* u.Ä.

2

Hier wird anhand der Vorfahrtsregeln bzw. anhand von Verkehrsschildern das Modalverb *dürfen* weiter geübt. (Lösung 2a: Die Straßenbahn und ich haben Vorfahrt.)
Erläutern Sie zusätzlich den Unterschied von *dürfen* und *müssen*: *Was dürfen die KT im Unterricht (nicht) machen – Was müssen sie machen?* Dazu bietet sich auch AB-Übung 19 an.
Evtl. kennen nicht alle KT die Bedeutung der Verkehrsschilder in 2b, weshalb die Zuordnung evtl. im Plenum erfolgen sollte. Lernungeübte KT brauchen in jedem Fall stärkere Lenkung, da sich für die meisten Schilder mehrere Möglichkeiten bieten. Machen Sie evtl. eine Kopie der Verkehrsschilder und ordnen Sie jedem Schild passende Verben zu, mit deren Hilfe lernungeübte KT fragen und antworten:

1 – anhalten/weiterfahren – dürfen / nicht dürfen
2 – 30 fahren / langsam fahren – dürfen/müssen
3 – parken – dürfen (können)
4 – links/rechts abbiegen – müssen / nicht dürfen
5 – nicht weiterfahren – dürfen
6 – rechts abbiegen/blinken / links abbiegen / geradeaus fahren – müssen / nicht dürfen
7 – nicht anhalten / weiterfahren – dürfen/müssen
8 – langsam fahren / nicht schnell fahren – dürfen/müssen
9 – nicht weiterfahren – dürfen
10 – hupen – nicht dürfen

Anschließend schreiben die KT Sätze in Einzelarbeit, individuelle Kontrolle durch den/die KL.

2c greift noch einmal den Dialog von 2a auf, für den hier drei Variationsmöglichkeiten angeboten werden.

3
Auch anhand dieser Übung lässt sich der Unterschied von *dürfen* und *müssen* verdeutlichen. Erläutern Sie außerdem die Präpositionen *bis* und *ab* + Alter. *Ab* kommt an dieser Stelle erstmals vor. Erläutern Sie ebenso die neue Variante von *mit* + Alter. (Lösung: 1. 10; 2. 11; 3. 11; 4. 13). Lassen Sie die KT den Dialog ein weiteres Mal hören und stellen Sie weitere Fragen: *Was darf Lea nicht machen? – Wie alt ist sie? – Wie alt ist ihr Bruder?*
Aktualisierung der rechtlichen Regelung (Stand 2024): Bis zum vollendeten achten Lebensjahr müssen Kinder mit dem Fahrrad auf dem Bürgersteig fahren. Bis zum vollendeten zehnten Lebensjahr dürfen sie den Bürgersteig noch benutzen.

Schließen Sie die Lektion mit einem Vergleich Deutschland–Heimatland ab. *Ist der Verkehr gefährlicher / weniger gefährlich als in Deutschland? – Halten sich alle an die Verkehrsregeln? Wie viele Autos fahren in den Städten – Gibt es Fahrpläne für Busse? – Gibt es oft Stau? – Fahren viele Leute Rad?* usw. Das Thema kann für interkulturelle Vergleiche sehr ergiebig sein, da in den verschiedenen Ländern die Verkehrsregeln sehr unterschiedlich ausgelegt bzw. eingehalten werden.

Arbeitsbuch: Ü 17–20
Schreibtraining Ü 21: Verbposition
Arbeitsbuch – Deutsch plus Ü 22: Fahrplan
Arbeitsbuch – Wichtige Wörter: Ü 1–3
Arbeitsbuch Bildlexikon Ü 4–8: Verkehrsmittel

Sprechen aktiv

1
Wörter sprechen: Hier werden die Wörter und das Thema der Auftaktseite aufgegriffen. Durch das Nachsprechen sollen die KT die richtige Aussprache der Wörter lernen, 1b dient der Automatisierung des Wortschatzes zu Verkehrsmitteln und der Häufigkeitsadverbien.

2–3
Minidialoge sprechen: Die Übung bietet eine weitere Variation von Wegbeschreibungen.
Sie können zu dieser Aktivität auch mit den KT einen fiktiven Stadtplan an die Tafel zeichnen. Skizzieren Sie nach dem Vorbild des Plans in Übung B5b einige Straßen und lassen Sie die KT Vorschläge machen, wo was ist. Wenn der Plan fertig ist, kann er als Vorlage für Fragen und Antworten in Partnerabeit dienen oder für eine Plenumsübung, bei der ein/e KT an die Tafel kommt, und einen Weg, den ein/e andere/r KT beschreibt, einzeichnet. Übung 3 variiert die Übung B2b. Mussten dort Sätze geschrieben werden, so sollen die KT nun fragen und antworten. Auch hier empfiehlt es sich, insbesondere für lernungeübte KT, die Bedeutung der Verkehrsschilder vorab zu klären.

4
Grammatik sprechen: In Form einer Bildbeschreibung üben die KT noch einmal die Wechselpräpositionen + Dativ. Damit der/die KL überprüfen kann, ob die KT die Regeln gut beherrschen, sollten die KT die Sätze zusätzlich schreiben.

5
Flüssig sprechen: Einen Weg beschreiben ist Thema dieser Einheit. In der Nachsprechübung werden die Redemittel wiederholt und gefestigt. Dieser Text eignet sich auch für die Arbeit an Rhythmus und Akzenten. Die betonten Silben helfen die Informationsstruktur eines Satzes / eines Textes zu erkennen. Sie können, nachdem sie die Sätze wie gewohnt gehört und nachgesprochen haben, die KT auffordern, die betonten Wörter zu nennen. Schreiben z.B. die Wörter an die Tafel wie *Meier – Arbeit – Herr Meier – erst – zu Fuß – Sohn – Kindergarten – dann – U-Bahn – Hauptbahnhof – halbe – Zug – dann – Bus – drei Stationen – um neun Uhr – da – eineinhalb – Arbeit.*
Die wichtigen Informationen über den Arbeitsweg von Herrn Meier stehen nun an der Tafel und Sie können die Teilnehmer/innen auffordern, den Text zu rekonstruieren. Das ist ein wichtiger Hinweis darauf, wie wir im Deutschen beim Hören Informationen entnehmen. Gerade für Teilnehmer/innen, deren Muttersprache eine ganz andere rhythmische Struktur hat, führt diese Übung zu einer verbesserten Hörstrategie bei Hörverständnissen.

6
Dialogtraining: Diese Übung baut auf der Videosequenz zu Lektion 9 auf. Es ist wichtig, dass die KT Deutsch als eine lebendige Sprache kennenlernen. Dazu gehört auch die Beobachtung, dass Menschen in unterschiedlichem Alter auch unterschiedlich sprechen. Während Jugendliche manchmal unsicher sind oder manchmal besonders forsch sprechen, sprechen ältere Menschen bedächtiger,

ruhiger. Sie können die Gruppen auch erst einmal selbst ausprobieren lassen und dann im Plenum einen Dialog vorspielen lassen. Die anderen müssen raten, wie alt die Protagonisten sein sollen.
Wenn Ihre KT in Deutschland leben, kennen sie vielleicht auch den ein oder anderen Ausdruck von Jugendlichen und können ein „Hi“ als Begrüßung verwenden oder ein „ey“ einschieben: „Das ist nicht weit, ey.“ oder mehrere „ey“ in die Wegbeschreibung einfügen. Anstelle von „Fahrrad“ sagen Jugendliche auch gerne mal „Alugurke“ oder „Tretferrari“ und statt „Alles klar!“ sagen sie „Alles Banane!“. Solche, leicht angepassten Dialoge können zu lustigen Szenen im Kurs führen.

Phonetik: *ch*, s. S. 136 in den *Handreichungen*.

Mein Leben

Auftaktseite

Lernziele und Lerninhalte:

Sprechen: über das eigene Leben und das Leben anderer früher und heute sprechen
Hören: ein Interview über das Leben früher und heute

Kannbeschreibungen GER / Rahmencurriculum:
Kann über sich und seine Situation im Herkunftsland sprechen.

Arbeitsbuch: Ü 1–3
Portfolioübung Ü3: das Leben früher und heute

A Gestern und heute

Lernziele und Lerninhalte:

Sprechen: sagen, was man gestern gemacht hat
Hören/Lesen: Bilder und Sätze zuordnen
Grammatik: Perfekt mit *haben*, Partizip II der regelmäßigen Verben

Arbeitsbuch: Ü 4–8

B Unterwegs

Lernziele und Lerninhalte:

Sprechen: sagen, was man am letzten Wochenende gemacht hat
Hören: eine Nachricht vom Anrufbeantworter
Lesen: eine Postkarte aus Wien
Grammatik: Perfekt mit *haben* und *sein*, Partizip II der unregelmäßigen Verben

Kannbeschreibungen GER / Rahmencurriculum:
Kann Feriengrüße auf einer Postkarte verstehen.

Arbeitsbuch: Ü 9–14
Portfolioübung Ü 14: Was haben Sie am Wochenende gemacht?

C Mein Leben früher und heute

Lernziele und Lerninhalte:

Sprechen: Interview über das Leben früher und heute
Lesen: das Leben von Herrn Soto früher und heute
Hören: ein Interview mit Frau Soto
Schreiben: Fragen für ein Interview schreiben
Wortschatz: Jahreszahlen
Grammatik: *seit* + Dativ

Kannbeschreibungen GER / Rahmencurriculum:
Kann über sich und seine/ihre Situation im Herkunftsland sprechen.

Arbeitsbuch: Ü 15–17
Schreibtraining Ü 18: Verbposition (*haben* und *sein* als Hilfsverben im Perfekt)

Kannbeschreibungen GER / Rahmencurriculum:
Kann eine einfache Postkarte mit Feriengrüßen schreiben.
Arbeitsbuch – Deutsch plus Ü 19–20: ein Elterngespräch in der Schule
Arbeitsbuch – Wichtige Wörter: Ü 1–3
Lerntipp: Perfekt im Satz lernen, Infinitive und Sätze im Präsens und Perfekt auf Karten schreiben
Arbeitsbuch Bildlexikon Ü 4: eine Wochenendreise nach Berlin

Phonetik: *nk* und *ng*

Kopiervorlagen in den Handreichungen:
KV 18: Satzpuzzle (Satzbau von Perfektsätzen)
KV 19 A/B: Perfekt-Memory

In Lektion 10 lernen die KT, über ihr Leben früher und Dinge, die in der Vergangenheit geschehen sind, zu sprechen. Sie lernen, von Alltagsaktivitäten zu berichten.

Auftaktseite

Lernziele und Lerninhalte:

Sprechen:	über das eigene Leben und das Leben anderer früher und heute sprechen
Hören:	ein Interview über das Leben früher und heute

1

Die KT arbeiten in Gruppen. Bei 1 a betrachten sie die Fotos und stellen Vermutungen an. Der/Die KL gibt über die ausgedruckten Sprechblasen hinaus weitere Satzanfänge vor, z. B.: *Ich glaube, ... Vielleicht zeigt Foto 3 ...* Auswertung der Vermutungen im Plenum.
(Lösung 1 b: Frau Schmidt kommt aus Malaysia, sie ist seit 5 Jahren in Deutschland und lebt in einer Kleinstadt bei Frankfurt, sie kommt aus Kuala Lumpur, sie ist Krankenschwester von Beruf, heute ist sie verheiratet, Hausfrau und hat eine Tochter.)

2

Hier wenden die KT das in Lektion 4 gelernte Präteritum von *haben* und *sein* an. Wiederholen Sie auch die Präteritumsformen mit den AB-Übungen 2 und 3.

Erarbeiten Sie für das Wörternetz weitere Anregungen, mit denen die KT über sich berichten können, und schreiben Sie diese an die Tafel. Beachten Sie, dass nur solche Wörter vorkommen sollten, bei denen man das Präteritum von *haben* und *sein* braucht. Die KT machen sich dazu Notizen, die für ihr eigenes Leben relevant sind.
Es kann ein Partnerinterview folgen, nach dem die KT über ihren Lernpartner/ihre Lernpartnerin im Kurs berichten. Erläutern Sie den Wortschatz für Familienstand, der hier neu ist.
Das Wörternetz lässt sich z. B. wie folgt erweitern:
– *Zimmer/Wohnung/Haus: Früher hatte ich nur ein Zimmer – Heute habe ich ein Haus/eine Wohnung*
– *Arbeit haben/arbeitslos sein* usw.

Arbeitsbuch: Ü 1–3
Portfolioübung Ü 3: das Leben früher und heute

A Gestern und heute

Lernziele und Lerninhalte:

Sprechen:	sagen, was man gestern gemacht hat
Hören/Lesen:	Bilder und Sätze zuordnen
Grammatik:	Perfekt mit *haben*, Partizip II der regelmäßigen Verben

1

Die KT schauen sich zunächst die Bilder an und beschreiben im Präsens, was sie sehen. Weisen Sie auf die Kalenderblätter hin und auf den Unterschied von gestern und heute: *Heute ist Samstag, gestern war Freitag.* Beziehen Sie auch den aktuellen Wochentag und den Wochentag davor ein, damit der Unterschied der Zeitformen besser verstanden wird.
Anschließend lösen die KT die Aufgabe in Partnerarbeit. Wählen Sie zwei Sätze aus, die zueinander passen, um den Unterschied zwischen Vergangenheit und Gegenwart – Perfekt und Präsens – zu verdeutlichen, z. B. Satz 6 und 8 (Bilder A und B):

Gestern (7., Freitag)	Heute (8., Samstag)
Gestern hat Herr Schmidt im Büro gearbeitet.	Heute arbeitet er nicht.

Unterstreichen Sie die Verbformen von *arbeiten*, um die KT mit der Struktur des Perfekts vertraut zu machen, und um den Unterschied zwischen Präsens und Perfekt zu verdeutlichen.
Anschließend sammeln die KT die zusammengehörenden Sätze in einer Tabelle (1 b) und unterstreichen alle Verbformen. Überprüfung der Ergebnisse mit 1c. Abschließend lesen die KT die Sätze in Partnerarbeit laut.

2

Hier formulieren die KT mit Hilfe der Sätze in 1 Regeln für die Bildung des Partizips II. Insgesamt stehen in 1 fünf Verben im Perfekt: *arbeiten, kochen* und *träumen* sowie *aufräumen* und *einkaufen* als Beispiele für trennbare Verben. Die KT sammeln die Partizipien aus dem Text und tragen sie in die Tabelle ein. Schreiben Sie die Infinitive an die Tafel und stellen Sie die Infinitive und die Partizipien einander gegenüber, zunächst nur für die einfachen Verben:

Stamm + Endung		ge + Stamm + Endung		
arbeit	-en	ge-	arbeit	-et
koch	-en	ge-	koch	-t

Erklären Sie das Hilfs-e bei *gearbeitet* phonetisch. Verben, deren Stamm auf *-t* oder *-d* (Beispiel: *geredet*) endet, benötigen es, sonst könnte man diese Formen nicht sprechen. Erinnern Sie die KT daran, dass es diese Regel auch im Präsens gibt: *er arbeitet, er redet*.
Anschließend vergleichen die KT die einfachen Verben mit den trennbaren Verben. Lassen Sie eine/n lerngeübte/n KT den Unterschied beschreiben. Ergänzen Sie dann den Tafelanschrieb mit den beiden trennbaren Verben aus dem Text.

3

Erläutern Sie anhand des Infokastens in 2 zunächst, dass für das Satzschema beim Perfekt dasselbe gilt wie bei den Modalverben: Das konjugierte Verb steht auf Position 2, die nicht konjugierte Verbform, also hier das Partizip II, steht am Satzende:

Position 1	Position 2 (konjugiertes Verb)		Ende (Partizip II)
Gestern	hat	Herr Schmidt im Büro	gearbeitet.

Anschließend notieren die KT die Partizipformen und ergänzen die Sätze. Zusätzlich können sie AB-Übung 6a machen, wo sie Perfektsätze in ein Satzschema eintragen sollen.

4

Weitere Beispiele für diese Nachsprechübung:
Ich habe gestern von 13.00–16.00 Uhr mit meinen Kindern im Wohnzimmer Deutsch gelernt.
Sie hat gestern fünf Stunden mit einer Kollegin im Büro gearbeitet.
Wir haben gestern lange Karten gespielt.

Wenn Sie in Ihrem Kursraum eine Pinnwand haben, können Sie die Satzteile auf Kärtchen schreiben und die ersten Kärtchen an die Tafel hängen, z. B.

Er hat	gekocht.

Anschließend erhalten die KT weitere Kärtchen: *gestern – Suppe – um 13.00 Uhr – mit seiner Freundin – in ihrer Wohnung*, um diese dann in korrekter Reihenfolge in den Satz einzufügen. Zur Hilfe können Sie unter dem Satz noch Fragen ergänzen:

Er hat ... ***gekocht.***
wann? mit wem? wo? was?

Sollte keine Pinnwand vorhanden sein, schreiben Sie die Satzteile wie angegeben an die Tafel und die zu ergänzenden Satzteile daneben. Anschließend kommt je ein/e KT an die Tafel und schreibt einen Satzteil an die richtige Stelle.

5

In der abschließenden Transferübung probieren die KT erstmals eigene Perfektsätze in kleinen Dialogen aus.

Arbeitsbuch: Ü 4–8

B Unterwegs

Lernziele und Lerninhalte:

Sprechen:	sagen, was man am letzten Wochenende gemacht hat
Hören:	eine Nachricht vom Anrufbeantworter
Lesen:	eine Postkarte aus Wien
Grammatik:	Perfekt mit *haben* und *sein*, Partizip II der unregelmäßigen Verben

1–2

Am Anfang stehen eine Urlaubskarte aus Wien und eine Nachricht auf dem Anrufbeantworter. Fragen Sie die KT einleitend, ob schon jemand in Wien war, oder ob sie eine andere große Stadt in Deutschland, z. B. Berlin, Hamburg oder München, kennen. Bereits in Lektion 4 haben die KT diese Städte kennen gelernt. Machen Sie evtl. ein kleines Wörternetz zu Wien: Was wissen die KT über diese Stadt?

Information zur Landeskunde:
Die österreichische Hauptstadt Wien hat ca. 1,8 Millionen Einwohner. Sie liegt an der Donau und hat zahlreiche Sehenswürdigkeiten: u. a. den Prater (Park mit Vergnügungspark), die Hofburg (bis 1918 Residenz der Kaiser, heute Amtssitz des Bundespräsidenten) und den Stephansdom, dessen Turm mit 137,6 m der dritthöchste Kirchturm der Welt ist. Wien ist einer der Amtssitze der Uno. In Wien haben viele berühmte Künstler und Wissenschaftler gelebt: Sigmund Freud, Gustav Klimt, Wolfgang Amadeus Mozart, Ludwig van Beethoven, Hugo von Hofmannsthal u. a. m. Das Burgtheater ist eines der berühmtesten deutschsprachigen Sprechtheater. Wien ist in Österreich ein eigenständiges Bundesland.

Die KT beantworten die Fragen zu der Postkarte und der Nachricht auf dem Anrufbeantworter in Partnerarbeit, Auswertung im Plenum. (Lösung 2: Simone ruft zu Hause an.; Sie kann den Autoschlüssel nicht finden.; Markus ist im Moment nicht zu Hause.; Markus soll nach Wien kommen und den Schlüssel mitbringen.)

Im Anschluss an die Mitteilung auf dem Anrufbeantworter können die KT Ratschläge geben: *Was kann Simone tun? – Sie kann mit dem Zug nach Hause fahren. / Sie kann eine Werkstatt anrufen. / Markus kann einen Schlüssel schicken.* o. Ä. Damit haben die KT Gelegenheit, das Modalverb *können* zu wiederholen.

3

Lassen Sie die KT das Perfekt nicht nur in der Postkarte unterstreichen, sondern verweisen Sie auch auf die Perfektform von *passieren*, die im Hörtext vorkommt. Die Frage *Was ist passiert?* ist im Deutschen sehr frequent und ist bereits in Lektion 8, E1 (Notruf) aufgetaucht.
Erklären Sie dann, wann man das Perfekt mit *sein* und wann mit *haben* verwendet. Die meisten Verben bilden das Perfekt mit *haben*. Bewegungsverben, hier: *fahren, gehen, (mit-)kommen* und Veränderungsverben, hier: *einschlafen, aufstehen* sowie *bleiben, sein* (das in Lektion 10 nicht vorkommt) und *passieren* bilden das Perfekt mit *sein*. Erläutern Sie Bewegungsverben z. B. mit folgendem Tafelbild:

A (München) ——————> B (Wien)
Simone ist von München nach Wien gefahren.

Oder Sie gehen durch den Raum und erläutern z. B. wie folgt: *Ich bin von der Tür zum Fenster gegangen.* In Lektion 1 von *Pluspunkt Deutsch A2* wird das Perfekt wieder aufgegriffen und weiter vertieft.

Gehen Sie bei der Erläuterung der Partizip-II-Formen der unregelmäßigen Verben ähnlich wie bei den regelmäßigen Verben vor, s. Tafelbild zu Übung 3, Block A. Markieren Sie die Formen *ge...en* sowie den Verbstamm bei den Infinitiven. Verweisen Sie darauf, dass sich dieser bei den unregelmäßigen Verben oft ändert. Anschließend ergänzen die KT in Gruppenarbeit die Infinitive in 3c. Bereiten Sie für lernungeübte KT einen Schüttelkasten mit den zugehörigen Infinitiven vor, das erleichtert ihnen die Arbeit.

4

Mit dieser Übung festigen die KT die unregelmäßigen Formen und außerdem den Unterschied zwischen dem Perfekt mit *haben* bzw. *sein*. Beachten Sie, dass in den Sätzen 1 und 4 Perfekt mit *haben* und Perfekt mit *sein* kombiniert sind. Schreiben Sie evtl. Satz 1 beispielhaft an die Tafel:

Markus ist nach Wien gekommen und hat den Autoschlüssel mitgebracht.

Erläutern Sie, dass bei verschiedenen Hilfsverben im Perfekt das Hilfsverb nach *und* unbedingt genannt werden muss, denn hier machen sehr viele KT Fehler.

Geben Sie den KT darüber hinaus den Auftrag, selbst Übungen zu machen. Bilden Sie Gruppen. Jede Gruppe erhält einen Zettel mit einem der bereits eingeführten Verben im Perfekt und notiert auf diesem nach dem Vorbild von 4 Satzbausteine, z. B.:
schlafen
geschlafen – lange – gestern – ich

gehen
gegangen – zum Arzt – er – am Montag usw.

Der Zettel wird an die nächste Gruppe weitergereicht, die den Satz schreibt.

5

In dieser Partnerübung sollten KT mit unterschiedlichen Lernstärken zusammenarbeiten, dann profitieren beide Seiten.

Variante:
Die KT sammeln alle Verbformen aus der Lektion und schreiben die Infinitivformen auf Kärtchen, die auf einen Haufen gelegt werden. Jede/r KT zieht ein Kärtchen und nennt die korrekte Partizip II-Form. Wer die Form richtig sagt, darf das Kärtchen behalten. Gewonnen hat der/die KT mit den meisten Kärtchen am Ende. Diese Aktivität ist auch in Dreier- oder Vierergruppen möglich.

KV 18 Mit dieser Kopiervorlage üben die KT den Satzbau von Perfektsätzen. Schneiden Sie die Sätze entsprechend den Satzteilen aus und kleben Sie sie auf Karton. Die KT legen die Satzteile in die richtige Reihenfolge. Die KT können ihre Sätze auch an die Wand heften und auch ordnen: links die Aussagesätze, rechts die Fragen. Danach Korrektur gemeinsam.

KV 19 Perfekt-Memory. Kleben Sie die Infinitive auf weiße Kärtchen, die Partizipien auf Kärtchen mit einer anderen Farbe. Die Kärtchen liegen verdeckt auf dem Tisch. Ein/e KT deckt ein weißes Kärtchen auf und dann ein andersfarbiges Kärtchen. Passen die Kärtchen zusammen, darf er/sie beide behalten und weiter aufdecken, sonst macht der/die nächste KT weiter. Sie können dieses Memory im Laufe des Kurses mit weiteren Infinitiven und Partizipien ergänzen und immer wieder zur Wiederholung einsetzen. Auch lässt sich der Schwierigkeitsgrad erweitern: So bekommt ein/e KT nur ein Kärtchenpaar, wenn er/sie einen korrekten Satz mit der aufgedeckten Perfektform gebildet hat.

6

Diese letzte Übung ist weniger stark gelenkt als die abschließende Übung in Block A. Lernungeübte KT ordnen zunächst Aktivitäten und Verben einander zu, lerngeübte KT können direkt mit den Fragen und Antworten beginnen. Erweitern Sie für lerngeübte KT die Liste um weitere Verben, die aus den vorangegangenen Lektionen bekannt sind: *ausgehen, (Freunde) besuchen, fernsehen, joggen, (Eltern) anrufen* usw.
Auch als Partnerinterview schriftlich und mündlich, die KT notieren die Antworten ihrer Lernpartner/innen und berichten dann im Kurs.

Arbeitsbuch: Ü 9–14
Portfolioübung Ü 14: Was haben Sie am Wochenende gemacht?

C Mein Leben früher und heute

Lernziele und Lerninhalte:

Sprechen:	Interview über das Leben früher und heute
Lesen:	das Leben von Herrn Soto früher und heute
Hören:	ein Interview mit Frau Soto
Schreiben:	Fragen für ein Interview schreiben
Wortschatz:	Jahreszahlen
Grammatik:	*seit* + Dativ

1

Der Text über Herrn Soto soll die KT vorbereiten, über ihr eigenes Leben früher und heute zu erzählen. Lassen Sie die KT den Text in eigenen Worten zusammenfassen, nachdem sie 1 a und 1 b gelöst haben. Dafür sollten die KT den Text zunächst noch einmal lesen und die wichtigsten Informationen unterstreichen. Geben Sie für lernungeübte KT geeignete Redemittel vor:
Herr Soto hat als Kind (auf dem Land gelebt).
Die Familie war (sehr arm).
Später hat er in (Miguel Fisch verkauft). usw.

2

Jahreszahlen sind eine wichtige Voraussetzung, damit die KT Stationen in ihrem Leben benennen können. Erläutern Sie anhand des Infokastens, wie man die Jahreszahlen spricht bzw. lesen Sie sie laut vor. Schreiben Sie weitere Jahreszahlen in Ziffern an die Tafel, die die KT laut lesen.

Varianten:

- Die KT schreiben Jahreszahlen auf Kärtchen, die der/die KL neu verteilt, jede/r KT liest die Jahreszahl, die er/sie erhalten hat, vor, KT 2, von dem/der die Jahreszahl stammt, meldet sich und liest nun seinerseits/ihrerseits die neu erhaltene Jahreszahl vor.
- Ein/e KT schreibt Jahreszahlen an die Tafel, die KT aus dem Plenum zurufen.

3

In dem nachfolgenden Interview werden zum einen Jahreszahlen aufgegriffen, zum anderen dient es als Vorbereitung für das Partnerinterview in 4. Außerdem geht es um die Präposition *seit*. (Lösung: 1. 2000; 2. 2003; 3. 2007; 4. 2009, 2010; 5. 2012)
Verweisen Sie auf die Präposition *seit* in den Sätzen 1, 3 und 5 in der Übung und auf die zugehörige Frage *Seit wann?* im Grammatikasten. Lassen Sie die KT diese Frage in einem Kettenspiel üben: *Seit wann wohnst du / wohnen Sie in Deutschland?* oder: *Seit wann haben wir Unterricht? Seit 9 Uhr – Seit März – Seit Montag*). Erläutern Sie, dass *seit* zu den Präpositionen + Dativ gehört: *Sandra lebt seit einem Jahr in Deutschland.*

Für die Wiedergabe des Interviews (3 c) sollten die KT den Abdruck im Anhang nachlesen. In einer ersten Runde könne die KT die Sätze aus 3 b bei der Wiedergabe als „Gedächtnisstütze" benutzen (lernungeübte KT), während lerngeübte KT das Interview in einer zweiten Runde frei wiedergeben können.

4

4 a dient als Vorbereitung des folgenden Partnerinterviews. Sammeln Sie weitere Fragen an der Tafel, nachdem die KT 4 a gelöst haben: *Was waren Sie früher von Beruf? – Sind Sie verheiratet? / Wann haben Sie geheiratet? – Haben Sie schon in Ihrer Heimat Deutsch gelernt? – Wie viel Deutsch haben Sie am Anfang verstanden? – Wie viel verstehen Sie jetzt?*

Es folgen die Partnerinterviews. Die KT machen sich Notizen und berichten anschließend über ihren Lernpartner / ihre Lernpartnerin. Für lernungeübte KT sollten Sie die Zahl der Fragen beschränken, z. B.: *Seit wann sind Sie in Deutschland? Wo haben Sie früher gewohnt? Wo wohnen Sie jetzt?*

Varianten:

- Die KT schreiben einen kurzen Text über ihren Lernpartner / ihre Lernpartnerin.
  Die Texte werden wieder eingesammelt und neu verteilt. Jede/r KT liest den Text, den er/sie erhalten hat vor, die anderen raten, wer gemeint ist.
- Cocktailparty: Die KT bewegen sich im Raum fragen sich gegenseitig: *Seit wann bist du in Deutschland? – Wo hast du früher gelebt? – Wo wohnst du jetzt?* usw.

Arbeitsbuch: Ü 15–17
Schreibtraining Ü 18: Verbposition (*haben* und *sein* als Hilfsverben im Perfekt)
Arbeitsbuch – Deutsch plus Ü 19–20: Ein Elterngespräch in der Schule
Arbeitsbuch – Wichtige Wörter: Ü 1–3
Lerntipp: Perfekt im Satz lernen, Infinitive und Sätze im Präsens und Perfekt auf Karten schreiben
Arbeitsbuch Bildlexikon Ü 4: Eine Wochenendreise nach Berlin. Eine Geschichte hören und schreiben

Sprechen aktiv

1

Wörter sprechen: Zunächst werden die Verben den Illustrationen zugeordnet, anschließend sprechen die KT die Perfektformen, bevor sie sie hören. Die Beispielsätze (1 c) können die KT in Partnerarbeit schreiben und sich dann gegenseitig vorlesen mit individueller Kontrolle durch den/die KL.

2

Minidialoge sprechen: Fragen und Antworten, um Jahreszahlen zu üben.
(Lösung: 1. 1896; 2. 1949; 3. 1969; 4. 1930; 5. 1881; 6. 1954, 1974, 1990, 2014)

3

Grammatik sprechen: Wechselspiel zur Festigung des Perfekts, außerdem werden Uhrzeiten und Tageszeiten wiederholt. Zusätzlich könne die KT weitere Redemittel üben, z.B.:
Das ist falsch. – Das ist nicht richtig. In Wahrheit / In Wirklichkeit hat sie …
Tatsächlich hat sie …

4

Flüssig sprechen: Das Perfekt wird hier in einem kleinen erzählenden Text gefestigt. Auch dieser Text eignet sich, ebenso wie die Flüssig-sprechen-Übung in Einheit 9 zur Arbeit am Rhythmus und an Betonungen. Sie können nach der ersten Hör- und Nachsprechübung, die KT auffordern, den Transkriptionstext im Anhang aufzuschlagen, den Text noch einmal hören lassen und die betonten Wörter unterstreichen lassen. *Simone ist mit den Kindern nach Wien gefahren. Ihr Mann ist nicht mitgekommen. Er hatte viel Arbeit und hatte keine Zeit. Simone und die Kinder haben in Wien viel gemacht. Sie sind mit dem Schiff gefahren. Sie sind spazieren gegangen. Und sie haben den Prater gesehen. Dann hatten sie ein Problem: Der Autoschlüssel war weg. Simone hat ihren Mann angerufen. Markus ist sofort nach Wien gekommen. Sie haben zusammen einen Ausflug gemacht. Dann sind alle zusammen wieder nach Hause gefahren.*

5

Dialogtraining: Diese Übung baut auf Clip 15 zu Lektion 10 auf. Weitere Variationsmöglichkeiten: Die Tochter ist nicht in Madrid, sondern in einer anderen Stadt, sie hat nicht in Berlin studiert, Ernst hat nicht nur ein, sondern zwei Kinder, zu denen er wenig Kontakt hat.

Phonetik: *nk* und *ng*, s. S. 136 in den *Handreichungen*.

Lektion 11
Ämter und Behörden

Auftaktseite
Lernziele und Lerninhalte:

Sprechen:	Behörden und was man dort machen kann
Hören:	Gespräche mit/über Behörden
Wortschatz:	Behörden

Kannbeschreibungen GER / Rahmencurriculum:
Kann sich über Beratungseinrichtungen informieren, z. B. über Öffnungszeiten und Adresse.

Arbeitsbuch: Ü 1–2

A Bei der Meldestelle
Lernziele und Lerninhalte:

Sprechen:	Geburtsdaten, wichtige Termine
Hören:	Anfrage beim Bürgeramt
Schreiben:	ein Formular ausfüllen, Wortschatz für ein Meldeformular ergänzen
Wortschatz:	Meldeformular
Grammatik:	Datumsangaben im Dativ

Kannbeschreibungen GER / Rahmencurriculum:
Kann in einem Formular persönliche Daten eintragen.

Arbeitsbuch: Ü 3–7

B Einen Antrag stellen
Lernziele und Lerninhalte:

Sprechen:	sagen, wem was gehört
Hören/Lesen:	Dialog über Wohnungssuche
Grammatik:	Personalpronomen im Dativ

Arbeitsbuch: Ü 8–10

C Können Sie mir helfen?
Lernziele und Lerninhalte:

Sprechen:	um Hilfe bitten
Hören:	Dialoge bei Behörden
Wortschatz:	um Hilfe bitten

Kannbeschreibungen GER / Rahmencurriculum:
Kann am Informationsschalter gezielt Auskünfte erfragen.
Kann nachfragen, wenn er/sie etwas nicht verstanden hat.
Kann jemanden bitten, ihm/ihr beim Ausfüllen eines Formulars zu helfen.

Arbeitsbuch: Ü 11–13

D Was braucht man für ...?
Lernziele und Lerninhalte:

Sprechen:	sagen, wofür man Dinge braucht
Grammatik:	*für* + Akkusativ
Projekt:	Behörden am Wohnort

Arbeitsbuch: Ü 14–16
Schreibtraining Ü 17: Groß- und Kleinschreibung, Diktat
Arbeitsbuch – Deutsch plus Ü 18: Behördengänge
Arbeitsbuch – Wichtige Wörter: Ü 1–3
Lerntipp: Nomen und Verben zusammen lernen
Arbeitsbuch Bildlexikon Ü 4–7: Behördenalltag, Minidialoge sprechen

Phonetik: Wortgruppen sprechen

Kopiervorlagen in den Handreichungen:
KV 20: Rollenkarten. *Können Sie mir helfen?*

In Lektion 11 geht es um die Zuständigkeit von Behörden und Behördengänge. Die KT lernen Redemittel, mit denen sie um Hilfe bitten können, und sie lernen Wortschatz für Behördengänge kennen, u. a. für erforderliche Unterlagen. Außerdem lernen sie Datumsangaben.

Auftaktseite

Lernziele und Lerninhalte:

Sprechen:	Behörden und was man dort machen kann
Hören:	Gespräche mit/über Behörden
Wortschatz:	Behörden

1

Klären Sie zunächst gemeinsam mit den KT, welche Behörden abgebildet sind. Welche Behörden kennen sie, wo waren sie bereits, zu welchen Behörden werden sie in naher Zukunft evtl. gehen? Anschließend ordnen die KT die Aktivitäten den Behörden zu und berichten im Kurs: *Bei der Bundesagentur für Arbeit kann man eine Berufsberatung bekommen. Eltern müssen zur Familienkasse gehen, dort bekommen sie Kindergeld.* u.Ä.
So haben die KT auch Gelegenheit, die Präpositionen *bei* und *zu*, die sie in Lektion 7 kennen gelernt haben, zu wiederholen. Weisen Sie darauf hin, dass es zwar *zur Behörde / bei der Behörde* heißt, dass man aber *auf dem Amt* sagt. Lassen Sie KT, die bereits bei einer der abgebildeten Behörden waren, berichten.

Information zur Landeskunde:
Grundsätzlich besteht für alle Kinder ab der Geburt bis zur Vollendung des 18. Lebensjahres Anspruch auf Kindergeld. Auch darüber hinaus kann unter bestimmten Voraussetzungen das Kindergeld weiter gezahlt werden, z. B. während eines Studiums oder einer Ausbildung.
Seit 2023 erhalten Familien 250 Euro im Monat pro Kind (zukünftige Änderungen sind möglich). – weitere Informationen unter: http://www.arbeitsagentur.de/

Sammeln Sie weitere Möglichkeiten: Was kann man bei den Behörden außerdem machen? Bei der Bundesagentur für Arbeit z. B. Stellenangebote finden, Hilfe für Fortbildungen bekommen, Arbeitslosengeld beantragen. Auch die Familienkasse gehört zur Bundesagentur für Arbeit. Beim Standesamt erfolgen außerdem Familieneintragungen und Namensänderungen. Die Kfz-Zulassungsstelle gehört in der Regel zu einem Bürgeramt oder zum Landratsamt. Bei Bürgerämtern oder in kleinen Gemeinden im Rathaus meldet man sich außerdem an oder ab, beantragt Pässe und Ausweise oder meldet ein Gewerbe an.
Anschließend hören die KT die Minidialoge von 1 b und ordnen sie den Fotos zu. (Lösung: Bundesagentur/Familienkasse; Standesamt; Bundesagentur/Servicecenter; Kfz-Zulassungsstelle)

2

Hier geht es um die Behörden im Wohnort bzw. Kursort. Eine allgemeine Behandlung des Themas Ämter und Behörden ist nur eingeschränkt möglich, da sich die Zuständigkeiten und die Struktur der Behörden von Bundesland zu Bundesland, manchmal sogar von Gemeinde zu Gemeinde unterscheiden. Für die Beantwortung der Frage *Welche Behörden kennen Sie in Ihrem Wohnort?* sollten Sie geeignetes örtliches Material zur Hand haben, z. B. eine Broschüre für Neubürger, die viele Gemeinden herausgeben. Falls es bei Ihrer Institution einen Computerraum gibt, können Sie die Internetseiten Ihres Kursortes mit den KT besuchen.
Sprechen Sie evtl. auch die Erfahrungen an, die KT auf den Behörden gemacht haben. Wie sicher fühlen sie sich, wenn sie dort etwas erledigen müssen? Haben sie positive oder negative Erfahrungen gemacht? Waren die Sachbearbeiter geduldig und haben Hilfestellung geleistet? Notieren Sie für das Gespräch geeigneten Wortschatz an der Tafel:

Die KT: *Angst / keine Angst haben – etwas nervös sein – sicher / unsicher sein* usw.
Die Sachbearbeiter: *höflich / unhöflich, distanziert, geduldig / ungeduldig sein* usw.

Ein solcher Austausch kann hilfreich sein, denn so erfahren die KT, dass andere vielleicht ähnliche Erfahrungen haben, und sie können sich gegenseitig Tipps geben, wie man bei Behörden sicher auftreten kann.

Arbeitsbuch: Ü 1–2

A Bei der Meldestelle

Lernziele und Lerninhalte:

Sprechen:	Geburtsdaten, wichtige Termine
Hören:	Anfrage beim Bürgeramt
Schreiben:	ein Formular ausfüllen, Wortschatz für ein Meldeformular ergänzen
Wortschatz:	Meldeformular
Grammatik:	Datumsangaben im Dativ

Bereits aus den Lektionen 1 (AB-Übung 27 b), Lektion 2 (A 3 a) und Lektion 7 (AB-Übung 17 b kennen die KT die Technik des Ausfüllens von Formularen. Hier wird das Thema mit einem vereinfachten Meldeformular für die Anmeldung einer neuen Wohnung vertieft. Außerdem lernen die KT, Daten oder ihr eigenes Geburtsdatum zu sagen.

Lektion 11
Ämter und Behörden

1

Das einleitende HV dient der Einstimmung auf das Thema, die KT können außerdem Telefongespräche mit Behörden üben, indem sie den Hörtext im Anhang mit verteilten Rollen lesen. Als Variation bieten sich andere Städte- und Straßennamen an oder es wird nach Öffnungszeiten oder dem richtigen Raum im Bürgeramt gefragt. (Lösung: 1 b)
Diskutieren Sie mit den KT, welche Angaben bei sehr vielen Formularen erforderlich sind: Name, Adresse, Geburtsdatum, evtl. Geburtsort und Nationalität. Fragen Sie, wer schon einmal ein Meldeformular ausgefüllt hat, und ob es Schwierigkeiten gab. Wer hat geholfen?/Mit wem haben die KT das Formular gemeinsam ausgefüllt? Anschließend lösen die KT 1 b und ergänzen die Informationen in 1 c, wo der wichtigste Wortschatz geklärt wird, Auswertung im Plenum.

2–3

Einführung von Datumsangaben im Dativ. Zur Erinnerung empfiehlt sich evtl. eine Wiederholung der Zahlen, die in Lektion 1 und 2 eingeführt wurden, z. B. durch einfache Rechenaufgaben.
Lenken Sie dann noch einmal die Aufmerksamkeit auf die beiden Datumsangaben im Formular: 01.09.15 (Tag des Einzugs) und 12.10.79 (Geburtsdatum). Schreiben Sie diese Daten als Zahlen und in Buchstaben an die Tafel und fragen Sie: *Wann ist Herr Lopez geboren? Wann ist er in die Wohnung eingezogen?* und sprechen Sie die Antworten vor. Erläutern Sie anhand von 2 a, wie man das Datum ausspricht, und lassen Sie die KT die Daten aus dem Anmeldeformular laut lesen. Markieren Sie die Ordnungszahlen:
am ersten Neunten
am zwölften Zehnten

Erläutern Sie die Endungen *-ten* und *-sten* und den Unterschied zu den Kardinalzahlen, bevor die KT die Zahlen in 2 b ergänzen. Gehen Sie an dieser Stelle nicht weiter auf den Unterschied bei den Datumsangaben im Nominativ oder Dativ ein, für Behördenkontakte reicht die Datumsangabe im Dativ aus. Sollte ein KT danach fragen, genügt der Hinweis, dass Datumsangaben in Lektion 7 von *Pluspunkt Deutsch A2* noch einmal aufgegriffen werden. Es ist auch nicht erforderlich, hier auf die Monatsnamen einzugehen, denn sie werden in Lektion 13 (Block C) behandelt.
Anschließend machen die KT die Partnerdialoge in 3, die sie auch mit den eigenen Geburtsdaten oder weiteren fiktiven Geburtsdaten ergänzen können: Die KT erfinden Namen und Geburtsdaten, die Lernpartner/innen sagen, wann die fiktiven Personen geboren sind.

4

Ebenfalls Partnerarbeit, anschließend schreiben die KT einen eigenen Plan. Erarbeiten Sie gemeinsam mit den KT geeignete Aktivitäten/Verpflichtungen: z. B. den Keller/den Dachboden aufräumen, im Garten arbeiten, Kindergeld beantragen, einen Termin beim Standesamt/der Bundesagentur für Arbeit vereinbaren usw.

Wiederholen Sie auch die bisher eingeführten temporalen Präpositionen: *am*, *um* und *von … bis*.

Varianten:
- Wie bei der Einführung der Kardinalzahlen sind weitere spielerische Übungen möglich: Die KT schreiben Daten auf Kärtchen, die der/die KL einsammelt und neu verteilt, damit die KT Daten laut vorlesen, ein/e KT schreibt Daten an die Tafel, die die KT ihm/ihr zurufen usw. (s. hierzu die Kommentare zu Block D, Lektion 1 und Block C, Lektion 2 in den vorliegenden *Handreichungen*).
- In Anknüpfung an Ü 4 erstellen die KT einen Plan zum Deutschlernen, der den KT Lerntechnik vermitteln kann (s. dazu Kommentare zu Lektion 5, Block C, Ü 3 in den vorliegenden *Handreichungen*).

Arbeitsbuch: Ü 3–7

B Einen Antrag stellen

Lernziele und Lerninhalte:

Sprechen: sagen, wem was gehört
Hören/Lesen: Dialog über Wohnungssuche
Grammatik: Personalpronomen im Dativ

1

Das einleitende Leseverstehen soll den KT Hilfe bieten, sich auf einer Webseite zu orientieren und es wird Wortschatz zum Thema Wohnen eingeführt bzw. wiederholt. Als Wiederholung (vgl. Lektion 3, Block D) berichten die KT über ihre Wohnung. Geben Sie den KT außerdem den Auftrag, für den nächsten Tag zu untersuchen, ob es z. B. im Wohn- oder Kursort städtische Wohnungsbaugesellschaften oder Baugenossenschaften gibt, die günstigen Wohnraum anbieten.

2–3

In dem HV und LV von Ü 2 stehen neben dem globalen und detaillierten Verstehen die Personalpronomen im Dativ im Mittelpunkt, die die KT für die Lösung von 3a zunächst in dem abgedruckten Gespräch von 2b unterstreichen. Schreiben Sie die Verben *gehören*, *helfen* und *danken* an die Tafel und erläutern Sie, dass diese Verben zu der (kleinen) Gruppe der Verben mit Dativergänzung gehören. Erläutern Sie auch die Verben *geben* und *mitbringen* mit Dativ- und Akkusativergänzung, ohne auf Einzelheiten der Wortstellung von Dativ- und Akkusativergänzung einzugehen. Mehr darüber erfahren die KT in *Pluspunkt Deutsch A2*, Lektion 7, Block A.

4

Diese Aufgabe dient zur Festigung der Dativpronomen. 4a in Einzelarbeit, individuelle Unterstützung durch den/die KL, insbesondere für lernungeübte KT. Ziehen Sie auch die AB-Übungen 9 heran. Wiederholen Sie an dieser Stelle auch die Personalpronomen im Akkusativ, die in Lektion 8 eingeführt wurden.

5

Das abschließende *Mein-/Dein*-Spiel ist als Plenumsaktivität oder in Gruppen möglich. Sorgen Sie dafür, dass die KT möglichst viele Personalpronomen benutzen, und dass sie auch *Ja-/Nein*-Fragen stellen: *Gehört das Buch dir/euch/Ihnen?* Die Dativpronomen in der 3. Person Singular werden in *Pluspunkt Deutsch A2*, Lektion 5 eingeführt.

Variante:

Lerngeübte KT üben auch mit *geben* und *mitbringen*, z. B. in folgendem Frage- und Antwortspiel:

– *Bringst du mir morgen das Buch mit?*
+ *Ja, das kann ich dir mitbringen.*

Variationsmöglichkeiten: der Film, die DVD, die Zeitung, die Fotos usw.

– *Kannst du mir einen Stift geben?*
+ *Ja gern. / Tut mir leid, ich habe keinen Stift.* usw.

Arbeitsbuch: Ü 8–10

C Können Sie mir helfen?

Lernziele und Lerninhalte:

Sprechen:	um Hilfe bitten
Hören:	Dialoge bei Behörden
Wortschatz:	um Hilfe bitten

1

In 1a ergänzen die KT Schlüsselwörter für Situationen, in denen es um Auskünfte und Hilfe geht. Nach dem Hören stellen die KT in Partnerarbeit weitere Fragen zu den Minidialogen: *Wohin möchte die Person? – Wo ist das Zimmer von Frau Barth? – Welches Wort versteht die Person nicht?* usw.

Die Dialoge von 1b bereiten auf weitere Situationen vor, die nachfolgend in 2 geübt werden.

(Lösung: 1C; 2C)

Auch hier können die KT nach einem weiteren Hören *W*-Fragen beantworten: *Welchen Kurs will die Person machen? – Wie lange muss man warten? – Welche Nummer ist auf der Anzeigetafel?* usw.

2

Jetzt spielen die KT eigene Dialoge. Verweisen Sie auf den Redemittelkasten.

Bereiten Sie für die Arbeit mit den Redemitteln Musterdialoge vor, die Sie auf OHP-Folie oder an die Tafel schreiben und in denen die Redemittel aus dem Redemittelkasten vorkommen, z. B.:

– *Entschuldigen Sie bitte. Können Sie mir helfen?*
+ *Was kann ich für Sie tun?*
– *Was bedeutet das Wort Hauptwohnung?*
…

Fordern Sie die KT auf, die Redemittel, die an der Tafel stehen, im Redemittelkasten zu suchen und zu unterstreichen, das erleichtert den Umgang damit. Anschließend lesen zwei KT den oder die Musterdialoge vor. Wischen Sie danach Teile der Dialoge weg, sodass die KT zunehmend freier sprechen. Lerngeübte KT variieren die Dialoge weiter: Sie suchen Meldeformulare oder Wohngeldanträge, sie fragen nach Worten wie *Geburtsort*, *Geburtsdatum*, *Tag des Einzugs* o. Ä.

Arbeitsbuch: Ü 11–13

Um kleine Dialoge auf Behörden einzuüben, können Sie auch mit den Übungen 4–7 im Bildlexikon (Arbeitsbuch S. 138/139) arbeiten.

KV 20 In dieser Kopiervorlage finden Sie Rollenkarten. A sucht etwas oder hat eine Frage, B antwortet. Transfer auf weitere Situationen, die den KT schon vertraut sind. Schneiden Sie die Karten aus und kleben Sie sie auf verschiedenfarbige Kartons, z. B. die Karten links (Frage-/Suchkarten) auf weißen Karton, die Karten rechts (Informationskarten) auf blauen Karton. Die KT bewegen sich im Raum und suchen den passenden Partner/die passende Partnerin. Sie können diese Gespräche als Minidialoge spielen, lerngeübte Gruppen können die Gespräche auch ausweiten.

D Was braucht man für ...?

Lernziele und Lerninhalte:

Sprechen: sagen, wofür man Dinge braucht
Grammatik: *für* + Akkusativ
Projekt: Behörden am Wohnort

1–2

Das wichtigste der hier genannten Dokumente ist der Pass. Fragen Sie die KT, wann Sie ihren Pass oder Ausweis gebraucht haben, z. B. bei der Grenzkontrolle, für ein Visum, evtl. für die Kontoeröffnung bei der Bank usw. Sammeln Sie an der Tafel, welche Informationen der Pass enthält: Name, Geburtsdatum, Geburtsort, Nationalität, Passnummer usw.
Anschließend ergänzen die KT die Sätze in 1 und unterstreichen die Präposition *für* + Akkusativ in den Sätzen, um die Struktur bewusst zu machen. Erläutern Sie, dass *für* zu den Präpositionen mit Akkusativ gehört (in Lektion 13 werden noch *um* und *durch* eingeführt), und dass das zugehörige Fragepronomen *wofür* ist. Übung 2 in Gruppenarbeit, wobei die Frage in der Arbeitsanweisung variiert werden kann:
Was braucht man für den Deutschkurs? – Ein Wörterbuch.
Wofür braucht man ein Wörterbuch? – Für den Deutschkurs. usw.

Klären Sie die Artikel für die Nomen, bevor die KT die Übung machen. Erläutern Sie auch *für* in Verbindung mit Personalpronomen und Fragen mit *für wen*. Die KT machen dann Minidialoge nach folgendem Muster:
+ *Das Buch ist für dich.*
– *Für mich? Das ist aber nett!*

+ *Hast du auch eine Pizza für Rita?*
– *Ja, für sie habe ich auch eine.*

+ *Für wen ist die Pizza?*
– *Sie ist für mich.*

Erweitern Sie die beiden letzten Aufgaben *Was braucht man für eine Hochzeit? – Was braucht man für ein Fest?* Die KT sammeln weitere Worte, bei Hochzeit z. B. *Einladungen, ein Lokal, einen Hochzeitskuchen* usw., bei Fest *einen Partyraum, gute Laune, Salat, ein Dessert* usw.

Schreiben Sie diese Wörter an die Tafel, die KT machen damit eine Kettenübung: *Für eine Hochzeit braucht man einen Termin beim Standesamt. – Für eine Hochzeit braucht man einen Termin beim Standesamt und zwei Ringe.* So nutzen Sie die Übung auch für das Wortschatztraining.

3

Das abschließende Projekt ist eine Fortsetzung der Projekte aus den Lektionen 4 und 9 (Informationen über den Wohn- bzw. Kursort). Dieses Mal beschäftigen sich die KT mit den Behörden am Wohn- bzw. Kursort. Verteilen Sie die Aufgaben entsprechend den Möglichkeiten der KT. Lernungeübte KT oder KT, die nur wenig Zeit haben, sammeln allgemeine Informationen zu den Behörden wie z. B. Adressen und Öffnungszeiten, andere KT beschäftigen sich ausführlicher mit den Behörden, z. B.: *Was kann man dort machen? – Welche Abteilungen gibt es? – Welche Unterlagen braucht man?* Informationen dazu können Sie evtl. im Internet recherchieren oder direkt bei den Behörden fragen.

Arbeitsbuch: Ü 14–16
Schreibtraining Ü 17: Groß- und Kleinschreibung und Diktat
Arbeitsbuch – Deutsch plus Ü 18: Behördengänge
Arbeitsbuch – Wichtige Wörter lernen: Ü 1–3
Lerntipp: Nomen und Verben zusammen lernen
Arbeitsbuch Bildlexikon Ü 4–7: Behördenalltag, Minidialoge sprechen

Sprechen aktiv:

1

Wörter sprechen: Wiederholung, was man bei den Behörden machen kann

2

Minidialoge sprechen: Ausfüllen eines Formulars in Interviewform
Nachdem die KT das Formular ausgefüllt haben, können sie über ihre Lernpartner/innen im Kurs berichten. Lerngeübte KT decken die Fragen ab und stellen sie dann frei.

3

Grammatik sprechen: Personalpronomen mit Dativ. Die KT schreiben weitere Minidialoge. Sammeln sie mit lerngeübten KT dafür weiteren Wortschatz an der Tafel.

4

Flüssig sprechen: Die Mittel zur Verständigungssicherung sind in der Kommunikation mit Ämtern und Behörden gerade auf A1-Niveau besonders wichtig. Achten Sie darauf, dass die Teilnehmer/innen diese Sätze klar und deutlich mit einer verbindlichen Intonation sprechen. Bei Teilnehmern/Teilnehmerinnen, die besonders große Schwierigkeiten mit der Aussprache haben, können Sie auch erst die besonders schwierigen Wörter an die Tafel schreiben und zunächst die Aussprache dieser Wörter mit ihrem Wortakzent üben: *Entschuldigung, berufstätig, Termin, Büro, Wartenummer, Formular.*

5

Dialogtraining: Diese Übung baut auf der Videosequenz zu Lektion 11 auf.

Phonetik: Wortgruppen sprechen, s. S. 136 in den *Handreichungen.*

1

Auch ein/e KT kann die Aufgabe, leise das Alphabet zu sagen, übernehmen. Weitere Variationsmöglichkeiten: Die KT notieren nur Verben, Nomen oder Adjektive, die mit dem Buchstaben beginnen, oder sie notieren nur Worte eines Wortfelds, z. B. Lebensmittel, Möbel/Wohnung/Haus, Berufe etc.

2

In 2a hören die KT lediglich den Rhythmus des Wortes, nicht das Wort selbst. (Lösung: Supermarkt; Käsekuchen; Apotheke; Kontoauszug; Motorrad; Mietvertrag)
Lassen Sie die KT die Wörter noch einmal hören und nachsprechen, wenn sie die Aufgabe gelöst haben. Sie sollten auch die Wörter, die nicht auf der CD sind, nachsprechen.

Sie können für 2b auch Kärtchen mit geeigneten weiteren Nomen verteilen oder Wortfelder vorgeben, aus denen die KT ein Wort auswählen. Eine geeignete Wortschatzwiederholung ist es außerdem, wenn Sie gemeinsam mit den KT Wörter aus verschiedenen Wortfeldern sammeln und auf OHP-Folie oder an der Tafel Listen machen, aus denen die KT die Wörter auswählen.

3

Diese Aktivität knüpft an die Vorschläge u.a. zur Übung von Sätzen mit trennbaren Verben an (s. Kommentare zu Lektion 5, Übung B1 in den vorliegenden *Handreichungen*.)

Varianten:
- Zwei KT verlassen den Raum, zwei Gruppen schreiben je einen Satz mit gleicher Wortzahl und stellen sich mit ihren Worten an zwei verschiedenen Plätzen im Raum auf. Die beiden KT kommen wieder in den Raum und ordnen je einen Satz. Wer zuerst fertig ist, hat gewonnen.
- Wie Variante 1. Dieses Mal arbeiten die beiden KT, die den Raum verlassen haben, zusammen. Die KT mit den Wörtern stellen sich nicht nach Gruppen getrennt auf. Die KT, die wieder in den Raum kommen, ordnen zuerst die Sätze und stellen dann die KT mit den Wörtern in der richtigen Reihenfolge auf.

Spiel und Spaß

Vom Start zum Ziel

In dem abschließenden Spiel werden Wortschatz und Grammatik von Lektion 8–11 wiederholt. Am Tag, bevor die KT das Spiel im Kurs spielen, sollten sie sich zu Hause die Lektionen noch einmal anschauen.

Variante:
Die KT gehen im Kurs noch einmal die Lektionen 1–11 durch und schreiben in Gruppen selbst drei Aufgaben pro Spiel.

Auftaktseite

Lernziele und Lerninhalte:

Sprechen:	sagen, wie einem die Kleidung gefällt
Hören:	Kleidungsstücke zuordnen
Wortschatz:	Kleidung, Adjektive
Grammatik:	*gefallen* + Dativ

Kannbeschreibungen GER / Rahmencurriculum:
Kann sagen, wie er/sie alltägliche Dinge findet.

Arbeitsbuch: Ü 1–3

A Kleidung kaufen

Lernziele und Lerninhalte:

Sprechen:	Einkaufsdialoge, sagen, wo man gerne einkauft, Fragen und Antworten
Hören:	Personen berichten, wo sie gerne einkaufen
Lesen/Hören:	Einkaufsdialog
Wortschatz:	Adjektive, Kleidungsgrößen
Grammatik:	Adjektivdeklination mit bestimmtem Artikel im Nominativ und Akkusativ, das Fragepronomen *welch-*

Arbeitsbuch: Ü 4–12

B Im Kaufhaus einkaufen

Lernziele und Lerninhalte:

Sprechen:	Fragen und Antworten: Wo ist was im Kaufhaus? Einkaufsdialoge im Kaufhaus
Hören:	Preise und Größen
Schreiben:	Redemittel für Einkaufsdialoge sortieren
Wortschatz/ Grammatik:	Komposita
Projekt:	Einkaufsmöglichkeiten im Wohnort

Kannbeschreibungen GER / Rahmencurriculum:
Kann Informationen zu Produkten erfragen (Preis, Größe, Abteilung).
Kann Zahlenangaben machen (Größe, Preis).

Arbeitsbuch: Ü 13–19
Schreibtraining Ü 20: Zusammenschreiben von Wörtern, Diktat
Arbeitsbuch – Deutsch plus Ü 21: Eine Internetbestellung

Kannbeschreibungen GER / Rahmencurriculum:
Kann Produktinformationen das Wesentliche entnehmen.
Kann im Internet Bestellungen aufgeben und Bestellformulare ausfüllen.

Arbeitsbuch – Wichtige Wörter: Ü 1–4
Lerntipp: Wichtige Sätze zu einem Thema sammeln und auswendig lernen
Arbeitsbuch Bildlexikon Ü 5–9: Kleidungsstücke

Phonetik: Wortakzent bei Komposita

Kopiervorlagen in den Handreichungen:
KV 21 A/B: Im Kleidergeschäft

Die KT lernen den Wortschatz für Kleidung, Redemittel für Einkaufsdialoge im Kaufhaus kennen und sie lernen zu sagen, was ihnen gefällt oder nicht gefällt. Sie lernen, sich im Kaufhaus zu orientieren. Es empfiehlt sich, dass die KT für diese Lektion Versandhauskataloge oder Modeprospekte sammeln bzw. von zu Hause mitbringen.

Im Kaufhaus

Auftaktseite

Lernziele und Lerninhalte:

Sprechen:	sagen, wie einem die Kleidung gefällt
Hören:	Kleidungsstücke zuordnen
Wortschatz:	Kleidung, Adjektive
Grammatik:	*gefallen* + Dativ

1

Die KT hören die Wörter und ordnen sie dem Bild zu (Reihenfolge: der Mantel – die Bluse – der Rock – das Kleid – die Hose – der Pullover – der Anzug – das Hemd – das Sweatshirt – die Jacke – das T-Shirt – die Jeans – die Krawatte – die Unterwäsche – die Socken – die Schuhe). Anschließend nennen sie die Gegenstände noch einmal: *Das ist eine Hose / ein Anzug.* usw. Die KT beschreiben außerdem ihre eigene Kleidung: *Ich trage einen Pullover / eine Jeans.* usw. Es ist möglich, dass dabei auch andere Worte aus dem Wortfeld Kleidung benötigt werden, z. B. *T-Shirt, Stiefel, Sandalen, Halstuch, Schal* usw. Machen Sie an der Tafel ein Wörternetz, in dem der Wortschatz erweitert wird.

Varianten:

- Die KT arbeiten in Gruppen und sammeln Kleidung; jede Gruppe erstellt eine Liste: Winterkleidung/Sommerkleidung – Damenkleidung/Herrenkleidung – Oberbekleidung/Unterbekleidung – Schuhe usw. Oder die Gruppen schneiden aus Katalogen und Modeprospekten geeignete Kleidungsstücke aus und machen mit den von ihnen erstellten Wortlisten Plakate, auf denen die Fotos und die Worte abgebildet sind, und hängen sie im Kursraum auf.
- Kettenspiel *Ich packe meinen Koffer*: Für dieses Spiel bieten sich mehrere Möglichkeiten an. Eine einfache Variante ist z. B., dass Sie oben links *Ich packe meinen Koffer und nehme* … und unten rechts *mit* an die Tafel schreiben. Die KT sagen den Satz und nennen je ein Kleidungsstück: *meinen Mantel, meine Jacke* usw. Schreiben Sie die Kleidungsstücke der Reihe nach an die Tafel. Es erhöht den Schwierigkeitsgrad, wenn Sie die Kleidungsstücke bunt gemischt notieren oder natürlich auch, wenn Sie sie gar nichts an die Tafel schreiben. Wenn ein KT die Reihe unterbricht, scheidet er aus. Gewonnen hat, wer die meisten Kleidungsstücke in der richtigen Reihenfolge nennen kann.

Im Anschluss an Block A, wo die Adjektivdeklination mit dem bestimmten Artikel im Nominativ und Akkusativ eingeführt wird, können Sie das Spiel mit Farben wiederholen: *Ich packe meinen Koffer und nehme den schwarzen Mantel mit.* usw. Weiteren Wortschatz zu Kleidungsstücken finden Sie im *Bildlexikon Arbeitsbuch,* dort wird das Kofferpackenspiel noch einmal dargestellt (S. 152/153 AB).

2

Farben haben die KT in Lektion 3 gelernt. Die KT machen das Spiel nicht nur mit den Farben der Kleidungsstücke auf der Auftaktseite, sondern auch mit der eigenen Kleidung, z. B.: KT 1 wirft KT 2 einen Ball zu und sagt, z. B.: *Meine Hose ist blau und deine?* KT 2 antwortet und setzt das Spiel mit KT 3 fort.

3

Verben mit Dativ und Personalpronomen im Dativ kennen die KT bereits aus Lektion 11. Hier lernen sie die im Deutschen häufige, aber fehlerträchtige Variante mit *gefallen* kennen. Sätze wie *Ich gefalle der blaue Pullover.* sind typische Fehler. Erläutern Sie das Verb wie folgt: Schreiben Sie zunächst eine Frage mit Antwort an die Tafel und markieren Sie den Nominativ und den Dativ:

Wie gefällt	dir	die Hose?	
	wem? –	was?	
	Dativ	Nominativ	
Die Hose	gefällt	mir	gut.
Was?		wem?	
Nominativ		Dativ	

Bei den anschließenden Fragen und Antworten sollten sich lernungeübte KT auf nur wenige Varianten beschränken. Für sie genügt es an dieser Stelle, wenn sie im Umgang mit dem Verb *gefallen* Sicherheit gewinnen: *Gefällt dir die Hose? – Ja, die Hose gefällt mir (gut).* usw. Lerngeübte KT variieren Fragen und Antworten und sagen ihre Meinung detaillierter, z. B.:
Gefällt dir die Hose? – Ja, ich finde sie schön. – Nein, sie gefällt mir nicht. Ich finde sie altmodisch. Aber das Hemd gefällt mir. Es sieht modern aus. usw.
Üben Sie auch noch einmal Fragen mit W*ie findest du …?*, die die KT aus Lektion 3 kennen. So wiederholen Sie Nominativ, Dativ und Akkusativ.

Beachten Sie, dass in dem Redemittelkasten neue Ausdrücke sind, mit denen man sagen kann, wie man etwas findet (*gar nicht, überhaupt nicht elegant* usw.)

Arbeitsbuch: Ü 1–3

A Kleidung kaufen

Lernziele und Lerninhalte:

Sprechen: Einkaufsdialoge, sagen, wo man gerne einkauft, Fragen und Antworten
Hören: Personen berichten, wo sie gerne einkaufen
Lesen/Hören: Einkaufsdialog
Wortschatz: Adjektive, Kleidungsgrößen
Grammatik: Adjektivdeklination mit bestimmtem Artikel im Nominativ und Akkusativ, das Fragepronomen *welch-*

1

Nachdem die KT 1a gelöst haben, lesen sie den abgedruckten Dialog in 1b und unterstreichen die Adjektive. Schreiben Sie z. B. folgende Sätze an die Tafel und erläutern Sie den Unterschied:
Der Anzug ist blau.
Der blaue Anzug ist nicht schlecht.
Wie finden Sie den blauen Anzug?

Anschließend ergänzen die KT die Tabelle. Fordern Sie die KT auf, die Endungen für die Akkusativendung bei maskulinen Nomen im Akkusativ und bei Nomen im Plural zu unterstreichen, damit sie sich über den Unterschied *-e/-en* klar werden.

Achten Sie bei 1c darauf, dass die KT so deutlich sprechen, dass man die Adjektivendungen heraushört.

2

Hier wird die Adjektivdeklination mit Einkaufsdialogen weiter gefestigt. 2a ist stark gelenkt, wobei wiederum wichtig ist, dass die KT die Endungen deutlich sprechen, sodass sie ihnen stärker bewusst werden.

Wenn die KT sich mit der Adjektivdeklination sicher fühlen, variieren Sie den Dialog entsprechend den Kleidungsstücken in 2b. Lernungeübte KT beschränken sich darauf, den Dialog in 2a mit den abgebildeten Kleidungsstücken und Farben zu variieren, lerngeübte KT können auch mit Dialoggrafiken arbeiten:

Verkäufer ***Kunde***
Pullover/blau/gefallen? → *gefallen/ja – anprobieren*
nicht schlecht ←
→ *auch/anprobieren/Pullover/rot*
auch nicht schlecht ←
→ *Pullover/blau/gefallen/besser – nehmen*

(+ Gefällt Ihnen der blaue Pullover?
– Ja, er gefällt mir gut und ich möchte ihn anprobieren.
+ Der blaue Pullover ist nicht schlecht.
– Ja, aber ich möchte auch gern den roten anprobieren.
+ Der rote Pullover ist auch nicht schlecht.
– Der blaue gefällt mir besser. Ich nehme ihn.)

3

(Lösung: Person 1: Secondhandladen – Person 2: Flohmarkt/Supermarkt – Person 3: Internet – Person 4 – Boutiquen/Kaufhäuser)
Lassen Sie die KT auch bei diesen Hörtexten *W*-Fragen schreiben. Bilden Sie vier Gruppen. Jede Gruppe schreibt zu je einem Text nach einem weiteren Hören Fragen, die an die nächste Gruppe weitergereicht werden, zu Person 1 z. B.: *Was ist die Frau von Beruf?* – Zu Person 2: *Wie viele Kinder hat die Person?* usw. Verweisen Sie auf die (französische) Aussprache des Wortes *Boutique.*

Anschließend berichten die KT über ihre eigenen Einkaufsgewohnheiten. Sammeln Sie dafür geeignete Redemittel an der Tafel. Als Muster können die Sprechblasen in 3b, aber auch die im Anhang abgedruckten Hörtexte von 3a dienen. Auch Partnerinterviews sind möglich, z. B. mit folgenden Fragen, die Sie gemeinsam mit den KT erarbeiten sollten:
Wo kaufst du / kaufen Sie gerne / nicht gerne ein?
Wo kaufst du / kaufen Sie Sachen für deine/Ihre Kinder ein?
Wo ist Kleidung teuer/billig?
Wie viel Zeit brauchst du / brauchen Sie für Einkäufe?
Wann kaufst du / kaufen Sie ein? usw.

4

In dieser Übung geht es um das Fragepronomen *welch-*. Lassen Sie die KT die Frage zu 4a in ganzen Sätzen beantworten, damit die Adjektivdeklination nicht vergessen wird: *Der Sohn möchte die schwarze Hose und das schwarze T-Shirt bestellen.*

Anschließend lesen die KT den Dialog laut in Partnerarbeit. Erläutern Sie, dass eine Frage mit *welch-* oft eine Antwort mit dem bestimmten Artikel verlangt. Geben Sie dafür weitere Beispiele, z. B. anhand von Kleidungsstücken unterschiedlicher Farbe aus einem Modeprospekt, z. B. eine blaue und eine schwarze Hose, ein gelbes und ein rotes Kleid usw. Die KT fragen und antworten in Partnerarbeit: *Welches Kleid findest du schön? – Das gelbe.* usw.

Variante:
Vielleicht haben die KT Stifte unterschiedlicher Farbe dabei. Die KT arbeiten in Dreiergruppen. Sie legen die Stifte vor sich auf den Tisch und fragen: *Welcher Stift gehört dir? – Der blaue.* o. Ä.
Stellen Sie auch andere Fragen mit *welch-* bei denen kein Artikel in der Antwort vorkommt , z. B.: *Welches Land möchten Sie gerne besuchen? –Italien.*

5
In dieser Übung werden das Fragepronomen *welch-* und passende Antworten weiter gefestigt. In 5 a ergänzen die KT zunächst die Endungen und lesen die Dialoge und dann mit den Kleidungsstücken aus 5c selbstständig weiterzuüben. Klären Sie dafür mit den KT zunächst die Artikel, bevor sie nach dem Vorbild in den Sprechblasen fragen und antworten. Es kann auch mit Modeprospekten oder Katalogen gearbeitet werden.

Verweisen Sie auch auf die landeskundliche Information zu Kleidergrößen. Die Größen sind auch für die Übungen B 3–5 wichtig.

Arbeitsbuch: Ü 4–12

B Im Kaufhaus einkaufen

Lernziele und Lerninhalte:

Sprechen:	Fragen und Antworten: Wo ist was im Kaufhaus?, Einkaufsdialoge im Kaufhaus
Hören:	Preise und Größen
Schreiben:	Redemittel für Einkaufsdialoge sortieren
Wortschatz/ Grammatik:	Komposita
Projekt:	Einkaufsmöglichkeiten im Wohnort

1
Zunächst suchen die KT auf der Infotafel die passenden Wörter, um sie in 1 a zu verbinden. Erläutern Sie dann den Infokasten in 1 b und schreiben Sie eines der Komposita aus 1 a, z. B. *Babywäsche* und markieren Sie das Grund- und das Bestimmungswort mit unterschiedlichen Farben (*Baby* z. B. mit Gelb und *wäsche* mit Rot). Schreiben Sie auch die beiden Worte, aus denen das Kompositum besteht, getrennt an die Tafel: *das Baby – die Wäsche.*
Schreiben Sie dann weitere Komposita, die aus zwei Nomen bestehen, aus der Liste an die Tafel, z. B. *Schuhreparatur* oder *Schlüsseldienst* und bitten Sie einen oder mehrere KT, die Bestandteile des Kompositums farbig zu markieren. Anschließend schreiben die KT die Komposita ins Heft und notieren auch die Grund- und Bestimmungswörter inklusive Artikel, wonach ein/e oder mehrere KT die korrekten Artikel der Komposita ergänzen. Beachten Sie, dass es auch Komposita aus Verb bzw. Adjektiv + Nomen in der Liste gibt, z. B. *Schreibwaren, Süßwaren*, auf die Sie an dieser Stelle nicht näher eingehen sollten (s. dazu *Pluspunkt Deutsch A2*, Lektion 13)

Damit haben insbesondere lernungeübte KT eine Anleitung, um 1 b zu lösen. Schreiben Sie die sechs Wörter aus 1 b komplett an die Tafel und bitten Sie wieder eine/n oder mehrere KT, Grund- und Bestimmungsworte farbig zu markieren. Lassen Sie die KT auch die Grund- und Bestimmungswörter in ihren eigenen Kursbüchern unterstreichen.

2
Hier können die KT den Wortschatz der Infotafel weiter üben. Außerdem bietet sich Gelegenheit, die Ordnungszahlen in Verbindung mit Stockwerken, die die KT in Lektion 3, Block C und D kennen gelernt haben, zu wiederholen.

3
Zu einer Einkaufssituation gehören auch allgemeine Informationsfragen und Fragen zur Orientierung im Kaufhaus. Die KT betrachten zunächst die Abbildung und die Texte. Danach ordnen sie die Sätze 1–8 den Sätzen a–h in der Abbildung zu (Partnerarbeit). (Lösung: A2, B4, C7, D1, E8, F5, G3, H6). Die KT lesen die so entstandenen Minidialoge, nachdem sie sie in 3 b gehört haben und fragen und antworten dann nach den Vorgaben in 3 c. Überlegen Sie gemeinsam mit den KT weitere Situationen im Kaufhaus und sammeln Sie geeignete Redemittel bzw. Kundenfragen dazu an der Tafel, z. B.:

Ich hätte gern den Pullover in Schwarz.
Haben Sie auch Sportartikel?
Wo sind die Umkleidekabinen?

4
Wie 3 dient auch 4 der Vorbereitung umfangreicherer Einkaufsdialoge im Kaufhaus. Lassen Sie die KT die Dialoge im Anhang in Partnerarbeit laut lesen, nachdem sie die Aufgabe gelöst haben. (Lösung: 95,95€, Größe 68)

An dieser Stelle bietet sich Gelegenheit, noch einmal Preise zu wiederholen (s. Lektion. 6, Ü B2 und die Kommentare dazu in den vorliegenden *Handreichungen*).

5

Anschließend ordnen die KT die Dialogelemente in Partnerarbeit (5a). Geben Sie den Tipp, dass die KT die vorangegangen Seiten dieser Lektion und auch die Hörtexte im Anhang durchblättern können, sollten sie bei der Zuordnung unsicher sein. Lassen Sie die Liste von zwei KT zur gemeinsamen Kontrolle im Plenum auf eine OHP-Folie schreiben.

5b bietet die Möglichkeit für sehr einfache, aber auch komplexere Dialoge. Zunächst empfiehlt sich stärkere Lenkung. Geben Sie z. B. Situationen vor:
Der Kunde möchte eine andere Farbe.
Der Kunde möchte eine andere Größe.
Der Kunde möchte den Preis wissen.
Der Kunde möchte das Kleidungsstück anprobieren.

Ziehen Sie auch die AB-Übungen 15–17 heran und erarbeiten Sie gemeinsam mit den KT einen oder mehrere Musterdialoge an der Tafel, z. B. wie folgt:
+ *Kann ich Ihnen helfen?*
– *Ich hätte gerne einen Mantel.*
+ *Wie gefällt Ihnen der schwarze Mantel?*
– *Ja, der ist nicht schlecht. Kann ich ihn anprobieren?*
+ *Gern, die Umkleidekabinen sind da hinten rechts.*
– *Der Mantel ist nicht schlecht, aber er ist zu klein. Gibt es den Mantel auch in Größe 48?*
+ *Moment, da muss ich nachsehen. Nein, tut mir leid.*

6

Bei dem abschließenden Projekt sollten die KT wieder arbeitsteilig arbeiten. Eine Gruppe sammelt Einkaufsmöglichkeiten im Internet, eine andere sucht nach geeigneten Secondhandläden oder auch Flohmärkten am Kurs- bzw. Wohnort, und je eine Gruppe informiert sich über Kaufhäuser, Ketten wie H&M oder kleine Boutiquen und evtl. Schuhgeschäfte.

Die KT erhalten z. B. den Auftrag, für drei Kleidungsstücke Preise zu suchen: Wie viel kosten in den Geschäften Mäntel, Jacken oder Schuhe? Die KT stellen ihre Ergebnisse im Kurs vor und vergleichen die Preise.

KV 21 A/B In dieser Kopiervorlage finden Sie ein Partnerspiel. A kauft bei B und B kauft bei A. Die Einkäufe lassen sich mit wenigen Worten tätigen, man kann aber auch länger verhandeln, z. B. ob man Sonderangebote kaufen möchte oder nicht, ob ein bestimmtes Produkt zu teuer ist, usw.

Arbeitsbuch: Ü 13–19
Schreibtraining Ü 20: Zusammenschreiben von Wörtern, Diktat
Arbeitsbuch – Deutsch plus: Ü 21: Eine Internetbestellung
Arbeitsbuch – Wichtige Wörter: Ü 1–4
Lerntipp: Wichtige Sätze zu einem Thema sammeln und auswendig lernen
Arbeitsbuch Bildlexikon Ü 5–9: Kleidungsstücke

Sprechen aktiv

1

Wörter sprechen: Geübt werden hier Adjektive, die die KT auf der Auftaktseite dieser Lektion gelernt haben. Erweitern Sie die Liste um weitere Adjektive wie z. B. *schick, modern, toll* etc. Evtl. können die KT auch darüber diskutieren, wann man die Kleidung trägt, z. B.: *Ich glaube, das schicke Kleid kann man gut am Abend tragen. Die bequemen Schuhe sind gut für Wanderungen.* So üben die KT auch noch die Adjektivdeklination.

2

Minidialoge sprechen: Eine derartige Textkaraoke-Übung kennen die KT bereits von der *Sprechen-aktiv-Seite* von Lektion 8. Außerdem können Einkaufsdialoge mit Hilfe der AB-Übungen 15–17 geübt werden.

3–4

Grammatik sprechen: Übung der Adjektivdeklination und des Fragepronomens *welch-*. Insbesondere Übung 3 ist sowohl in Partnerarbeit als auch als Kettenübung im Plenum geeignet.

5

Flüssig sprechen: Die Redemittel zum Einkaufen in einem Kaufhaus werden hier noch einmal präsentiert. Auch diese Übung können Sie nach einem ersten Nachsprech-Durchgang in eine Reaktionsübung umfunktionieren. Die KT versetzen sich in die Rolle des Verkäufers / der Verkäuferin und antworten ganz kurz auf die Fragen, z. B. *Da vorne. – Bis 8 Uhr. – Die Kasse ist dort hinten. – Im ersten Stock. – Einen Moment, bitte. – 20 Euro. – Nein, tut mir leid. – Ja, natürlich. (Die Umkleidekabinen sind da vorne.)* usw.

6

Dialogtraining: Diese Übung baut auf der Videosequenz 17 zu Lektion 12 auf. Machen Sie für weitere Variationen gezielte Vorgaben. Die KT sollen z. B. die Farben die Kleidungsstücke und/oder den Treffpunkt variieren.

Phonetik: Wortakzent bei Komposita, s. S. 137 in den *Handreichungen*.

Lektion 13
Auf Reisen

Auftaktseite

Lernziele und Lerninhalte:

Sprechen: sagen, wo man schon gewesen ist und was man dort gemacht hat
Hören: erkennen, wo verschiedene Personen sind
Wortschatz: Orte und Landschaften

Arbeitsbuch: Ü 1–3
Portfolioübung Ü 3: Urlaub

A Unterwegs mit dem Zug

Lernziele und Lerninhalte:

Sprechen: Fragen und Antworten: Zugabfahrt, Kauf einer Zugfahrkarte
Hören: Kauf einer Zugfahrkarte, Bahnhofsdurchsagen
Lesen: eine Schwarzwaldreise
Wortschatz: Zugreisen
Grammatik: *um* und *durch* + Akkusativ

Kannbeschreibungen GER / Rahmencurriculum:
Kann am Schalter Informationen (Abfahrtszeiten, Preise) erfragen.
Kann einen Platz reservieren.

Arbeitsbuch: Ü 4–9

B Das Wetter

Lernziele und Lerninhalte:

Sprechen: nach dem Wetter fragen, Städte vergleichen
Hören: Wettervorhersagen
Lesen: Informationen über Freiburg und Lübeck
Wortschatz: Wetter, Monate, Jahreszeiten
Grammatik: Komparativ

Kannbeschreibungen GER / Rahmencurriculum:
Kann nach dem Weg fragen und das Wesentliche einer Wegbeschreibung verstehen.
Kann einen Weg beschreiben.

Arbeitsbuch: Ü 10–15

C Die Jahreszeiten

Lernziele und Lerninhalte:

Sprechen: Jahreszeiten vergleichen
Wortschatz: Monate, Jahreszeiten

Kannbeschreibungen GER / Rahmencurriculum:
Kann Klima und Wetter in Deutschland und Klima und Wetter in seinem/ihrem Heimatland vergleichen.

Arbeitsbuch: Ü 16–18

D Urlaub

Lernziele und Lerninhalte:

Sprechen: berichten, was man im Urlaub macht oder machen möchte
Lesen: Infotexte über Urlaubsmöglichkeiten

Arbeitsbuch: Ü 19
Schreibtraining Ü 20: Adjektivdeklination
Arbeitsbuch – Deutsch plus Ü 21: Urlaubsplanung
Arbeitsbuch – Wichtige Wörter: Ü 1–3
Arbeitsbuch Bildlexikon Ü 4–7: Wetter und Jahreszeiten

Phonetik: *r*

Kopiervorlagen in den Handreichungen:
KV 22: Zugfahren
KV 23 A/B: Wechselspiel: Wie ist das Wetter?
KV 24: Adjektiv-Komparativ-Domino

In dieser Lektion lernen die KT Landschaften kennen. Sie lernen Wortschatz für Bahnfahrten, fragen nach Informationen und kaufen Fahrkarten, sprechen über Wetter, Jahreszeiten und Klima. Sie lernen Vergleiche.

Auftaktseite

Lernziele und Lerninhalte:

Sprechen:	sagen, wo man schon gewesen ist und was man dort gemacht hat
Hören:	erkennen, wo verschiedene Personen sind
Wortschatz:	Orte und Landschaften

1

Einführung von Landschafts-Wortschatz. Die KT beschreiben kurz die Fotos nach der Zuordnung der Wörter. Fragen Sie, ob die KT (in Deutschland oder im Heimatland) schon am Meer oder in den Bergen waren.

2

(Lösungen: Dialog 1: am Strand; Dialog 2: in der Stadt; Dialog 3: auf dem Bauernhof; Dialog 4: in den Bergen.) Nach einem weiteren Hören berichten die KT, was die Personen machen: Dialog 1: schwimmen/lesen; Dialog 2: einkaufen; Dialog 3: eine Kuh melken; Dialog 4: wandern

3

Verweisen Sie auf die Präpositionen im Infokasten. Nutzen Sie die Gelegenheit, die lokalen Präpositionen, die die KT in Lektion 9 gelernt haben, zu wiederholen. Lassen Sie die KT weitere Beispiele suchen, z. B.:
im Dorf – in der Kleinstadt – in der Großstadt
auf dem Berg – auf dem Land – auf dem Spielplatz
am See – am Wasser – am Ufer usw.

Variante:
Bilden Sie Gruppen, jede Gruppe beschäftigt sich mit einem Ort und sammelt passende Aktivitäten. Zum Schluss stellen die Gruppen ihre Ergebnisse im Kurs vor.

Arbeitsbuch: Ü 1–3
Portfolioübung Ü 3: Urlaub

A Unterwegs mit dem Zug

Lernziele und Lerninhalte:

Sprechen:	Fragen und Antworten: Zugabfahrt, Kauf einer Zugfahrkarte
Hören:	Kauf einer Zugfahrkarte, Bahnhofsdurchsagen
Lesen:	eine Schwarzwaldreise
Wortschatz:	Zugreisen
Grammatik:	*um* und *durch* + Akkusativ

1

Bei 1 b decken lerngeübte KT den Text ab und ergänzen die Tabelle nur nach dem Hören, lernungeübte ziehen auch den abgedruckten Dialog heran, um die Aufgabe zu lösen. Außerdem sollten alle zusätzliche Fragen erhalten, um die Tabelle zu ergänzen:
Wann fährt der Zug ab? – Wann kommt er an? – Wie viel kostet die Fahrkarte? – In welcher Klasse fährt der Mann?

Anschließend fasst ein/e lerngeübte/r KT die Informationen aus dem Dialog in eigenen Worten zusammen.

Variante:
Die KT suchen nach Sonderangeboten u.Ä. bei der Bahn. Geben Sie geeignete Arbeitsaufträge, z. B.:
Wie viel kostet die BahnCard25/BahnCard50, welche Vorteile bietet sie? Für wen ist die BahnCard geeignet?
Wie viel kostet ein Länder-Ticket (z. B. das Niedersachsen-Ticket), mit welchen Zügen darf man (nicht) fahren?
Welche Angebote hat die Bahn für Familien und Gruppen?
Welche Angebote gibt es für die Region Ihres Kursortes? usw.

KT, die schon länger in Deutschland leben, und KT, die neu in Deutschland sind, können voneinander profitieren. Bilden Sie Gruppen, in denen KT mit unterschiedlicher Aufenthaltsdauer in Deutschland gemischt sind. Sofern an Ihrem Kursort ein Computerraum vorhanden ist, ist eine Internetrecherche möglich, z. B. unter http://www.bahn.de/. Andernfalls können KT an einem der nächsten Tage Prospekte mit Sonderangeboten der Bahn in den Unterricht mitbringen.

2

In dieser Übung wiederholen die KT Uhrzeiten und sie lernen bzw. festigen wichtigen Wortschatz zum Thema Bahn. Fragen Sie KT in Ihrem Kurs, die mit öffentlichen Verkehrsmitteln zum Kurs kommen, wann Busse und Bahnen am Wohnort abfahren und wann sie am Kursort ankommen.

3 a

Die Aufgaben zu den Hörtexten sind geeignet, selektives Hören zu üben. Machen Sie die KT darauf aufmerksam, dass für die Lösung der Aufgabe jeweils nur eine Information relevant ist, dass die Texte aber noch weitere Informationen enthalten.

(Lösungen: 1/F; 2/R; 3/F) Spielen Sie die Texte ein weiteres Mal vor, nachdem die KT die Aufgabe gelöst haben. Sie heben die Hand, wenn die für die Lösung der Aufgabe entscheidende Information kommt.

3b

Insbesondere lernungeübte KT sollten bei dieser Übung zusätzlich unterstützt werden. Als Vorbereitung bietet sich die AB-Übungen 4 oder KV 22 an. Wo kaufen die KT Fahrkarten? Am Bahnhof, im Reisebüro, am Automaten oder im Internet? Welche Vorteile/Nachteile gibt es bei den verschiedenen Möglichkeiten? Kaufen sie z. B. lieber am Automaten, weil sie dann nicht Deutsch sprechen müssen?

Weiteres Material zum Thema:
KV 22: In dieser Kopiervorlage finden Sie ein Spiel, das den phonetischen Aspekt des Wortfelds Zugfahren trainiert. Als Ausspracheübung eignet es sich für alle KT, es kann aber auch für lernschwächere KT als Vorentlastung von Aufgabe 3b eingesetzt werden.
Arbeitsbuch, Lektion 9, S.111, *Deutsch-plus*-Seite: Fahrpläne verstehen

4

Der Lesetext bietet landeskundliche Informationen über den Schwarzwald, außerdem werden die Präpositionen *um* und *durch* eingeführt.

Information zur Landeskunde:
Der Schwarzwald ist das größte und höchste deutsche Mittelgebirge. Er liegt im Westen von Baden-Württemberg und erstreckt sich von Karlsruhe im Norden bis fast an die Schweizer Grenze im Süden. Der höchste Berg ist mit 1493 m der Feldberg im Südschwarzwald. Bekannte Seen sind der Titisee, der Feldsee und der Mummelsee. Der größte See ist der Schluchsee, der ein Stausee ist.
Der Schwarzwald lebt heute zum großen Teil vom Tourismus. Eines der bekanntesten Touristenziele sind der Ort und der See Titisee. Im Sommer ist der Schwarzwald ein beliebtes Ziel für Wanderer, im Winter für Skifahrer.
Die Höllentalbahn führt von Freiburg nach Donaueschingen. In Titisee gibt es eine Abzweigung zum Schluchsee. Mit einer Steigung von 278 m über dem Meeresspiegel (Freiburg) auf 885 m (Hinterzarten) über dem Meeresspiegel über ca. 25 km gehört sie zu den steilsten Eisenbahnstrecken in Deutschland.

Schreiben Sie die Präpositionen *um* und *durch* an die Tafel, nachdem die KT sie im Text unterstrichen haben und markieren Sie den Akkusativ: durch Tunnel – um den Schluchsee

Für ist bereits als eine Präposition mit Akkusativ aus der Lektion 11 bekannt. Die Präpositionen *um* und *durch* lassen sich anhand einer kleinen Skizze ähnlich wie in dem Grammatikkasten erklären. Geben Sie weitere Beispiele für die Verwendung von *um* und *durch*: *Am Samstag laufen viele Leute gerne durch die Stadt. – Das Auto fährt um die Ecke.* usw.

Die Präposition *um* kennen die KT bereits als temporale Präposition bei Uhrzeiten. Damit bietet sich Gelegenheit, den KT bewusst zu machen, wie unterschiedlich Präpositionen in den verschiedenen Sprachen sind und dass eine direkte Übersetzung oft unmöglich ist.

Arbeitsbuch: Ü 4–9

B Das Wetter

Lernziele und Lerninhalte:

Sprechen:	nach dem Wetter fragen, Städte vergleichen
Hören:	Wettervorhersagen
Lesen:	Informationen über Freiburg und Lübeck
Wortschatz:	Wetter, Monate, Jahreszeiten
Grammatik:	Komparativ

Die KT lernen Jahreszeiten, Monate, Wetterwortschatz, das Pronomen *es* und den Komparativ. Nach dem Gemeinsamen europäischen Referenzrahmen gehört der Superlativ zur Niveaustufe B1 und wird im B1-Band von *Pluspunkt Deutsch* behandelt.

1–2

In 1 geht es um Wetterwortschatz und die Übungen 2 und 3 werden vorbereitet. Sammeln Sie die Ergebnisse an der Tafel.

der Regen – Es regnet. – Es ist nass. – Es ist bewölkt.
der Schnee – Es schneit. – Es ist kalt. – Es ist bewölkt.
die Sonne – Die Sonne scheint. – Es ist heiß. – Es ist sonnig
der Wind – Es ist windig.
die Wolke – Es ist bewölkt.

Unterstreichen Sie *es* und verweisen Sie darauf, dass *es* bei vielen Sätzen zum Thema Wetter und oft in Verbindung mit Verben oder Sätzen (*Es gibt …, Es geht mir gut/schlecht.*) unverzichtbar ist. Ziehen Sie dazu auch AB-Übung 11 heran.

Übung 2 in Partnerarbeit. Verweisen Sie einleitend auf die Himmelsrichtungen und schreiben Sie den ersten Satz: *Wie ist das Wetter im Nordwesten?* an die Tafel und machen Sie auf *im* aufmerksam. Erläutern Sie anhand des letzten Satzes in dem Dialog außerdem, wie man Temperaturen spricht. Heben Sie hervor, dass man bei Temperaturangaben ebenfalls das unpersönliche Pronomen *es* braucht.

Variante:
Hängen Sie eine Landkarte auf. KT 1 kommt nach vorne, die anderen KT nennen mit Hilfe der Karte auf der Umschlag-Innenseite im Kursbuch Städte, die die KT auf der Landkarte vorne finden müssen. Das Spiel könnte dann z. B. so aussehen: KT aus dem Plenum: *Wo liegt Hamburg?* – Falls der/die KT vorne die Stadt nicht findet, helfen die anderen KT: *Hamburg liegt im Norden.* usw. So üben die KT nicht allein die Himmelsrichtungen, sondern sie lernen auch, wo verschiedene Städte in Deutschland liegen.

3

(Lösung: Text 1: Regenkleidung; Text 2: Sommerkleidung/leichte Kleidung)

Für ein zweites Hören ist ein Arbeitsblatt sinnvoll, das folgendermaßen aussehen kann:

Text 1	***Temperaturen***	***Wetter allgemein***
im Norden/im Osten		
im Süden		
nachts		

Text 2	***Temperaturen***	***Wetter allgemein***
in ganz Deutschland		
im Osten		
im Westen		
im Süden		
nachts		

Die KT arbeiten in Gruppen. Lernungeübte KT oder KT die Probleme beim Hörverstehen haben, ergänzen lediglich die Temperaturen, die anderen KT machen Notizen zum Wetter allgemein. Anschließend berichten die KT im Kurs.

Variante:
Sprechen Sie über das Wetter am Kursort. Bringen Sie eine tagesaktuelle Wetterkarte aus einer Zeitung mit oder nehmen Sie den Wetterbericht für den Kurstag/die nächsten Kurstage eines Radiosenders auf. Vor dem Vorspielen/Lesen äußern die KT Vermutungen, wie das Wetter heute/die nächsten Tage wird.

4

Einführung des Komparativs. Zunächst lesen die KT den Text. Schreiben Sie die Informationen über die beiden Städte auch in eine Tabelle an die Tafel.

Für die Beantwortung der Frage, wo die KT lieber leben möchten (4a), sollten Sie die wichtigen Zusatzinformationen geben, dass Lübeck eine traditionsreiche Handelsstadt ist, u. a. das berühmte Holstentor als Sehenswürdigkeit hat und an der Ostsee liegt, während Freiburg im Südwesten Deutschlands am Schwarzwald und nicht weit von der schweizerischen und französischen Grenze liegt.

In dem Text gibt es mehrere Komparative (*besser, wärmer, mehr nördlicher, länger, heller, kälter*), die die KT zunächst nur passiv beim Lesen aufnehmen, mit denen sie dann aber bei der Korrektur der Sätze in 4b auch aktiv arbeiten müssen. Die KT sollten die korrigierten Sätze in Partnerarbeit schreiben, anschließend werden die Ergebnisse an der Tafel gesammelt.
Hier sollte der/die KL lenken und die Sätze so formulieren, dass möglichst viel Komparative vorkommen, für die Korrektur von Satz 2 z. B.:
Es ist in Norddeutschland ***kälter*** *als in Süddeutschland.*
In Süddeutschland ist es ***wärmer*** *als in Norddeutschland.*

Erläutern Sie anschließend die Bildung des Komparativs mit Hilfe des Grammatikkastens und gehen Sie auch auf die Grundform mit *genauso…wie* ein (im Text steht z. B. *Freiburg ist ungefähr genauso groß wie Lübeck.*) Eine weitere Möglichkeit bietet die Wetterkarte in 2a, z. B.:
\+ *Wie viel Grad ist es in Frankfurt? – 20 °C*
\+ *Wie viel Grad ist es in München? – 20 °C*

Markieren Sie an der Tafel wie folgt:
In München ist es genauso warm wie in Frankfurt.

Markieren Sie dann die Komparativsignale farbig:
kalt – kälter als
groß – größer als
warm – wärmer als

viel – mehr als
gern – lieber als
gut – besser als

Verweisen Sie auf den Umlaut bei einigen Adjektiven mit *a*, *o* und *u*, geben Sie auch ein Beispiel für *u*: *kurz – kürzer*. Anschließend lösen die KT Aufgabe 4 c

5

Diese Übung dient der Festigung der neu gelernten Form. Geben Sie bei 5 a einige Adjektive vor, damit die KT nicht immer nur *warm* und *kalt* verwenden: *Das Wetter ist besser, schlechter, schöner. / Es ist sonniger.* usw. Die Vergleiche können beliebig erweitert werden.

Sofern genügend Nationalitäten im Kurs vertreten sind, fragen sich die KT bei 5 b in Partnerarbeit zum Wetter im Heimatland, ansonsten werden Gruppen mit KT gleicher Nationalität gebildet, die ein Minireferat vorbereiten. Lerngeübte KT schreiben zusätzlich einen kleinen Text über das Wetter in ihrem Heimatland.

Varianten:

- Die einfachste Variante für 5 a sind Antworten auf die Frage: *Wie ist das Wetter in …* oder *Wie viel Grad sind es in …?* KT 1 fragt, KT 2 antwortet und stellt dann ebenfalls eine Frage zu einer anderen Stadt. Abschließend schreiben die KT die Vergleiche mit *genauso warm/kalt wie* oder *wärmer/kälter als*. Lernungeübte KT sollten sich auf diese Variante beschränken.
  Lerngeübte KT antworten ausführlicher:
  Wie ist das Wetter in …?
  Es ist gut/schlecht. Die Sonne scheint. / Es regnet. / Es ist warm/kalt. usw.
  Wenn lerngeübte KT mit den Sätzen der Übung früher fertig sind, vergleichen sie weitere Städte und Temperaturen.

- Wer findet mehr Wörter mit *a* (und anderen Anfangsbuchstaben)? – *anfangen, Aufgabe, abholen, …*
  Geben Sie ein Zeitlimit vor, z. B. eine Minute oder eine Anzahl zu findende Wörter mit dem passenden Buchstaben. Wer z. B. zuerst 10 Wörter gefunden hat, hat gewonnen.
- Wer findet die Lektionen und Seitenzahlen in *Pluspunkt Deutsch* schneller?
  1. *Wo haben Sie* sollen *geübt?*
  2. *Wo finden Sie Verkehrsmittel.*
  3. *Wo müssen Sie ein Anmeldeformular ausfüllen?* usw.
- Größenvergleiche: Drei KT stellen sich in die Raummitte, die anderen sagen, wer größer oder kleiner ist.
- Die KT vergleichen ihre Heimatländer: *Welches Land ist größer/kleiner? – In welchem Land / welcher Hauptstadt leben mehr Menschen? – Welches Land hat mehr/weniger Industrie?* (lerngeübte KT) usw. Anschließend berichten die KT über das Heimatland ihres Lernpartners / ihrer Lernpartnerin im Kurs.
- Für lerngeübte KT: Die KT vergleichen ihr Heimatland mit Deutschland. Geben Sie geeignete Fragen oder Stichwörter vor: *Fläche, Hauptstadt, Industrie, Klima*.
- Die KT schreiben zwei bis drei Sätze mit Komparativ: Was wünschen sie sich für den Deutschkurs bzw. für ihre Sprachkenntnisse? Mögliche Antworten: *Ich möchte mehr sprechen. / Ich möchte weniger Fehler machen.* usw. Als Modell kann AB-Übung 18 dienen.

Arbeitsbuch: Ü 10–15

KV 23/24 In Kopiervorlage 23 A/B finden Sie ein Wechselspiel zum Wetter, in KV 24 ein Domino für Adjektive und Komparativ.

C Die Jahreszeiten

Lernziele und Lerninhalte:

Sprechen: Jahreszeiten vergleichen
Wortschatz: Monate, Jahreszeiten

1

Nachdem die KT die Monate in 1 a zugeordnet haben, berichten sie, in welcher Jahreszeit und welchem Monat sie geboren sind, z. B.: *Ich bin im Februar geboren, das ist im Winter*. Wiederholen Sie an dieser Stelle auch die Geburtsdaten, die die KT in Lektion 11 gelernt haben. Schreiben Sie zunächst einige Beispiele an die Tafel:
Paolo: geboren am 11.4.1980
Anna: geboren am 27.6.1986 usw.

Dieses Mal nennen die KT anstelle der Ordnungszahlen die Monate.

Varianten:
- Ein/e KT schreibt Daten an die Tafel, die die KT zurufen, z. B. *Ich bin am 11. Mai 1971 geboren.* Der/Die KT an der Tafel schreibt: *Marco ist am 11.5.71 geboren.* usw.
- Weitere Variationsmöglichkeiten: *Wann sind die KT nach Deutschland gekommen? / Wann hat der Kurs angefangen? – Im Mai/Juni … / Im Sommer/ Herbst …*

Erläutern Sie auch die zu den Jahreszeiten bzw. Monaten gehörende Präposition *in* und lassen Sie die KT eine zusammenfassende Übersicht über alle bisher gelernten temporalen Präpositionen mit Beispielsätzen schreiben: *um, bis, von … bis, nach, vor* (s. dazu auch Grammatikanhang im AB, Kapitel 3) Mit dem Vergleich der Jahreszeiten in 1 b wird der Komparativ weiter geübt.

2

Geben Sie für 2 a einige Leitpunkte vor:
Sind die Unterschiede bei den Jahreszeiten groß? – Ist das Wetter immer gleich? – Wie ist der Sommer? – Wird es im Winter sehr kalt? / Wird es im Sommer sehr heiß? usw.
Als Modell bietet sich AB-Übung 17 an.

Arbeitsbuch: Ü 16–18

D Urlaub

Lernziele und Lerninhalte:

Sprechen:	berichten, was man im Urlaub macht oder machen möchte
Lesen:	Infotexte über Urlaubsmöglichkeiten

1

Nachdem die KT die Aufgabe zum Globalverstehen in 1 a gelöst haben, sollten sie noch einmal überlegen, welche Wörter in den Texten zu den Bildern passen. So wird den KT bewusst, dass die Zuordnung der Fotos bereits nach der Lektüre der ersten beiden Zeilen der Texte möglich ist. Lassen Sie die KT dann überlegen, wo sich eine solche globale Lesestrategie, bei der man den Text nur kurz überfliegt, einsetzen kann – z. B. beim Durchblättern einer Zeitung, Zeitschrift oder von Prospekten oder beim ersten Blick auf eine Gebrauchsanweisung, um Abbildungen und Erklärungen zuzuordnen. Weisen Sie die KT darauf hin, dass sie im Alltag auch in ihrer Muttersprache in einem Text oft nur schnelle Orientierung suchen, für die ein detailliertes Verständnis bis zum letzten Wort nicht erforderlich ist.

Varianten:
- Für lerngeübte KT: Die KT lesen die Texte noch einmal und notieren Schlüsselwörter im Heft. Anschließend geben sie die Texte anhand der Schlüsselwörter mündlich wieder.
- Die KT suchen im Internet oder in Ferienprospekten weitere Informationen zu Köln und zum Spreewald.

2

(Lösung 2 a: Herr Meitner: Bauernhof; Herr Nowak: Spreewald; Frau Topal: Städtetour)
Insbesondere zu dem längeren ersten Hörtext (Herr Meiter) kann man nach einem zweiten Hören gut weitere Fragen stellen, z. B.: *Wie viele Kinder hat Herr Meitner, wie alt sind sie?*
Im Anschluss an 2 b schreiben die KT in Gruppen *W*-Fragen zu den Texten.

3

Geben Sie für diese Übung weitere Unterstützung: *Warum finden die KT das Gebirge oder das Meer interessant? – Sie wollen schwimmen, wandern, Ski fahren, das Meer / die Alpen / Schnee sehen, Bergsteigen* usw.

Notieren Sie geeignete Satzanfänge an der Tafel, damit die Übung stärker gelenkt ist, z. B.: *Mir gefallen … – Ich möchte gerne … Ich war schon in … – Bei uns …* usw.

Zunächst schreiben die KT zwei bis drei Sätze in Einzelarbeit, individuelle Unterstützung durch den/die KL, anschließend berichten sie im Kurs. Die KT sollten auch berichten, wo sie schon gewesen sind oder welche Orte sie (in Deutschland) noch besuchen möchten, wobei gerne KT zu Wort kommen sollten, die schon länger in Deutschland leben. Dabei sollten die KT wenn möglich auch die Wechselpräpositionen mit dem Dativ noch einmal bewusst anwenden, z. B.: *Ich war schon einmal / noch nie am Bodensee (im Schwarzwald / am Meer / in Berlin).*

Lassen Sie die KT auf ihrer Landkarte oder auf der Karte auf der Umschlag-Innenseite Regionen in Deutschland, z. B. Mittelgebirge, Alpen, Nordsee, Ostsee suchen.

Information zur Landeskunde:
Köln ist mit ca. 1 Mio. Einwohnern die viertgrößte deutsche Stadt. Das Wahrzeichen von Köln und eine der bekanntesten deutschen Touristenattraktionen ist der Dom mit seinen 157 m hohen Türmen. Der Baubeginn war 1248, erst 1880 wurde der Bau fertiggestellt. Eine weitere Sehenswürdigkeit ist die Kölner Altstadt, wo man u.a. das Museum Ludwig mit moderner Kunst findet. Köln ist neben Mainz und Düsseldorf im Februar oder März zudem eine der Hochburgen des Karnevals. In Köln haben mehrere Radio- und Fernsehstationen (u.a. Deutsche Welle, Deutschlandfunk, RTL Television) ihren Sitz.
Der Spreewald liegt im Südosten des Bundeslandes Brandenburg und ist ein beliebtes Tourismusziel. Seit 1991 ist der Spreewald von der UNESCO als Biosphärenreservat anerkannt. Insgesamt leben dort ca. 18.000 Tier- und Pflanzenarten. Weitere Informationen unter: http://de.wikipedia.org/wiki/Spreewald

Arbeitsbuch: Ü 19
Schreibtraining Ü 20: Adjektivdeklination
Arbeitsbuch – Deutsch plus: Ü 21: Urlaubsplanung
Arbeitsbuch – Wichtige Wörter: Ü 1–3
Arbeitsbuch Bildlexikon Ü 4–7: Wetter und Jahreszeiten

Sprechen aktiv

1–2
Wörter sprechen: In Übung 1 wird der Wortschatz der Auftaktseite wiederholt, außerdem werden Singular- und Pluralformen geübt. (Lösung: die Meere; die Berge; die Flüsse; die Strände; die Wälder; die Wiesen; die Dörfer; die Bäume).
Ü2: Übung der Jahreszeiten und der Monate. Sammeln Sie für 2 b weitere Sätze zu den Monaten/Jahreszeiten an der Tafel und variieren bzw. erweitern Sie die Sätze in den Sprechblasen, z. B.: *Im Sommer grille ich gerne mit Freunden im Park / am Fluss.* usw.

3–4
Grammatik sprechen: Wiederholung und Festigung des Komparativs bzw. von Vergleichen. Machen Sie für 4 weitere Vorgaben:
Ich spreche so schlecht Deutsch. – Nein, du sprichst viel besser als ich.
Meine Arbeit ist so langweilig. – Aber meine Arbeit ist noch viel langweiliger.
Für viele Menschen ist die Arbeit genauso langweilig wie für dich.

5
Minidialoge sprechen: Hier wird der Fahrkartenkauf thematisiert. Sammeln Sie mit den KT weitere relevante Fragen (und Antworten) zum Fahrkartenkauf:
– *Wo/Wie oft muss ich umsteigen?*
– *Fährt der Zug direkt?*
– *Haben Sie Sonderangebote z. B. für Nachtzüge?*
o. Ä.

6
Flüssig sprechen: Schön ist es natürlich, wenn Sie für diese Nachsprechübung ein Foto vom Schwarzwald zeigen können. Der Text ist nicht neutral gesprochen, sondern fast im Stil eines Werbetextes für den Schwarzwald. Sie können anschließend an diese Nachsprechübung die KT nach diesem Modell eigene kleine Texte über ihre Lieblingsregion schreiben lassen. Aufgabe ist es dann die Texte so der Klasse vorzutragen, dass man Lust bekommt, dorthin zu fahren.

7
Dialogtraining: Diese Übung baut auf der Videosequenz zu Lektion 13 auf. In dem humorvollen Dialog wird ein Umzug als entspannende „Urlaubsreise" dargestellt.

Lerngeübte KT können markieren und anschließend berichten, wo die „Parallelen" zwischen Umzug und Urlaub gezogen werden. z. B. *Die neue Wohnung präsentiert die Familie als Ferienwohnung. Die Fahrt nach Berlin ist eine „Städtetour".* usw. Es empfiehlt sich, als Vorbereitung das Video als Inspirationsquelle anzuschauen (Clip 18).

Phonetik: *r*, s. S. 137 in den *Handreichungen*

Auftaktseite

Lernziele und Lerninhalte:

Sprechen:	über Wohnungen / die eigene Wohnung sprechen
Hören:	Wortschatz zum Thema Haus und Hof
Wortschatz:	Haus und Hof

Arbeitsbuch: Ü 1–5
Portfolioübung Ü5: Beschreibung des Hauses, in dem man wohnt

A Die Nachbarn

Lernziele und Lerninhalte:

Sprechen:	Dialoge mit den Nachbarn, Nachbarschaft, Smalltalk
Hören:	Dialoge mit den Nachbarn, auf einem Hoffest
Lesen:	Einladung zu einem Hoffest

Kannbeschreibungen GER / Rahmencurriculum:
Kann Nachbarn um Hilfe bitten.
Kann die wesentlichen Mitteilungen eines Hausbewohners am Schwarzen Brett verstehen.

Arbeitsbuch: Ü 6–10

B Probleme im Haus

Lernziele und Lerninhalte:

Sprechen:	Dialog mit dem Hausmeister
Hören:	Gespräch zwischen Nachbarn
Schreiben:	Brief an die Hausverwaltung (formeller Brief)
Grammatik:	*denn*

Kannbeschreibungen GER / Rahmencurriculum:
Kann einen formellen Brief schreiben (AB Ü 13).

Arbeitsbuch: Ü 11–15

C Auf dem Spielplatz

Lernziele und Lerninhalte:

Sprechen:	eine Geschichte weitererzählen/vorlesen Kinderbetreuung in Deutschland und im Heimatland
Hören:	zwei Mütter auf dem Spielplatz
Wortschatz:	Kinderbetreuung

Kannbeschreibungen GER / Rahmencurriculum:
Kann Bekannten das Du anbieten und kann reagieren, wenn ihm/ihr Bekannte das Du anbieten.
Kann sich nach Betreuungseinrichtungen erkundigen.

Arbeitsbuch: Ü 16
Schreibtraining Ü 17: Fehler in einem formellen Brief korrigieren
Arbeitsbuch – Deutsch plus Ü18–19: Ein Straßenfest
Arbeitsbuch – Wichtige Wörter: Ü 1–4
Arbeitsbuch Bildlexikon Ü 5–7: im Haus / am Haus

Phonetik: *h*, Vokal + *h*

Kopiervorlagen in den Handreichungen:
KV 25: Situationskarten: Probleme im Haus
KV 26: Der formelle Brief

Themen dieser Lektion sind Nachbarschaft, Probleme im Haus und Kinder/Kinderbetreuung.
Die KT lernen einen formellen Brief zu schreiben.

14

Lektion 14
Zusammen leben

Auftaktseite

Lernziele und Lerninhalte:

Sprechen:	über Wohnungen / die eigene Wohnung sprechen
Hören:	Wortschatz zum Thema Haus und Hof
Wortschatz:	Haus und Hof

1–2

Die KT betrachten zunächst die Fotos und die Wortliste und klären ab, welche Gegenstände sie kennen. Die abgedruckten Wörter sind eine Erweiterung des Wortschatzes zu Haus und Wohnung, den die KT aus Lektion 3 kennen. Anschließend hören sie den Text und kreuzen die Wörter an (Lösung: Hausnummer – Tür – Balkon – Aufzug – Treppe – Klingel).
Dann sprechen die KT Texte über die Fotos. Weisen Sie noch einmal auf die lokalen Präpositionen hin, die in Lektion 9 eingeführt wurden.
Abschließend berichten die KT über das Haus, in dem sie selbst wohnen. Geben Sie weitere Fragen vor: *Wie viele Wohnungen gibt es in Ihrem Haus? / Wie viele Stockwerke hat das Haus? / Gibt es einen Garten / einen Hof?* usw.

Varianten:

- Partnerarbeit. Jeder KT schreibt 6 Wörter aus der Liste von 1 mit Artikel und Pluralform auf Lernkarten. Anschließend nennt KT 1 ein Wort, KT 2 wiederholt das Wort mit Artikel und Pluralform. Wenn die Lösung korrekt ist, bekommt er/sie die Karte. Gewonnen hat, wer zuerst alle 6 Lernkarten seines Lernpartners / seiner Lernpartnerin erhalten hat.
- Schon früher haben die KT mit Wörternetzen gearbeitet. Hier bietet es sich an, die KT mit dieser Lerntechnik weiter vertraut zu machen. Bereiten Sie ein Arbeitsblatt vor, z. B.:

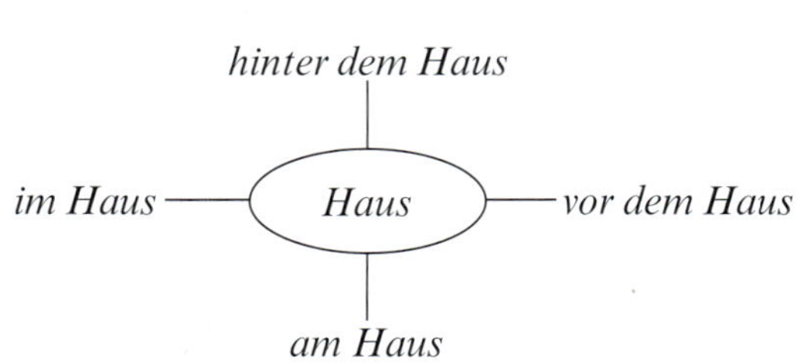

Die KT arbeiten in Gruppen. Jede Gruppe bearbeitet einen Unterpunkt des Wörternetzes und sucht 3–4 passende Wörter, die auf einer OHP-Folie ergänzt werden.

- Die KT machen ein Interview mit ihrem Lernpartner / ihrer Lernpartnerin und berichten anschließend im Kurs.
- Die KT schreiben einen kleinen Text über ihren/ihre Lernpartner/in. Der/Die KL sammelt die Texte ein und verteilt sie neu. Jede/r KT liest den Text, den er/sie erhalten hat, vor. Die anderen KT raten, über welchen KT hier berichtet wird.

Arbeitsbuch: Ü 1–5
Portfolioübung Ü 5: Beschreibung des Hauses, in dem man wohnt

A Die Nachbarn

Lernziele und Lerninhalte:

Sprechen:	Dialoge mit den Nachbarn, Nachbarschaft, Smalltalk
Hören:	Dialoge mit den Nachbarn, auf einem Hoffest
Lesen:	Einladung zu einem Hoffest

1

Zunächst klären die KT die abgebildeten Situationen: Wo sind die Personen, wer spricht mit wem? Anschließend hören sie die Dialoge und ordnen sie zu. Danach lesen die KT die Dialoge mit verteilten Rollen im Plenum. (Lösung: A2; B3; C4; D1)

Bevor die KT die Dialoge wie in 1d vorgeschlagen variieren, ordnen sie die Dialogvariationen den Situationen A–C in 1 b zu. Im Falle lernungeübter KT geschieht dies mit Unterstützung durch den/die KL. Anschließend Partnerarbeit.

Sammeln Sie die Redemittel für die Dialogarbeit an der Tafel, z. B.

Gesprächsanfang:

> **Entschuldigung, ich möchte nicht stören.**
> **Guten Tag, ich glaube …**

höflich fragen:

> **Kann ich Ihnen helfen?**
> **Können Sie mir vielleicht …?**

Reaktion

> **Sie stören überhaupt nicht.**
> **Wollen Sie nicht reinkommen?**

sich bedanken, das Gespräch beenden:

Vielen Dank!
Gern geschehen.

und lassen Sie sie von den KT einzeln nachsprechen.

Für lernungeübte KT empfehlen sich als Vorentlastungen die AB-Übungen 6–8. Bei den meisten Dialogvariationen genügt es, wenn die KT lediglich die Worte austauschen. Beachten Sie, dass der Vorschlag *in den Urlaub fahren / Blumen gießen* Redemittel erfordert, die über die abgedruckten Dialoge hinausgehen. Lerngeübte KT variieren die Dialoge weiter, für Dialog C z. B.: *Die Mutter / Der Vater hat keine Zeit, er/sie muss mit Marko noch zum Arzt.* u. Ä.

2

Diese Übung bietet Gelegenheit zu einem interkulturellen Vergleich. Knüpfen Sie an die Situationen in 1 an. Wer hat ähnliche Erfahrungen gemacht, bei wem ist das Verhältnis zu den Nachbarn gut, bei wem weniger gut? – Wer kennt seine Nachbarn überhaupt nicht? usw.
Weiten Sie die Diskussion aus: Wie ist das Verhältnis zu den Nachbarn im Heimatland? Wo liegen die Unterschiede gegenüber Deutschland? usw.

3

Zunächst lesen die KT die Einladung und lösen die Aufgabe. Erläutern Sie, dass in Deutschland im Sommer in vielen Städten Stadtteil-, Straßen- oder auch Hoffest stattfinden. Fragen Sie die KT, ob es auch in ihrer Nachbarschaft solche Feste gibt und ob sie schon einmal ein solches Fest besucht haben.

Varianten:

- Die KT schreiben in Gruppen Einladungen für Straßenfeste. Geben Sie den KT den Auftrag, auf den Einladungen außer Datum und Adresse auch angebotene Spezialitäten zum Essen und evtl. 1–2 „Highlights" zu nennen, z. B.: Eine Schulklasse der Grundschule macht eine Theateraufführung, Künstler aus der Nachbarschaft zeigen ihre Bilder, Flohmarkt, eine afrikanische Trommelgruppe macht Musik, eine Gruppe aus Brasilien tanzt Samba u. Ä.
  Die fertigen Einladungen werden in der Klasse vorgelesen und es wird abgestimmt, welche Einladung die interessanteste ist.
- Projekt in Gruppenarbeit. Die KT organisieren ein Hof- oder Straßenfest. Machen Sie Vorgaben, z. B. Dauer des Fests, Essen, Zahl und Zeitpunkt von Veranstaltungen usw. Die KT verteilen Aufgaben, erstellen ein Programm und es wird wieder abgestimmt: Welches Straßenfest ist am interessantesten?

4

Ü4a: Die Redemittel dieser Übung sollen den KT Hilfsmittel an die Hand geben, mit anderen in Kontakt zu kommen. Die KT lesen die Sätze auch laut, nachdem sie 4 a gelöst haben.
Ü4b zunächst in Gruppenarbeit. Jede Gruppe bearbeitet zwei bis drei Sätze. Lernungeübte KT schreiben pro Satz lediglich eine Antwort mit Unterstützung durch den/die KL, lerngeübte KT schreiben mehr. Anschließend werden die Antworten als Vorbereitung für 5 an der Tafel gesammelt.

5

Die KT bewegen sich im Raum. Bauen Sie die Aktivität schrittweise auf. Zunächst üben die KT nur mit zwei Sätzen, z. B. *Schönes Wetter heute. – Sind Sie auch neu hier in der Schlossstraße?* Nach einigen Minuten kommen zwei weitere Sätze hinzu usw. Lernungeübte KT sollten am Anfang Zettel zur Hand haben. Wenn sie sich sicher fühlen, machen sie ohne die Zettel weiter.

Variante:

Arbeiten Sie mit einer Musik-CD. Solange die Musik läuft, bewegen sich die KT im Raum, wenn die Musik stoppt, sprechen sie mit dem KT, der gerade in ihrer Nähe ist.

KV 25 In dieser Kopiervorlage finden Sie Situationskarten, ähnlich wie in den Stationen des KB. Sie können die Situationen frei spielen lassen, jede/r KT bekommt ein Kärtchen, die KT bewegen sich im Raum und suchen einen Partner / eine Partnerin für die angegebene Situation. Oder die KT spielen zu zweit und suchen sich eine oder mehrere Situationen aus, die sie interessant und zu bewältigen finden. Natürlich können die Dialoge vor dem Spielen auch zuerst geschrieben werden. Lernungeübte KT sollten zur Vorbereitung die AB Übung 8 machen.

Arbeitsbuch: Ü 6–10

B Probleme im Haus

Lernziele und Lerninhalte:

Sprechen: Dialog mit dem Hausmeister
Hören: Gespräch zwischen Nachbarn
Schreiben: Brief an die Hausverwaltung (formeller Brief)
Grammatik: *denn*

Formelle Briefe liegen zwar über dem Niveau A1 nach dem Gemeinsamen europäischen Referenzrahmen, da Migranten/Migrantinnen im täglichen Leben oft aber schon sehr schnell mit formellen Briefe konfrontiert werden (Behördenkorrespondenz, Schulen, Vermieter, Hausverwaltung usw.), werden sie bereits hier eingeführt und in den folgenden Bänden vertiefend behandelt.

1

Einleitend geht es um einige Probleme, die in der Wohnung oder im Haus auftreten können. Nachdem sie 1 a gelöst haben, berichten die KT, ob sie selbst schon ein derartiges Problem hatten und wie es gelöst wurde.

Notieren Sie anschließend Redemittel, mit denen die KT ein Problem gegenüber dem Hausmeister oder der Hausverwaltung formulieren können, an der Tafel, z. B.:
- *Guten Tag, ich habe ein Problem …*
- *Herr/Frau …, bei mir funktioniert die Heizung nicht.*

Sie sollten die Anliegen auch als Telefongespräche spielen lassen, denn oft genug müssen die Mieter bei der Hausverwaltung oder dem Vermieter anrufen, bevor etwas repariert wird. Erarbeiten Sie gemeinsam mit den KT geeignete Dialogbausteine, z. B.:

Hausverwaltung:
- *Guten Tag, Hausverwaltung Müller. … am Apparat. Was kann ich für Sie tun?*
- *Wir sagen dem Hausmeister Bescheid. Er ruft Sie dann für einen Termin an.*
- *Wir verständigen Firma … Die Firma meldet sich dann bei Ihnen.*
- *Der Haumeister ist heute Nachmittag in Ihrem Wohnblock. Er kommt dann vorbei.*
- *Wann sind Sie zu Hause?* usw.

Mieter:
- *Guten Tag, hier spricht … Ich habe ein Problem.*
- *Wann können Sie kommen?*
- *Ja, morgen um … Uhr geht es.*
- *Nein, tut mir leid. Ich bin erst ab … Uhr zu Hause.*

usw.

Anschließend spielen die KT die Dialoge.

2

In dem Gespräch zwischen Herrn Wagner und Herrn Lischka geht es um überfüllte Mülltonnen, wodurch der formelle Brief in 3 vorentlastet wird. (Lösungen 2 b: 1. Nächste Woche / am Mittwoch; 2. Im Mai; 3. Im 3. Stock rechts; 4. Im 2. Stock; 5. Morgen Abend; 6. Einen Brief an die Hausverwaltung schreiben)

3

Zunächst machen sich die KT durch die Frage zum Globalverstehen mit dem Brief in 3 a vertraut, anschließend sind weitere Fragen zum Detailverstehen möglich, die die KT auch in Gruppen erarbeiten können:
- *Wer schreibt den Brief?*
- *Wer bekommt den Brief?*
- *Wohin stellen die Hausbewohner den Müll?*
- *Was können die Hausbewohner manchmal nicht machen?*
- *Was soll die Hausverwaltung machen?*

Mit 3 b lernen die KT den Aufbau und die Struktur des formellen Briefes näher kennen. Partnerarbeit, gemeinsame Besprechung der Lösungen im Plenum. Anschließend markieren die KT die sprachlichen Mittel, die diesen formellen Brief höflich machen: Anrede, Gruß, Frage mit *Können Sie bitte …?, Vielen Dank*.

4 a

Einführung von *denn* und *aber*. Bereits in den früheren Lektionen sind *und*, *aber* sowie *oder* bereits vorgekommen; z. B. auf der allerersten Seite in Lektion 1 Übung A 2 b: *Ich bin Alla Tagirowa und ich bin Jamal Rossi*, Lektion 7, Übung A1a: *Ich bin Buchhalter von Beruf, aber ich kann noch nicht so gut Deutsch.*

Schreiben Sie Sätze aus dem Grammatikkasten bzw. dem Brief an die Tafel und markieren Sie die Konjunktionen, z. B.:

Hauptsatz 1	Konjunktion	Hauptsatz 2
Das ist nicht gut,	denn	der Hof ist sehr schmutzig.

Erläutern Sie die Regeln für die Satzstellung bei Konjunktionen, die Hauptsätze verbinden. Ziehen Sie auch die Darstellung auf der *Gewusst-wie*-Seite heran. Folgender Tafelanschrieb eignet sich, um zu erläutern, wann man nach *und* das Subjekt weglassen kann:

Hauptsatz 1	Konjunktion	Hauptsatz 2
Ich bin John Smith	und	(ich) komme aus England.

Es ist möglich, dass die KT bei der Besprechung von *denn* Fragen zu der Konjunktion *weil* stellen. Diese wird im *Pluspunkt Deutsch A2*, Lektion 2 eingeführt.

Bereiten Sie ein Arbeitsblatt mit Sätzen vor, in denen die KT die passende Konjunktion ergänzen, z. B.:
Abends trinke ich oft Tee _____ ich esse ein Brot mit Käse.
Die Wohnung ist groß, _____ sie hat keinen Balkon.
Er ruft den Hausmeister an, _____ die Heizung ist kaputt.

Anschließend schreiben die KT die Sätze mit *denn* und *aber* in Übung 4 a.

4b

Achten Sie darauf, dass die Briefe nicht zu umfangreich werden. Die KT sollten sich auf die Vorgaben in 4 a beschränken. Als Modell bietet sich AB-Übung 13 an. Sammeln Sie mit den KT auch gemeinsam Lösungsvorschläge, die in die Briefe aufgenommen werden:
Das Licht funktioniert nicht: Elektrofirma bestellen
Die Klingel ist kaputt: bitte bald reparieren
Aufzug kaputt: Aufzugsfirma bestellen

Bilden Sie Gruppen, die nach Lernstärke getrennt sind. Lerngeübte KT schreiben mehrere Briefe, lernungeübte KT, für die der formelle Brief eine große Herausforderung darstellt, beschränken sich in derselben Zeit auf einen Brief mit individueller Unterstützung durch den/die KL. Erinnern Sie die KT an die höflichen Redewendungen, die in einem formellen Brief nicht fehlen dürfen.

Lerngeübte KT können auch einen Brief zu einem weiteren Thema schreiben, z. B.:
1. Problem: Im Keller ist nicht genug Platz für Fahrräder. – Vorschlag: vor dem Haus/im Hof Fahrradständer aufstellen
2. Problem: Im Nachbarhaus ist eine Kneipe. – Vor dem Haus ist es nachts sehr laut./Man kann nicht schlafen.

Vorschlag: Hausverwaltung schreibt Brief an den Kneipenbesitzer

KV 26 Die Vorlage für formelle Briefe mit Linien in Kopiervorlage 25 soll es lernungeübten KT erleichtern, ihr Schreiben zu strukturieren.

Arbeitsbuch: Ü 11–15

C Auf dem Spielplatz

Lernziele und Lerninhalte

Sprechen:	eine Geschichte weitererzählen/vorlesen, Kinderbetreuung in Deutschland und im Heimatland
Hören:	zwei Mütter auf dem Spielplatz
Wortschatz:	Kinderbetreuung

1

Klären Sie mit den KT zunächst unbekannten Wortschatz. Dann schreiben die KT mit Hilfe der Satzbausteine Sätze. Anschließend sprechen die KT über das Bild. Hier können KT mit kleinen Kindern zu Wort kommen. Diese berichten über die Spielplätze in der Umgebung ihrer Wohnung und über die Spielgeräte. Schreiben Sie einige Stichwörter an die Tafel, die KT diskutieren ob/inwiefern die Stichworte zu „Spielplatz" passen, z. B.: *Kontakte – Spaß – Stress – Erholung – viele Kinder – laut* usw.

Sofern die KT über genügend Wortschatz verfügen, können Sie mit den KT auch ein entsprechendes Assoziogramm erarbeiten, z. B.:

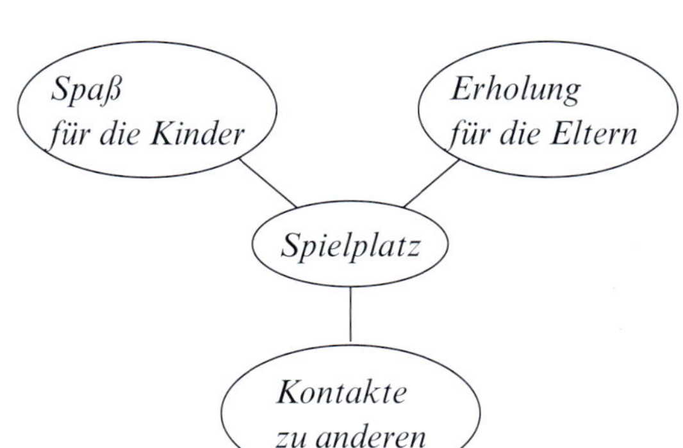

So haben Sie einen Ausgangspunkt, für einen Gedanken- und Erfahrungsaustausch über Spielplätze, von dem vor allem KT mit kleinen Kindern profitieren können.

2

Anschließend hören die KT das Gespräch und lösen die Aufgabe (Lösung: A). In diesem Dialog werden modellhaft die Situationen der beiden Mütter einander gegenübergestellt: Die deutsche Mutter möchte wieder arbeiten, wenn das Kind in den Kindergarten kommt, die afrikanische Mutter weiß noch nicht, ob ihr Sohn in den Kindergarten soll, sie beklagt, dass ihr Kind noch nicht genug Deutsch spricht. (Lösung 2 b: 1R, 2F, 3F, 4R, 5F, 6R, 7F)

Gespräch im Kurs, welche Vorteile Kindergärten sowohl für die Eltern als auch für die Kinder haben. Sammeln Sie dafür mit den KT Stichwörter zum Begriff *Kindergarten*, sodass sie im weiteren Verlauf Material haben, um Sätze zu bilden, z. B.:

Kontakt zu anderen Kindern – Kontakt zu anderen Eltern – Deutsch lernen – Vorbereitung für die Schule – die Eltern haben mehr Zeit für sich – sie können arbeiten

3

Fortsetzung des Dialogs zwischen den beiden Müttern. Bereiten Sie für lernungeübte KT mit Ausgangspunkt in den Sprechblasen ein Arbeitsblatt vor, das die KT unterstützt, wenn sie eine mögliche Fortsetzung der Geschichte erzählen, z. B.:

Die Mütter trinken	*Gabrielle geht mit ihrem Sohn nach Hause.*
Sie gehen am nächsten Tag zusammen	*die Mütter sprechen zusammen.*
Die Kinder streiten und	*zum Kindergarten / ins Schwimmbad.*
Regen kommt und	*Anna lädt Gabrielle ein.*
Die Kinder spielen und	*Kaffee.*

Nachdem die KT die Satzteile zugeordnet haben, erzählen sie.
Lerngeübte KT können dafür evtl. Adverbien wie *vielleicht, wahrscheinlich, möglicherweise* benutzen.

Die Gruppen schreiben mit Hilfe von zwei oder drei Bildern eine kleine Geschichte, die dann im Plenum vorgelesen wird.

Danach hören die KT die Fortsetzung des Gesprächs in 3 b und vergleichen mit ihrer eigenen Geschichte (Lösung: Anna und Gabrielle gehen nächste Woche in den Kindergarten (Bild 1). – Es regnet (Bild 6). – Anna lädt Gabrielle ein (Bild 4).)

4

Lernungeübte KT beschränken sich darauf, die Sätze zu verbinden und die Geschichte dann entsprechend der Arbeitsanweisung vorzulesen. Lerngeübte KT verbinden die Sätze und notieren dann Stichwörter. Anschließend schließen sie das Buch und geben die Geschichte auf Basis ihrer Notizen wieder.

5

Mit dem Infotext in 5 a lernen die KT einige Grundzüge der Kinderbetreuung in Deutschland kennen. Außerdem dient die Übung dem interkulturellen Vergleich.

KT mit kleinen Kindern können bei 5 b über ihre eigenen Erfahrungen mit der Kinderbetreuung berichten und evtl. über die Betreuungsmöglichkeiten am Kurs- bzw. Wohnort informieren. Ausgangspunkt kann möglicherweise das Betreuungsangebot sein, das Ihre Institution für die Kinder der KT hat. Erinnern Sie für die Vergleiche noch einmal an die Komparative, die die KT in Lektion 13 gelernt haben.

Der Vergleich der Kinderbetreuung kann dazu beitragen, das interkulturelle Verständnis zu fördern: Die KT machen sich im Gespräch die Unterschiede zwischen den Ländern bewusst, sie lernen, Vorteile und Nachteile in Deutschland und im Heimatland zu benennen, sie können sich über die Rolle der Familie in den verschiedenen Ländern Gedanken machen usw.

Variante:
Projekt: Einige Tage, bevor die Übung gemacht wird, informieren sich die KT über Betreuungsangebote und -einrichtungen vor Ort. Bilden Sie Gruppen, z. B.: Eine Gruppe recherchiert kommunale Angebote, eine zweite kirchliche, eine dritte Elterninitiativen und eine vierte evtl. Kinderbetreuung bei Trägern von Integrationskursen.

Arbeitsbuch: Ü 16
Schreibtraining Ü 17: Fehler in einem formellen Brief korrigieren
Arbeitsbuch – Deutsch plus Ü 18–19: Ein Straßenfest
Arbeitsbuch – Wichtige Wörter: Ü 1–4
Arbeitsbuch Bildlexikon Ü 5–7: im Haus / am Haus

Sprechen aktiv

1

Wörter sprechen: Diese Übung bietet einen Querschnitt des Wortschatzes aus der Lektion. Geübt werden soll auch das Adverb *gerade* in temporaler Bedeutung. (In Block A, S. 146 ist es in Dialog 3 von Übung 1c in dem Satz *Wir malen gerade* vorgekommen.) (Lösung: 1; 6; 5/3; 4; 2)
Erläutern Sie den Gebrauch dieses Adverbs für die unmittelbare Gegenwart und beziehen Sie auch Beispiele aus der Unterrichtssituation ein: *Wir lernen gerade Deutsch. – Der Lehrer schreibt gerade etwas an die Tafel. – Alina sucht gerade ein Wort im Wörterbuch.* usw.

2

Minidialoge sprechen: Wiederholung von Smalltalk. Fordern Sie KT auf, die Minidialoge zu erweitern z. B. mit Bemerkungen zum Essen, zur Wohnumgebung, Straßenfesten in den Vorjahren usw.

3

Grammatik sprechen: In dieser Übung geht es um *denn* und *aber*. 3 b ist auch als Kettenübung im Kurs möglich. In größeren Gruppen sollten die Sätze dafür ergänzt werden.
Als Erweiterung kann auch *und* sowie *oder* einbezogen werden.
Für die Kettenübung (3 b) gibt es die Vorgabe, dass in einer Runde jeweils nur eine der Konjunktionen verwendet werden darf.

4

Flüssig sprechen: Smalltalk ist eine wichtige Fertigkeit und die ersten Sätze dafür haben die KT in dieser Einheit gelernt. Wichtig ist natürlich, dass Smalltalk-Sätze mit einiger Leichtigkeit gesprochen werden, denn der Kommunikationspartner wird in der Regel nicht die Geduld haben, mehrfach nachzufragen, was gemeint ist. Deshalb lohnt es sich diese Sätze wirklich flüssig, „wie im Schlaf", sprechen zu können. Eine etwas ungewöhnliche „Hausaufgabe" könnte auch sein, die Gelegenheit für ein kleines Smalltalk-Gespräch zu suchen. Am nächsten Kurstag können die KT von ihren Erfahrungen berichten.

5

Dialogtraining: Diese Übung baut auf der Videosequenz zu Lektion 14 auf (Clip 20). Vor dem Lesen des Dialogs können die KT z. B. in Dreiergruppen *W*-Fragen schreiben, die dann im Plenum beantwortet werden.

Phonetik: *h*, Vokal + *h*, s. S. 137 in den *Handreichungen*.

Dialoge spielen

1

Die acht Situationen sind den Lektionen 8–14 entnommen. Die Situationen 4 und 6 sind weniger komplex und können als Einstieg für lernungeübte KT dienen, z. B. mit Dialoggrafiken. Für Situation 8 kann sie z. B. wie folgt aussehen:

Begrüßung → *Begrüßung*
Wetter gut/schlecht ←
→ *wie letzte Woche / nächste Woche wird das Wetter besser/schlechter*
Verabschiedung / noch einen schönen Tag ←
→ *Verabschiedung / Danke, ebenfalls*

Weitere Variationsmöglichkeiten:
- Situation 1: Sie haben Bauchschmerzen und rufen den Hausarzt an. Sie wollen sofort kommen.
- Situation 5: Sie verstehen die Worte *Hauptwohnung* und *Nebenwohnung* nicht.
- Situation 6: Sie suchen Babykleidung.
- Situation 7: andere Ziele und andere Preise, Dialoge mit oder ohne BahnCard, mit oder ohne Reservierung.

Diversität und Interkulturalität

Über Migration sprechen

Gemäß den Änderungen des Rahmencurriculums für Integrationskurse von 2017 sollen die KT bereits auf dem A1-Niveau in der Lage sein, in einfacher Form über sich selbst und die Situation im Heimatland zu sprechen oder es auch ablehnen können, darüber zu sprechen.[8] Dem wird mit diesen beiden Seiten Rechnung getragen. Die Aufgaben in diesem Block haben das primäre Ziel, den KT Redemittel zur Verfügung zu stellen und Anregungen zu geben, über sich, ihr Heimatland etc. zu sprechen. Hauptinhalt ist die Flucht von zwei Syrern aus ihrem Heimatland.

1

Die KT hören zunächst den Text und lösen Aufgabe 1a zum Globalverstehen. Anschließend lesen sie den Text in Partnerarbeit und beantworten die Fragen.

2

In Übung 2 wird das Thema vertieft, die Personen aus Übung 1 werden noch genauer vorgestellt. Die KT lesen die Texte und ergänzen die Tabelle. Anschließend berichten lerngeübte KT auf Basis ihrer Notizen in einfachen Sätzen über die Personen.

Variante:
Die KT schreiben in Partnerarbeit *W*-Fragen zu den Texten, die dann im Plenum oder in Vierergruppen beantwortet werden.

3

Nach der Vorbereitung in den beiden vorangegangenen Übungen sollen die KT nun über sich selbst sprechen, der Redemittelkasten bietet weitere Hilfen. Der Bericht über sich selbst sollte freiwillig sein. Beachten Sie, dass mit den Sätzen: „Wir sprechen nicht gerne über ihre Flucht." – „Das verstehe ich. Wechseln wir das Thema." im Dialog von Übung 1 eine Ausstiegsmöglichkeit für die KT gegeben ist.

---
[8] Vgl. ebd., S. 30

Diktat

Mein Name ist Laura Schneider. Ich komme aus Deutschland. Ich wohne in Berlin. Ich bin schon lange hier. Ich bin Lehrerin von Beruf.

Variante: Lückendiktat

Dieses Lückendiktat, in dem die KT die Anfangsbuchstaben ergänzen, soll ihnen den Unterschied von Groß- und Kleinschreibung bewusst machen. Teilen Sie eine Kopie dieses Textes aus und diktieren Sie den Text. Die KT ergänzen die Buchstaben.

Ergänzen Sie.

__ein __ame __st Laura Schneider.

__ch __omme __us __eutschland.

__ch __ohne __n __erlin.

__ch __in __chon __ange __ier.

__ch __in __ehrerin __on __eruf.

Autor: Joachim Schote

Diktat

Rosa kommt aus Spanien. Sie spricht Spanisch und ein bisschen Deutsch. Sie wohnt und arbeitet in Frankfurt.
Herr Monti wohnt in Berlin. Die Adresse ist Juliusstraße 11, die Postleitzahl ist 12051. Die Telefonnummer ist 030 612 45 07.

Variante: Laufdiktat

Dieses kurze Diktat eignet sich sehr gut als Laufdiktat. Kopieren Sie das Diktat und befestigen Sie es ein paar Meter vom Kursraum entfernt. Die KT laufen zum Diktat, lesen den Text und merken sich einen Teil. Dann laufen sie zurück zu ihrem Tisch und schreiben es auf. Sie laufen so lange hin und her, bis sie das Diktat komplett aufgeschrieben haben.

Rosa kommt aus Spanien. Sie spricht Spanisch und ein bisschen Deutsch.

Sie wohnt und arbeitet in Frankfurt.

Herr Monti wohnt in Berlin. Die Adresse ist Juliusstraße 11, die Postleitzahl ist 12051.

Die Telefonnummer ist 030 612 45 07.

Diktat

Meine Wohnung ist klein. Sie hat ein Wohnzimmer, ein Schlafzimmer, eine Küche, ein Bad und einen Balkon. Sie ist im Dachgeschoss. Die Wohnung ist hell und ruhig. Ich finde sie schön und gemütlich. Im Wohnzimmer sind ein Fernseher, ein Sofa und ein Tisch. Ich habe keine Sessel und keinen Schrank. Ich brauche eine Spülmaschine. Ich bezahle 450 Euro Miete ohne Nebenkosten.

Variante: Lückendiktat

Dieses Lückendiktat, in dem die KT die Vokale ergänzen, ist auf die entsprechenden Übungen im Phonetikanhang abgestimmt. Zusätzlich ergänzen die KT hier Umlaute *(ö, ü)*.
Teilen Sie eine Kopie dieses Textes aus und diktieren Sie den Text. Die KT ergänzen die Buchstaben.

Ergänzen Sie.

M__ __n__ W__hn__ng __st kl__ __n. S__ __ h__t __ __n

W__hnz__mm__r, __ __n Schl__fz__mm__r, __ __n__ K__ch__,

__ __n B__d __nd __ __n__n B__lk__n. S__ __ __st __m

D__chg__sch__ss. D__ __ W__hn__ng __st h__ll __nd r__h__g.

__ch f__nd__ s__ __ sch__n __nd g__m__tl__ch. __m

W__hnz__mm__r s__nd __ __n F__rns__h__r, __ __n S__f__ __nd

__ __n T__sch. __ch h__b__ k__ __n__ S__ss__l __nd

k__ __n__n Schr__nk. __ch br__ __ch__ __ __n__

Sp__lm__sch__n__. __ch b__z__hl__ 450 € M__ __t__ __hn__

N__b__n__k__st__n.

Diktat

Lisa hat einen Bruder und eine Schwester. Ihre Eltern heißen Sabine und Thomas. Nina hat auch zwei Onkel und eine Tante. Ihre Großeltern wohnen in Hamburg. Ihr Großvater heißt Peter. Er hat viele Geschwister. Die Großmutter heißt Brigitte. Sie hat einen Bruder und eine Schwester. Peter und Brigitte haben eine Tochter und einen Sohn.

Variante: Lückendiktat

Mit diesem Lückendiktat wird die korrekte Schreibweise des Lernwortschatzes überprüft. Teilen Sie eine Kopie dieses Textes aus und diktieren Sie den Text. Die KT ergänzen die Wörter.

Ergänzen Sie.

Lisa hat einen ________________ und eine ________________.

Ihre ________________ heißen Sabine und Thomas.

Nina hat auch zwei ________________ und eine ________________.

Ihre ________________ wohnen in Hamburg. Ihr ________________

heißt Peter. Er hat viele ________________. Die ________________

heißt Brigitte. Sie hat einen ________________ und eine

________________. Peter und Brigitte haben eine ________________

und einen ________________.

Diktat

Die Woche von Sandip
Am Montag, Mittwoch und Freitag arbeitet Sandip am Vormittag. Am Dienstagabend und am Donnerstagabend hat er einen Deutschkurs. Am Donnerstagnachmittag kauft er ein und räumt die Wohnung auf. Am Freitagnachmittag macht er die Hausaufgaben, dann sieht er fern. Am Wochenende besucht Sandip seine Freundin in Berlin. Er fährt am Samstagvormittag weg. Am Samstagnachmittag machen sie eine Radtour und am Abend gehen sie aus. Am Sonntag gehen sie zusammen schwimmen.

Variante: Rückendiktat

Bei dieser Variante arbeiten immer zwei KT zusammen. Sie sitzen Rücken an Rücken und diktieren sich gegenseitig die jeweils fehlenden Teile des Diktats. Teilen Sie Kopien der Texte aus. KT A beginnt. Anschließend vergleichen die KT selbstständig.

A Die Woche von Sandip

______________________________ arbeitet Sandip am Vormittag.

____.

Am Donnerstagnachmittag kauft er ein ______________________________.

Am Freitagnachmittag macht er die Hausaufgaben, ______________________________.

______________ besucht Sandip seine Freundin in Berlin. ______________

______________________. Am Samstagnachmittag machen sie eine Radtour

______________________________. Am Sonntag gehen sie zusammen schwimmen.

B Die Woche von Sandip

Am Montag, Mittwoch und Freitag ______________________________.

Am Dienstagabend und am Donnerstagabend hat er einen Deutschkurs. ______________

______________________________ und räumt die Wohnung auf.

______________ ______________________________, dann

sieht er fern. Am Wochenende ________ ______________________. Er fährt am

Samstagvormittag weg. ______________________________ und am Abend

gehen sie aus. ____

Diktat

Guten Appetit!
Zum Frühstück esse ich Müsli und ich trinke Kaffee mit Milch. Manchmal trinke ich auch Tee mit Zucker. Zum Mittagessen mag ich Spaghetti und Hackfleisch oder eine Suppe und Salat. Am Nachmittag esse ich oft Kuchen oder Schokolade. Abends esse ich oft Brot mit Butter und Käse oder Wurst und ich trinke einen Orangensaft oder ein Bier.
Am Samstag gehe ich einkaufen. Ich mache einen Einkaufszettel. Zuerst kaufe ich auf dem Markt Obst und Gemüse. Das Brot hole ich in der Bäckerei. Wurst, Schinken oder Hähnchen kaufe ich im Supermarkt.

Variante: Lückendiktat

Mit diesem Lückendiktat wird die korrekte Schreibweise des Lernwortschatzes überprüft. Teilen Sie eine Kopie dieses Textes aus und diktieren Sie den Text. Die KT ergänzen die Wörter.

Ergänzen Sie.

Guten Appetit!

Zum Frühstück esse ich ________________ und ich trinke ______________ mit ______________.

Manchmal trinke ich auch ______________ mit ________________. Zum Mittagessen mag ich

____________________ und ________________ oder eine ____________ und ____________. Am

Nachmittag esse ich oft ______________ oder ________________. Abends esse ich oft

____________ mit ____________ und ____________ oder ________________ und ich trinke einen

______________________ oder ein ________________. Am Samstag gehe ich einkaufen. Ich mache

einen Einkaufszettel. Zuerst kaufe ich auf dem Markt ________________ und

__________________. Das ____________ hole ich in der Bäckerei. ________________,

__________________ oder ________________ kaufe ich im Supermarkt.

Diktat

Frau Stein arbeitet bei einer Bank. Ihr Arbeitstag beginnt um neun Uhr, aber sie muss schon um acht Uhr aus dem Haus gehen. Sie arbeitet bis halb eins, dann hat sie Mittagspause. Sie geht gern mit den Kollegen essen. Frau Stein muss viel machen. Sie bedient die Kunden, wechselt Geld und sie hilft bei Problemen mit dem Geldautomaten. Manchmal brauchen die Kunden Informationen zur EC-Karte oder sie haben Fragen zu den Kontoauszügen und Frau Stein muss sie beraten. Oft kommt sie spät nach Hause. Der Mann von Frau Stein ist Buchhalter von Beruf. Er arbeitet bei einer Sprachschule. Seine Arbeitszeit ist von acht bis sechzehn Uhr.

Variante: Lückendiktat

Mit diesem Lückendiktat wird die korrekte Schreibweise des Lernwortschatzes überprüft. Teilen Sie eine Kopie dieses Textes aus und diktieren Sie den Text. Die KT ergänzen die Wörter.

Ergänzen Sie.

Frau Stein arbeitet bei einer ________. Ihr ______________ beginnt um neun Uhr, aber sie muss schon

um acht Uhr aus dem Haus gehen. Sie arbeitet bis halb eins, dann hat sie __________________.

Sie geht gern mit den ______________ essen. Frau Stein muss viel machen. Sie _____________ die

Kunden, _____________ Geld und sie _______ hilft bei Problemen mit dem

_____________________. Manchmal brauchen die Kunden Informationen zur _______________oder

sie haben Fragen zu den __________________________ und Frau Stein muss sie ______________.

Oft kommt sie spät nach Hause. Der Mann von Frau Stein ist _________________________________.

Er arbeitet bei einer ________________ Seine ___________________ ist von acht bis sechzehn Uhr.

Diktat

Lena Zarda ist krank. Gestern hatte sie Kopfschmerzen, heute hat sie Bauchschmerzen und Fieber und ihr Hals tut weh. Sie muss im Bett bleiben und kann nicht zur Schule gehen. Die Mutter macht einen Termin beim Arzt. Am Nachmittag gehen Frau Zarda und Laura zum Hausarzt. Der Hausarzt untersucht sie. Lena hat eine Grippe. Sie soll drei Tage im Bett bleiben und später noch einmal zur Kontrolle kommen. Frau Zarda geht zur Apotheke und holt die Medikamente. Dann schreibt sie eine Entschuldigung für die Schule.

Variante: Dosendiktat

Die KT bekommen den Diktattext (Vorlage). Sie lesen ihn still durch. Danach bekommen die KT eine Kopie der Zeilenstreifen, die sie ausschneiden. Anschließend bauen die KT den Text nach und vergleichen dabei mit der Vorlage. Nach Umdrehen der Vorlage sehen die KT jeden Zeilenstreifen aufmerksam an und prägen sich den Text ein. Dann werfen sie den Textstreifen in eine Dose (oder einen Becher) und schreiben den Text nach und nach auswendig auf. Zum Schluss kontrollieren sie das Geschriebene selbstständig anhand der Vorlage.

Lena Zarda ist krank.	Gestern hatte sie Kopfschmerzen,
heute hat sie Bauchschmerzen	und Fieber und ihr Hals tut weh.
Sie muss im Bett bleiben und kann	nicht zur Schule gehen.
Die Mutter macht	einen Termin beim Arzt.
Am Nachmittag gehen Frau Zarda	und Lena zum Hausarzt.
Der Hausarzt untersucht sie.	Lena hat eine Grippe.
Sie soll drei Tage im Bett bleiben	und später noch einmal
zur Kontrolle kommen.	Frau Zarda geht zur Apotheke
und holt die Medikamente.	Dann schreibt sie
eine Entschuldigung	für die Schule.

Autor: Joachim Schote

Diktat

Ich habe keinen Führerschein. Mein Weg zur Arbeit ist lang. Morgens um acht Uhr gehe ich zu Fuß zum Bahnhof. Manchmal fahre ich mit dem Fahrrad. Am Bahnhof nehme ich den Zug. Ich brauche eine halbe Stunde. Danach nehme ich die U-Bahn. Ich kann auch den Bus nehmen und muss einmal umsteigen. Um Viertel nach neun bin ich im Büro. Am Nachmittag fahre ich wieder nach Hause. Danach gehe ich im Supermarkt einkaufen. Manchmal hole ich in der Bibliothek Bücher. Ich bin gern auf dem Platz vor der Bibliothek und lese.

Variante: Schütteldiktat zum Ergänzen

Verteilen Sie eine Kopie der Sätze und lassen Sie die KT die Sätze ausschneiden. Anschließend lesen Sie das Diktat und die KT müssen die Sätze in die richtige Reihenfolge bringen. Danach lesen Sie noch einmal und die KT ergänzen die fehlenden Wörter.

Ich kann auch den ____ nehmen und muss einmal umsteigen.
Manchmal hole ich in der ________________ Bücher.
Mein Weg zur ______________ ist lang.
Ich ______________ eine halbe Stunde.
Am ____________________ fahre ich wieder nach Hause.
Ich habe keinen __________________.
Ich bin gern auf dem _________ vor der Bibliothek und lese.
Danach nehme ich die ______________.
Am ____________ nehme ich den Zug.
Morgens um acht Uhr gehe ich ____________ zum Bahnhof.
Um __________________________ bin ich im Büro.
Manchmal fahre ich mit dem ______________________.
Danach gehe ich im _______________ einkaufen.

Diktat

Ich bin 2009 nach Deutschland gekommen. Früher habe ich in Spanien in einer Großstadt gewohnt. Heute wohne ich in einer Kleinstadt. Ich habe einen Deutschkurs gemacht. Jeden Tag bin ich zur Sprachschule gegangen und habe vier Stunden gelernt. In meiner Heimat habe ich in einem Supermarkt gearbeitet, heute bin ich Taxifahrer. Seit 2011 bin ich verheiratet. Meine Frau ist Deutsche. 2012 und 2013 haben wir in Spanien Urlaub gemacht. Wir sind mit dem Auto gefahren. Der Urlaub war sehr schön. Meine Frau hat meine Heimat gesehen und wir waren auch bei meinen Eltern. Bald kommen sie nach Deutschland und besuchen uns.

Variante: Rückendiktat

Bei dieser Variante arbeiten immer zwei KT zusammen. Sie sitzen Rücken an Rücken und diktieren sich gegenseitig die jeweils fehlenden Teile des Diktats. Teilen Sie Kopien der Texte aus. KT A beginnt. Anschließend vergleichen die KT selbstständig.

A

Ich bin 2009 ______________________________. Früher habe ich in Spanien ________________

____________________. ____________________________ in einer Kleinstadt. __________________

____________________________________. Jeden Tag bin ich ______________________________

________________________ und habe vier Stunden gelernt. ____________________________ in einem

Supermarkt gearbeitet, ____. Seit 2011 bin ich verheiratet.

____. 2012 und 2013 haben wir

______________________________. Wir sind mit dem Auto gefahren. ____________________

____________________. Meine Frau hat meine Heimat gesehen _________________________

____. Bald kommen sie nach Deutschland

____.

B

__________________ nach Deutschland gekommen. ______________________________ in einer Großstadt gewohnt. Heute wohne ich _____________________________. Ich habe einen Deutschkurs gemacht. _______________________ zur Sprachschule gegangen ____________ ______________________. In meiner Heimat habe ich ______________________________ ___________________, heute bin ich Taxifahrer. _____________________________.

Meine Frau ist Deutsche. _____________________________ in Spanien Urlaub gemacht. ____. Der Urlaub war sehr schön. ______________________________ und wir waren auch bei meinen Eltern. ____________ ________________________________ und besuchen uns.

Diktat

Ich bin am 15.9. umgezogen und jetzt muss ich viel machen. Ich muss zum Bürgeramt gehen und das Formular für die Anmeldung abgeben. Bei der Kfz-Zulassungsstelle muss ich mein Auto anmelden. Ich habe früher in Berlin gewohnt und jetzt brauche ich ein Autokennzeichen für Bonn. Das kostet viel Geld. Ich brauche auch einen Pass. Bei Behörden muss man oft lange warten. Vielleicht brauche ich drei oder vier Stunden für den Besuch bei der Behörde. Ich habe hier eine Arbeit, aber meine Frau hat keine. Am 20.9. hat sie einen Termin bei der Bundesagentur für Arbeit.

Variante: Laufdiktat

Dieses kurze Diktat eignet sich sehr gut als Laufdiktat. Kopieren Sie das Diktat und befestigen Sie es ein paar Meter vom Kursraum entfernt. Die KT laufen zum Diktat, lesen den Text und merken sich einen Teil. Dann laufen sie zurück zu ihrem Tisch und schreiben es auf. Sie laufen so lange hin und her bis sie das Diktat komplett aufgeschrieben haben.

Ich bin am 15.9. umgezogen und jetzt muss ich viel machen. Ich muss zum Bürgeramt gehen und das Formular für die Anmeldung abgeben.

Bei der Kfz-Zulassungsstelle muss ich mein Auto anmelden. Ich habe früher in Berlin gewohnt und jetzt brauche ich ein Autokennzeichen für Bonn. Das kostet viel Geld. Ich brauche auch einen Pass. Bei Behörden muss man oft lange warten. Vielleicht brauche ich drei oder vier Stunden für den Besuch bei der Behörde.

Ich habe hier eine Arbeit, aber meine Frau hat keine. Am 20.9. hat sie einen Termin bei der Bundesagentur für Arbeit.

Diktat

Ich brauche einen Mantel, Schuhe und zwei Hosen. Mein Mann braucht Hemden und Socken, meine Töchter brauchen Kleider, Röcke, Blusen, T-Shirts und Jacken. Ich kaufe sehr gern in Kaufhäusern oder im Secondhandladen ein und manchmal auch auf dem Flohmarkt. Ich kaufe nicht gern im Internet ein. Viele Leute sagen, das ist praktisch und nicht kompliziert, aber man kann die Sachen nicht anprobieren und dann ist die Größe nicht richtig. Meine Töchter kaufen nur in Boutiquen ein. Das ist sehr teuer, aber sie sagen, nur in Boutiquen ist die Kleidung schick und elegant. Kaufhäuser oder Flohmärkte finden sie gar nicht cool.

Variante: Lückendiktat

Dieses Lückendiktat überprüft die korrekte Schreibweise des Lernwortschatzes. Teilen Sie eine Kopie dieses Textes aus und diktieren Sie den Text. Die KT ergänzen die Wörter.

Ergänzen Sie.

Ich brauche einen __________, __________ und zwei __________. Mein Mann braucht __________ und _____________, meine Töchter brauchen ____________, ____________, _____________, __________ und __________. Ich kaufe sehr gern in _____________ oder im ___________________ ein und manchmal auch auf dem __________. Ich kaufe nicht gern im __________ ein. Viele Leute sagen, das ist _________ und nicht ____________, aber man kann die Sachen nicht __________ und dann ist die _____________ nicht richtig. Meine Töchter kaufen nur in __________ ein. Das ist sehr teuer, aber sie sagen, nur in _____________ ist die Kleidung schick und elegant. _____________ oder _____________ finden sie gar nicht __________.

Diktat

Ich mag den Sommer lieber als den Winter. Der Winter ist kalt und die Tage sind kurz, es wird früh dunkel. Der Sommer ist wärmer, die Sonne scheint und wir machen Urlaub. Wir sind im Juli oder August jedes Jahr auf einem Bauernhof in den Bergen. Meine Frau und ich wandern im Wald, die Kinder spielen auf dem Hof oder auf der Wiese. Im Herbst, im Oktober, sind meine Frau und ich ohne die Kinder eine Woche am Meer. Das Wetter ist manchmal schlecht, es ist bewölkt und windig. Wir mögen das und wir gehen am Strand spazieren.

Variante: Schütteldiktat zum Ergänzen

Verteilen Sie eine Kopie der Sätze und lassen Sie die KT die Sätze ausschneiden. Anschließend lesen Sie das Diktat und die KT müssen die Sätze in die richtige Reihenfolge bringen. Danach lesen Sie noch einmal und die KT ergänzen die fehlenden Wörter.

- -

Das _____________ ist manchmal schlecht, es ist bewölkt und windig.

Der Sommer ist wärmer, die ___________ scheint und wir machen Urlaub.

Der ___________ ist kalt und die Tage sind kurz, es wird früh dunkel.

1. Ich mag den ___________ lieber als den Winter.

Im _____________, im Oktober, sind meine Frau und ich ohne die Kinder eine Woche am Meer.

Meine Frau und ich wandern im ___________ die Kinder spielen auf dem Hof oder auf der Wiese.

Wir mögen das und wir gehen am _____________ spazieren.

Wir sind im Juli oder August jedes Jahr auf einem _____________ in den Bergen.

Diktat

Frau Müller wohnt in einem Mietshaus. Ihre Nachbarn sind sehr nett. Sie ist nur selten zu Hause und der Paketdienst gibt oft Pakete für sie bei den Nachbarn ab. Im Sommer ist immer ein Hoffest. Frau Müller mag das Fest, denn alle sind eingeladen und haben gute Laune. Aber es gibt auch Probleme. Der Aufzug funktioniert oft nicht und sie muss dann immer die Treppe benutzen. Im Winter war die Heizung kaputt und die Wohnung war sehr kalt. Manchmal sind die Mülltonnen voll. Im Treppenhaus stehen viele Kinderwagen und Fahrräder und es ist oft schmutzig. Das stört Frau Müller. Sie will deshalb einen Brief an die Hausverwaltung schreiben.

Variante: Dosendiktat

Die KT bekommen den Diktattext (Vorlage). Sie lesen ihn still durch. Danach bekommen die KT eine Kopie der Zeilenstreifen, die sie ausschneiden. Anschließend bauen die KT den Text nach und vergleichen dabei mit der Vorlage. Nach Umdrehen der Vorlage sehen die KT jeden Zeilenstreifen aufmerksam an und prägen sich den Text ein. Dann werfen sie den Textstreifen in eine Dose (oder einen Becher) und schreiben den Text nach und nach auswendig auf. Zum Schluss kontrollieren sie das Geschriebene selbstständig anhand der Vorlage.

Frau Müller wohnt	in einem Mietshaus.
Ihre Nachbarn sind sehr nett.	Sie ist nur selten zu Hause
und der Paketdienst gibt oft Pakete	für sie bei den Nachbarn ab.
Im Sommer ist immer ein Hoffest.	Frau Müller mag das Fest,
denn alle sind eingeladen	und haben gute Laune.
Aber es gibt auch Probleme.	Der Aufzug funktioniert oft nicht
und sie muss dann immer die Treppe benutzen.	Im Winter war die Heizung
kaputt und die Wohnung	war sehr kalt.
Manchmal sind die	Mülltonnen voll.
Im Treppenhaus stehen	viele Kinderwagen und Fahrräder
und es ist oft schmutzig.	Das stört Frau Müller.
Sie will deshalb	einen Brief an die Hausverwaltung schreiben.

Lektion 1
Willkommen!

Name: Kurs: Datum: Punkte insgesamt: 25

1 Zwei Dialoge. Ordnen Sie die Dialoge. 4

A Hallo! Wie heißt du?
B Danke, es geht.
C Ich bin Alla.
D Danke, gut und Ihnen?
E Guten Tag, Frau Balbay. Wie geht es Ihnen?
F Manu. Wer bist du?

Dialog 1: *A,* ______ | Dialog 2: *E,* ______

2 Ergänzen Sie die passenden Verben. 7

macht – kommst – heißen – ist – bist – komme – kommen

1. Ich ______ aus Portugal.
2. Mein Name ______ Belin.
3. Woher ______ du?
4. Woher ______ Sie?
5. Wie ______ Sie?
6. Wer ______ du?
7. Was ______ ihr?

3 Schreiben Sie Sätze. 8

1. ichbinneuhierimhaus

______

2. ichbinelektrikerinvonberufichwohneschonlangehier

______

4 Finden Sie sechs Berufe. 6

käu – Ärz – Ver – rer – Inge – Haus – Leh – frau – ge – pfle – fer – nieur – tin – Alten – rin

1. ______ 4. ______
2. ______ 5. ______
3. ______ 6. ______

Name:	Kurs:	Datum:	Punkte insgesamt:		25

1 Land, Nationalität und Sprache. Kreuzen Sie an: Was ist richtig? 4

1. Halina kommt aus Polen. Sie ist ☐ Polin ☐ Polnisch.
2. Georges kommt aus ☐ Französisch ☐ Frankreich. Er ist Franzose.
3. Su Ma kommt aus China. Sie spricht ☐ Chinesin ☐ Chinesisch.
4. Ilkay spricht Türkisch. Er ist ☐ Türke ☐ Türkei.

2 Ergänzen Sie die Verben. 6

1. Das __________ *(sein)* Tom. Er __________ *(arbeiten)* in Frankfurt.
2. Karim und Natascha __________ *(wohnen)* in Berlin.
3. Kemal und Wojtek __________ *(sein)* neu in Deutschland.
4. Rosa ist Spanierin. Sie __________ *(lernen)* jetzt Deutsch.
5. Er __________ *(heißen)* Fernando. Er kommt aus Mexiko.

3 Schreiben Sie die Zahlen. 4

1. vierundsechzig __________
2. sechshundertsieben __________
3. sechsundvierzig __________
4. siebenundachtzig __________

4 Schreiben Sie die Wörter in die Tabelle und ergänzen Sie den Plural. 6

das Fenster – die Tasche – das Buch – der Bleistift – die Uhr – der Stuhl

maskulin (m)		neutral (n)		feminin (f)	
Singular	Plural	Singular	Plural	Singular	Plural

5 Ergänzen Sie die Fragewörter. 5

welche – woher – was – wo – wie

1. __________ ist Ihre Adresse?
2. __________ Sprachen sprechen Sie?
3. __________ wohnen Sie?
4. __________ sind Sie von Beruf?
5. __________ kommen Sie?

Lektion 3
Häuser und Wohnungen

Name: Kurs: Datum: Punkte insgesamt: 25

1 Wie heißen die Möbel? 4

1. chrSkan der ______
2. seSsle der ______
3. tBet das ______
4. doommeK die ______

2 Ergänzen Sie *er, es, sie* oder *sie* (Pl.). 4

1. Wie findest du das Zimmer? ______ ist sehr schön.
2. Wie viel kostet der Teppich? ______ kostet 300 Euro.
3. Wie finden Sie die Bilder? ______ sind schön.
4. Die Mikrowelle ist modern. ______ kostet 250 Euro.

3 Schreiben Sie Fragen und Antworten. 4

1. Frankreich: Kontinent? / Nein: Land

______

2. Europa: Land? / Nein: Kontinent

______

4a Unterstreichen Sie den Artikel im Akkusativ. 8

1. Sie hat eine Uhr
2. Er kauft den Fernseher.
3. Wie findest du das Bett?
4. Ich brauche keine Bücher.

4b Ergänzen Sie die Artikel.

1. Sie braucht die / eine / ______ Uhr.
2. Sie kauft den / ______ / keinen Fernseher.
3. Er braucht das / ______ / ______ Bett.
4. Er kauft ______ / – / keine Bücher.

5 Wohnungsanzeigen. Ordnen Sie die Abkürzungen zu. 5

1. EG
2. NK
3. 3 Zi.
4. Kü.
5. ZH

A Küche
B Zentralheizung
C Erdgeschoss
D drei Zimmer
E Nebenkosten

1	2	3	4	5

Name:	Kurs:	Datum:	Punkte insgesamt:		25

1 **Die Familie. Was fehlt? Ergänzen Sie.** | | 6

1. die ___________: der ___________ – die Mutter
2. die ___________: der ___________ – die Tochter
3. die Geschwister: der ___________ – die ___________

2 **Ergänzen Sie die Possessivartikel: *meine – deine – ihr – mein – seine*.** | | 5

1. Hier wohne ich. Rechts ist _______ Wohnzimmer und links ist _______ Küche.
2. ■ Rolf, arbeitet _______ Frau auch?
   ◆ Ja, sie ist Verkäuferin.
3. Das ist Herr Müller. _______ Frau heißt Anna.
4. Das ist Frau Hoffmann. _______ Mann heißt Bernd.

3 **Schreiben Sie Sätze mit *zuerst, dann* und *danach*.** | | 3

Ich kaufe Lebensmittel. Ich esse. Ich mache einen Stadtbummel.

Zuerst ____

____

4 **Ergänzen Sie die Verben.** | | 7

1. _______ *(essen)* du gern Schokolade?
2. Sprechen Sie Spanisch? Nein, ich _______ *(sprechen)* Englisch und Deutsch.
3. Susanne _______ *(lesen)* ein Buch und Robert _______ *(sehen)* einen Film.
4. Er _______ *(nehmen)* die S-Bahn und _______ *(fahren)* nach Berlin.
   Dort _______ *(treffen)* er einen Freund.

5 **Ergänzen Sie *haben* oder *sein* im Präteritum.** | | 4

1. ■ Wo waren Sie?
   ◆ Ich _______ keine Zeit, ich _______ in Dortmund.
2. Früher _______ die Familien groß und _______ viele Kinder.

Der Tag und die Woche

Name: Kurs: Datum: Punkte insgesamt: 25

1 Schreiben Sie die Uhrzeiten wie im Beispiel. 6

 → *Viertel nach sieben / sieben Uhr fünfzehn*

1.  ______________________________
2.  ______________________________
3.  ______________________________

2 Ergänzen Sie die trennbaren Verben. 3

1. Alina __________ Lebensmittel __________. *(einkaufen)*
2. Evidar und Sonja __________ eine Freundin __________. *(anrufen)*
3. Am Nachmittag __________ ich mein Zimmer __________. *(aufräumen)*

3 Schreiben Sie Sätze. 6

1. Ich – wegfahren – am Wochenende.

____

2. stattfinden – der Kurs – Wann?

____

3. anfangen – Der Unterricht – um neun Uhr – morgen.

____

4 Ergänzen Sie die Verben. 7

machen – habe – ist – geht – arbeite – kommen – hast

■ Hallo Bernd, hier ______ Ulrike. __________ wir morgen einen Stadtbummel?

◆ Gern, aber morgen __________ ich. __________ es am Donnerstag?

■ Nein, leider nicht. Meine Eltern __________. __________ du am Freitag Zeit?

◆ Ja, da __________ ich Zeit.

5 Ergänzen Sie *am*, *um* oder *von ... bis*. 3

1. ____ zwölf Uhr
2. ____ Nachmittag
3. ____ acht ____ zehn Uhr

Name:	Kurs:	Datum:	Punkte insgesamt:		25

1 Wie heißen die Lebensmittel? 4

1. uBtetr die ____________ 3. nähHnhec das ____________
2. Tmateo die ____________ 4. liMhc die ____________

2 Ergänzen Sie den Imperativ. 6

	du	ihr	Sie
1.	________ bitte Brot! (kaufen)	________ bitte langsam! (sprechen)	________ den Text! (lesen)
2.	________ die Birnen! (probieren)	________ morgen! (kommen)	________ den Tee! (trinken)

3 Wie viel kostet das? Schreiben Sie die Preise in Zahlen. 4

1. zwei neunundvierzig ______ €
2. acht Euro fünfundsiebzig ______ €
3. eins zwanzig ______ €
4. elf Euro neunundneunzig ______ €

4 In der Bäckerei. Schreiben Sie einen Dialog. 7

Ja, vielleicht noch Käsekuchen. Wie viel kostet er? – Haben Sie noch einen Wunsch? – Guten Tag, was möchten Sie? – Ich hätte gern ein Weißbrot. – Dann nehme ich zwei Stück. Was macht das zusammen? – Ein Stück kostet 1,80 €. – Das sind zusammen 5,40 €.

Verkäufer: ____

Kunde: ____

Verkäufer: ____

Kunde: ____

Verkäufer: ____

Kunde: ____

Verkäufer: ____

5 Ergänzen Sie die richtige Form von *mögen*. 4

1. ________ du Kaffee? Nein, aber ich ________ Tee.
2. ________ ihr Käse? – Ja, wir ________ Käse und Wurst.

Name:	Kurs:	Datum:	Punkte insgesamt:		25

1 Wer macht was? Ordnen Sie zu. (4)

Bankkauffrau – Krankenpfleger – Taxifahrer – Kellner

1. Der ____________________ bereitet Operationen vor.
2. Die ____________________ wechselt Geld.
3. Der ____________________ fährt Leute nach Hause.
4. Der ____________________ bringt Getränke.

2 Ergänzen Sie die Verben. (7)

1. Morgen __________ *(müssen)* ich sehr früh aufstehen. Mein Mann __________ *(können)* lange schlafen.
2. __________ *(können)* du Englisch sprechen?
3. Was __________ *(wollen)* du?
4. Meine Eltern __________ *(müssen)* zur Bank gehen.
5. ■ Ihr __________ *(müssen)* jetzt nach Hause gehen.
   ◆ Aber wir __________ *(wollen)* noch bleiben!

3 Ein Tag von Frau Schneider. Ergänzen Sie die Präpositionen. (8)

zur – beim – aus – zum – mit – von – bei – nach

Sie geht um acht Uhr ____ dem Haus. Sie geht ____ Haltestelle und nimmt den Bus. Um neun Uhr ist sie ____ der Arbeit. Am Nachmittag kommt sie ____ der Arbeit und geht einkaufen. Dann hat sie einen Termin ____ Friseur. Am Abend geht sie ____ Basketballtraining. ____ dem Basketballtraining trinkt sie ____ Freunden ein Bier.

4 Finden Sie sechs Wörter zum Thema Bank und schreiben Sie sie mit Artikel. (6)

Konto – Bank – Geld – EC– Konto – Über – au – aus – wei – bin – for – dung – num – Kar – mu – mat – te – to – ver – zug – mer – sungs – lar

1. ____________________
2. ____________________
3. ____________________
4. ____________________
5. ____________________
6. ____________________

Name:	Kurs:	Datum:	Punkte insgesamt:		25

1 Körperteile. Ergänzen Sie die Wörter. 4

1. die N__se
2. das A__ g__
3. das B__ __ n
4. der B__ __ ch
5. der R__ ck__ n
6. der H__ ls
7. das __ hr
8. der __ rm

2 Ein Besuch beim Arzt. Ergänzen Sie den Dialog. 6

hätte – mein Name – auf Wiederhören – geht – Termin – Guten

■ Praxis Dr. Arslan, Müller am Apparat, guten Tag.

◆ __________ Tag, __________ ist Zarda, ich __________ gern einen __________.

■ Ja, können Sie am nächsten Montag um neun Uhr?

◆ Am Montag, ja das __________.

■ Gut, Frau Zarda, dann bis Montag.

◆ Danke, __________.

3 Wichtige Wörter. Ergänzen Sie den Text. 6

Hausarzt – Krankenkasse – Arbeitgeber –
Medikament – Krankschreibung – Krankenhaus

Der Arzt gibt Ihnen eine __________. Das Original schicken Sie an Ihre __________ und die Kopie ist für Ihren __________.

Der __________ schreibt eine Überweisung für das __________ oder den Facharzt. Für ein __________ brauchen Sie ein Rezept.

4 Ergänzen Sie die Pronomen im Akkusativ. 9

1. ■ Wo ist mein Handy? ◆ Ich habe ______ hier.
2. ■ Rufst du deine Eltern an? ◆ Ja, ich rufe ______ an.
3. ■ Rufst du Herrn Karel an? ◆ Nein, ich rufe ______ nicht an.
4. ■ Rufst du Frau Erdis an? ◆ Ja, ich rufe ______ an.
5. ■ Kann ich ______ später anrufen? ◆ Ja, ruf ______ später an. (*du, ich*)
6. ■ Wann besucht ihr ______? ◆ Wir besuchen ______ bald. (*wir, ihr*)
7. Wir rufen ______ morgen an, Frau Erdis. (*Sie*)

Lektion 9
Wege durch die Stadt

Name:	Kurs:	Datum:	Punkte insgesamt:		25

1 Ergänzen Sie die Verkehrsmittel. | 6

1. Ich habe kein A _ _ o, ich habe ein F _ _ _ r _ _.
2. Ich fahre gern mit dem M _ _ _ _ _ _d zur Arbeit.
3. Manchmal fahre ich mit der S _ _ _ _ _ _ _ _ _ _ n.
4. Im Urlaub mache ich oft Reisen mit dem S _ _ _ _ f.
5. Manchmal fliege ich auch mit dem F _ _ _ _ _ _ _.

2 Wo ist die Fliege? Welche Präposition passt? | 6

auf – hinter – in – unter – neben – zwischen

1.__________ 2.__________ 3.__________ 4.__________ 5.__________ 6.__________

3 Ergänzen Sie die Verben. | 5

sind – steigen … um – komme – fahren – nehmen

■ Entschuldigung, wie __________ ich zum Hauptbahnhof?

◆ __________ Sie die U-Bahn Richtung Messe. __________ Sie bis zum Theaterplatz. Dort __________ Sie Richtung Stadion __________. Dann __________ es noch zwei Stationen bis zum Hauptbahnhof.

4 Ergänzen Sie die richtigen Formen von *dürfen*. | 5

1. ■ Mama, __________ wir fernsehen?
   ◆ Ja, ihr __________ fernsehen, aber zuerst räumt ihr auf.
2. ■ Du __________ heute nicht fernsehen!
   ◆ Warum __________ ich das nicht? Peter __________ immer fernsehen!

5 Gegenteile. Was passt zusammen? Verbinden Sie. | 3

abbiegen 1 ○	○ A weiterfahren
anhalten 2 ○	○ B geradeaus fahren
langsam fahren 3 ○	○ C schnell fahren

Name:	Kurs:	Datum:	Punkte insgesamt:		25

1a *Haben* oder *sein?* Schreiben Sie die Verben im Perfekt. (8)

Beispiele: sehen *hat gesehen*
mitkommen *ist mitgekommen*

1. bleiben ______________
2. arbeiten ______________
3. träumen ______________
4. aufräumen ______________
5. fahren ______________
6. kochen ______________
7. einkaufen ______________
8. spielen ______________

1b Ergänzen Sie die Sätze mit Verben aus 1a. (4)

1. Gestern ______________ ich die Wohnung ______________.
2. Am Mittag ______________ ich Suppe ______________.
3. Am Nachmittag ______________ ich zu Freunden ______________.
4. Wir ______________ Karten ______________.

2 Ergänzen Sie den Text mit den Verben im Perfekt. (3)

~~arbeiten~~ – leben – lernen – kommen

Herr Soto _____ früher in Costa Rica __________. Er *hat* dort als Verkäufer *gearbeitet*.
Dann _____ er nach Deutschland __________.
Er _____ in Stuttgart Deutsch __________.

3 Schreiben Sie die Jahreszahlen. (2)

1. neunzehnhundertvierundfünfzig _____
2. neunzehnhundertfünfundvierzig _____
3. neunzehnhundertdreiundsechzig _____
4. neunzehnhunderteinundneunzig _____

4 Eine Postkarte. Bringen Sie die Sätze in die richtigen Reihenfolge. (8)

A einen Freund. Die Stadt
B Hallo Simone
C ist sehr interessant. Am Sonntag
D Köln. Ich besuche
E komme ich zurück. Ich
F rufe dich dann an.
G seit fünf Tagen bin ich in
H Viele Grüße Carlos

Lektion 11
Ämter und Behörden

Name:	Kurs:	Datum:	Punkte insgesamt:		25

1 Ämter und Behörden. Schreiben Sie die sechs Wörter mit Artikel. 6

Bür – Fami – Bun – Rat – Stan – Aus – amt – amt – amt – des – des – ger – haus – tur – lien – kas – län – se – agen – der

1. ______________________
2. ______________________
3. ______________________
4. ______________________
5. ______________________
6. ______________________

2 Schreiben Sie das Datum wie im Beispiel. 5

am 28.5. *am achtundzwanzigsten Fünften*

1. am 3.7. ______________________
2. am 24.12. ______________________
3. am 1.9. ______________________
4. am 7.8. ______________________
5. am 31.10. ______________________

3 Ergänzen Sie die Personalpronomen im Dativ. 5

1. Du hast _______ sehr geholfen. Ich danke _______. *(ich, du)*
2. Kann ich _______ helfen? – Ja gern, vielen Dank. *(Sie)*
3. Gehören die Fahrräder _______? – Ja, sie gehören _______. *(ihr, wir)*

4a Welche Wörter passen zusammen? 3

1. der Einkauf
2. der Arztbesuch
3. der Deutschkurs
4. die Hochzeit
5. das Medikament
6. die Kfz-Zulassung

A ein Termin beim Standesamt
B die Gesundheitskarte
C die Tasche
D das Autokennzeichen
E das Wörterbuch
F ein Rezept

1	
2	
3	
4	
5	
6	

4b Schreiben Sie drei Sätze mit den Wörtern aus 4a wie im Beispiel. 6

Beispiel: *Für die Meldestelle brauche ich den Pass.*

1. ______________________
2. ______________________
3. ______________________

Name:	Kurs:	Datum:	Punkte insgesamt:		25

1 Wie heißen die Kleidungsstücke? 6

1. Rkoc der ___________
2. uAngz der ___________
3. lieKd das ___________
4. seulB die ___________
5. Hmde das ___________
6. coSkne die ___________

2 Ergänzen Sie die Adjektivendungen. 4

1. Wie gefällt Ihnen d____ blau____ Hose? – Sie gefällt mir gut.
2. Wie finden Sie d____ rot____ Schuhe? – Ich finde sie elegant.
3. Wie finden Sie d____ gelb____ Pullover? – Ich finde ihn schön.
4. Wie gefällt Ihnen d____ schwarz____ T-Shirt? – Es gefällt mir nicht.

3 Schreiben Sie Fragen wie im Beispiel. 6

Beispiel: gefallen / das Haus – groß/klein
Welches Haus gefällt dir, das große Haus oder das kleine Haus?

1. gefallen / die Kommode – braun/schwarz

____

2. kaufen / der Sessel – gelb/blau

____

3. kaufen / das Auto – groß/klein

____

4 Im Kaufhaus. Ergänzen Sie die Verben. 9

sind – ist – helfen – finde – bezahlen – suche – gibt – nachsehen – schaue

1. Kann ich Ihnen __________? – Nein danke, ich __________ nur.
2. Ach bitte, wo kann ich das __________? – Die Kasse __________ dort hinten rechts.
3. __________ es den Mantel auch in Größe 40? – Größe 40? Da muss ich __________.
4. Wo __________ ich die Toiletten? – Die Toiletten __________ im ersten Stock.
5. Entschuldigung, ich __________ den Ausgang. – Der Ausgang ist dort vorne links.

Lektion 13
Auf Reisen

Name: Kurs: Datum: Punkte insgesamt: 25

1 Finden Sie im Suchrätsel sechs Wetterwörter. 6

A	S	W	Z	O	N	D	I
G	S	O	N	N	E	O	W
W	N	L	K	Y	V	W	I
T	E	K	R	E	G	E	N
R	U	E	Z	U	T	T	D
S	C	H	N	E	E	T	A
E	O	W	P	A	D	E	I
G	W	D	M	S	K	R	L

die ______________________

die ______________________

der ______________________

der ______________________

der ______________________

das ______________________

2 Wie ist das Wetter? Ordnen Sie die Sätze zu. 4

Es ist nass. – Es ist sonnig. – Es regnet. – Es schneit.

1. ____________ 2. ____________ 3. ____________ 4. ____________

3 Wie heißt der Komparativ? 6

1. warm – ________
2. gern – ________
3. viel – ________
4. gut – ________
5. groß – ________
6. wenig – ________

4 Am Bahnhof. Ergänzen Sie die Wörter. 5

BahnCard – Fahrkarte – Zug – Reservierung – Klasse

■ Guten Tag, ich hätte gern eine ____________ nach Bonn, 1. ____________.

◆ Brauchen Sie eine ____________?

■ Ja, ich nehme den ____________ um 9.57 Uhr.

◆ Haben Sie eine ____________?

5 Ergänzen Sie *um* oder *durch*. 4

1. _____ den Fluss 2. _____ das Dorf 3. _____ den Berg 4. _____ den Park

Name: Kurs: Datum: Punkte insgesamt: ___ / 25

1 Im Haus. Wie heißen die Wörter? ___ / 6

1. eneFrst das ____________
2. aNchbra der ____________
3. Kleingl die ____________
4. rTeepp die ____________
5. uzugAf der ____________
6. tnnoellMü die ____________

2 Ordnen Sie den Dialog. ___ / 6

A ◆ Aber gern, warten Sie. So, hier ist der Käse.
B ■ Entschuldigung, ich möchte nicht stören, aber ich habe eine Bitte.
C ◆ Gern geschehen.
D ◆ Nein, nein, Sie stören überhaupt nicht. Was möchten Sie?
E ■ Ich mache eine Pizza und habe keinen Käse. Können Sie mir vielleicht Käse geben?
F ■ Vielen Dank!

1	2	3	4	5	6

3 Schreiben Sie Sätze. ___ / 6

1. lange gearbeitet – sie – gestern – hat

   Sie schläft lange, *denn* ______________________________

2. hat – er – keine Lust

   Er muss heute länger im Büro bleiben, *aber* ______________________________

3. du – willst – lieber – zu Hause – bleiben

   Kommst du mit, *oder* ______________________________?

4 Ein Brief. Ordnen Sie zu. ___ / 7

1. Hausverwaltung Wartemann
   Kaiserdamm 47 a
   13284 Berlin
2. Mülltonnen in der Naumannstraße 11
3. Berlin, 21. April 2015
4. Sehr geehrter Herr Wagner,
5. vielen Dank für Ihren Brief. Wir können natürlich noch Mülltonnen bei der Stadtreinigung bestellen, aber das ist teuer. Dann bezahlen Sie mehr für die Nebenkosten.
6. Mit freundlichen Grüßen
7. *Irma Fröhlich*

Datum: ☐ Absender: ☐ Gruß: ☐ Anrede: ☐ Text: ☐ Betreff: ☐ Unterschrift: ☐

Autor: Joachim Schote

Lösungen:

Test 1

1 Dialog 1: A, F, C – Dialog 2: E, D, B
2 1. komme – 2. ist – 3. kommst – 4. kommen – 5. heißen – 6. bist – 7. macht
3 1. Ich bin neu hier im Haus. – 2. Ich bin Elektrikerin von Beruf. Ich wohne schon lange hier.
4 Ärztin – Verkäufer – Ingenieur – Hausfrau – Lehrer – Altenpflegerin

Test 2

1 1. Polin – 2. Frankreich – 3. Chinesisch. – 4. Türke
2 1. ist, arbeitet – 2. wohnen – 3. sind – 4. lernt – 5. heißt
3 1. 64 – 2. 607 – 3. 46 – 4. 87
4 maskulin: Bleistift/Bleistifte, Stuhl/Stühle – neutral: Fenster/Fenster, Buch/Bücher – feminin: Tasche/Taschen, Uhr/Uhren
5 1. Wie – 2. Welche – 3. Wo – 4. Was – 5. Woher

Test 3

1 1. Schrank – 2. Sessel – 3. Bett – 4. Kommode
2 1. Es – 2. Er – 3. Sie – 4. Sie
3 1. Ist Frankreich ein Kontinent? Nein, Frankreich ist ein Land.
2. Ist Europa ein Land? Nein, Europa ist ein Kontinent.
4a 2. den – 3. das – 4. keine
4b 1. keine – 2. einen – 3. ein, kein – 4. die
5 1C – 2E – 3D – 4A – 5B

Test 4

1 1. Eltern, Vater, 2. Kinder, Sohn - 3. Bruder, Schwester
2 1. mein, meine – 2. deine – 3. Seine – 4. Ihr
3 Zuerst kaufe ich Lebensmittel. Dann esse ich. Danach mache ich einen Stadtbummel.
4 1. Isst – 2. spreche – 3. liest, sieht – 4. nimmt, fährt, trifft
5 1. hatte, war– 2. waren, hatten

Test 5

1 1. halb zehn/neun Uhr dreißig – 2. zehn nach eins/ein Uhr zehn – 3. Viertel vor fünf/vier Uhr fünfundvierzig
2 1. kauft … ein – 2. rufen ... an – 3. räume ... auf
3 1. Ich fahre am Wochenende weg. – 2. Wann findet der Kurs statt? – 3. Der Unterricht fängt morgen um neun Uhr an.
4 ist – Machen – arbeite – Geht – kommen – Hast – habe
5 1. um – 2. am – 3. von ... bis

Test 6

1 1. Butter – 2. Tomate – 3. Hähnchen – 4. Milch
2 1. Kauf bitte Brot! Probier die Birnen! – 2. Sprecht bitte langsam! Kommt morgen!
3 Lesen Sie den Text! Trinken Sie den Tee!
3 1. 2,49 € – 2. 8,75 € – 3. 1,20 € – 4. 11,99 €
4 + Guten Tag, was möchten Sie?
– Ich hätte gerne ein Weißbrot.
+ Haben Sie noch einen Wunsch?
– Ja, vielleicht noch Käsekuchen. Wie viel kostet er?
+ Ein Stück kostet 1,80 €.
– Dann nehme ich zwei Stück. Was macht das zusammen?
+ Das sind zusammen 5,40 €.
5 1. Magst, mag – 2. Mögt, mögen

Test 7

1 1. Krankenpfleger – 2. Bankkauffrau – 3. Taxifahrer – 4. Kellner
2 1. muss, kann – 2. Kannst – 3. willst – 4. müssen – 5. müsst, wollen
3 aus – zur – bei – von – beim – zum – Nach – mit
4 der Kontoauszug – die Bankverbindung – der Geldautomat – die EC-Karte – die Kontonummer – das Überweisungsformular

Test 8

1 1. Nase – 2. Auge – 3. Bein – 4. Bauch – 5. Rücken – 6. Hals – 7. Ohr – 8. Arm
2 Guten – mein Name – hätte – Termin – geht – auf Wiederhören
3 Krankschreibung – Krankenkasse – Arbeitgeber – Hausarzt – Krankenhaus – Medikament
4 1. es – 2. sie – 3. ihn – 4. sie – 5. dich, mich – 6. uns, euch – 7. Sie

Test 9

1 1. Auto/Fahrrad – 2. Motorrad – 3. Straßenbahn – 4. Schiff – 5. Flugzeug
2 1. neben – 2. in – 3. auf – 4. hinter – 5. zwischen – 6. unter
3 komme – Nehmen – Fahren – steigen ... um – sind
4 1. dürfen, dürft – 2. darfst, darf, darf
5 1B – 2A – 3C

Test 10

1a 1. ist geblieben – 2. hat gearbeitet – 3. hat geträumt – 4. hat aufgeräumt – 5. ist gefahren – 6. hat gekocht – 7. hat eingekauft – 8. hat gespielt
1b 1. habe ... aufgeräumt – 2. habe ... gekocht – 3. bin ... gefahren – 4. haben ... gespielt
2 hat ... gelebt – ist ... gekommen – hat ... gelernt
3 1. 1954 – 2. 1945 – 3. 1963 – 4. 1991
4 1B – 2G – 3D – 4A – 5C – 6E – 7F – 8H

Test 11

1 das Bürgeramt – die Familienkasse – die Bundesagentur – das Rathaus – das Standesamt – das Ausländeramt
2 1. am dritten Siebten – 2. am vierundzwanzigsten Zwölften – 3. am ersten Neunten – 4. am siebten Achten – 5. am einunddreißigsten Zehnten
3 1. mir, dir – 2. Ihnen – 3. euch, uns
4a 1C – 2B – 3E – 4A – 5F – 6D
4b Für den Einkauf brauche ich die Tasche. – Für den Arztbesuch brauche ich die Gesundheitskarte. – Für den Deutschkurs brauche ich das Wörterbuch. – Für die Hochzeit brauche ich einen Termin beim Standesamt. – Für das Medikament brauche ich ein Rezept. – Für die Kfz-Zulassung brauche ich das Autokennzeichen.

Test 12

1 1. der Rock – 2. der Anzug – 3. das Kleid – 4. die Bluse – 5. das Hemd – 6. die Socken
2 1. die blaue – 2. die roten – 3. den gelben – 4. das schwarze
3 1. Welche Kommode gefällt dir, die braune Kommode oder die schwarze Kommode?
2. Welchen Sessel kaufst du, den gelben Sessel oder den blauen Sessel?
3. Welches Auto kaufst du, das große Auto oder das kleine Auto?
4 1. helfen, schaue – 2. bezahlen, ist – 3. Gibt, nachsehen – 4. finde, sind – 5. suche

Test 13

1 die Sonne – die Wolke – der Regen – der Schnee – der Wind – das Wetter
2 1. Es ist sonnig. – 2. Es schneit. – 3. Es ist nass. – 4. Es regnet.
3 1. wärmer – 2. lieber – 3. mehr – 4. besser – 5. größer – 6. weniger
4 Fahrkarte – Klasse – Reservierung – Zug – BahnCard
5 1. durch – 2. um – 3. um – 4. durch

Test 14

1 1. Fenster – 2. Nachbar – 3. Klingel – 4. Treppe – 5. Aufzug – 6. Mülltonne
2 1B – 2D – 3E – 4A – 5F – 6C
3 1. sie hat gestern lange gearbeitet.
2. er hat keine Lust.
3. willst du lieber zu Hause bleiben?
4 Datum: 3 – Absender: 1 – Gruß: 6 – Anrede: 4 – Text: 5 – Betreff: 2 – Unterschrift: 7

Lektion 1
Rhythmisch sprechen

Die Sprachen der Welt unterscheiden sich in ihrem Rhythmus, es gibt sogenannte silbenzählende Sprachen, wie z. B. das Französische oder viele ostasiatische Sprachen. In diesen Sprachen sind die Silben alle in etwa gleichmäßig lang und werden in einem fließenden Rhythmus gesprochen. Das Deutsche ist eine sogenannte akzentzählende Sprache. In diesen Sprachen wechseln betonte und unbetonte Silben ab. Aus diesem Wechsel von betonten zu unbetonten Silben ergibt sich der Rhythmus.
Es ist wichtig, dass sich die KT an diesen Rhythmus des Deutschen gewöhnen. Er ist die Basis für alle weiteren phonetischen Übungen. Ein Verständnis vom Rhythmus hilft auch die gesprochene deutsche Sprache (sei es in einem Hörverstehenstext oder im „wirklichen" Leben) zu verstehen.
Es ist hilfreich, diesen Rhythmus, der unsichtbar im Kehlkopf produziert wird, in sichtbare Bewegung umzusetzen – wenn Sie die Möglichkeit dafür haben – auch unterstützt mit einem Rhythmusinstrument, wie z. B. einem Tamburin. Dadurch werden viele theoretische Erklärungen (die auf diesem Sprachniveau auf Deutsch noch nicht gegeben werden können) überflüssig. Außerdem lockert es den Unterricht auf und es macht Spaß, sich zum Sprechen zu bewegen.
Im ersten Schritt hören die KT den Rhythmus und die rhythmisch gesprochenen Sätze von der CD. Sie hören jeweils zuerst den Rhythmus vom Tamburin und dann die rhythmisch gesprochenen Sätze. Lassen Sie die KT die Dialogsätze mitklatschen. Jede Silbe wird geklatscht. Das hilft den KT, die Silben zu erkennen. Im Gegensatz zu vielen anderen Sprachen ist das im Deutschen nämlich nicht so einfach, so sind die beiden Buchstaben „gu" eine Silbe ebenso wie die fünf Buchstaben in „geht's". Die betonten Silben werden kräftiger geklatscht, die unbetonten nur leicht. Das ist eine erste Einführung in den Rhythmus der deutschen Sprache.
Beachten Sie, dass die Zeilen unterschiedliche Rhythmen haben, die ersten drei Zeilen beginnen mit einer betonten Silbe und die betonten und unbetonten Silben wechseln sich ab. Die vierte Zeile beginnt dagegen mit einer unbetonten Silbe und es liegen zwischen den betonten Silben mehrere unbetonte Silben.

Lektion 2
Der Wortakzent

Jedes deutsche Wort hat einen Wortakzent, d.h. eine Silbe, die besonders hervorgehoben wird. Sie wird ein bisschen lauter gesprochen, manchmal etwas höher oder tiefer und immer besonders deutlich. Diese Silbe ist für die Aussprache eines Wortes besonders wichtig. Insbesondere Sprecher/innen von Sprachen, die keinen Wortakzent kennen (wie z. B. die ostasiatischen Tonsprachen, aber auch romanische Sprachen), müssen sich immer wieder mit dieser Eigenheit des Deutschen beschäftigen, ebenso wie Sprecher/innen, in deren Muttersprache es einen festen Wortakzent gibt, z. B. immer auf der letzten Silbe, wie im Französischen oder immer auf der ersten Silbe wie im Ungarischen. Diese KT müssen sich an das neue Akzentschema des Deutschen gewöhnen.
Es ist hilfreich, den Wortakzent ebenso wie den Rhythmus ganzer Sätze mit Bewegung zu üben. Die Zeichnungen verdeutlichen eine sehr hilfreiche Methode: Die Silben des Wortes (bei Nomen immer mit Artikel) werden mit den Händen verdeutlicht. Ein leises Tippen in die Hand für eine unbetonte Silbe, ein deutliches Klatschen in die Hand für eine betonte Silbe.
Der Fantasie sind aber keine Grenzen gesetzt. Sie können die KT auch Wörter mit *Fingerschnipsen, Gehen, Springen, ein Auge zukneifen* „inszenieren" lassen. Schreiben Sie jeweils zu Anfang der Stunde ein paar längere neue Wörter an die Tafel. Die Lernenden überlegen sich in Partnerarbeit eine „Inszenierung" für ein Wort und führen sie vor.

das	***Fens***	*ter*
kleiner Schritt	**Hüpfer**	kleiner Schritt

oder:

die	***Leh***	***re***	***rin***
leises Klatschen	**Augen-zwinkern**	leises Klatschen	leises Klatschen

Lösung 2a: Deutschland – Europa – Afrika – Amerika – Australien – Asien

Lektion 3 – Die Vokale *a, e, i, o, u*

In dieser Einheit geht es um eine erste Annäherung an das Vokalsystem des Deutschen. Das Deutsche hat im Vergleich zu vielen anderen Sprachen ein sehr ausgebautes Vokalsystem (16 Vokale im Lautsystem). Hier werden zunächst einmal die Vokale *a, e, i, o, u* als lange und kurze Vokale präsentiert, jeweils die ersten drei Wörter in der Zeile haben einen

langen, die letzten drei Wörter einen kurzen Vokal. Es geht hier aber noch nicht um die Unterscheidung (das ist Thema in Einheit 5), sondern um die Zuordnung von Klang und Schreibbild. Das ist besonders für Sprecher/innen aus arabischen Sprachen wichtig.
Die KT hören zunächst in 1 die Beispielwörter und sprechen sie nach. In 2 müssen sie in einem Vokaldiktat die Vokale erkennen und ergänzen. Wenn Ihre KT Schwierigkeiten haben, die Laute von der CD zu erkennen, können Sie auch das Diktat selbst vorlesen und die Vokale sehr deutlich sprechen.
Wichtig ist auch, dass die KT den ganzen Text noch einmal selbst sprechen, denn hören können und sprechen können hängen eng zusammen.
Lösung 2a:
Guten Tag, wie ist Ihr Name?
Guten Tag, mein Name ist Kleev.
Wie bitte?
Moment, ich buchstabiere: KLEEV.
Wohnen Sie schon lange hier?
Ja, schon zehn Jahre.
Was sind Sie von Beruf?
Lehrer.

Lektion 4
er und *e* in der Endung

Die Vokale in der Endung, das schwache *e* [ə] und das schwache a [ɐ] sind sehr wichtig für eine gut verständliche Aussprache.
Wichtig ist, dass Sie zunächst den Wortakzent markieren lassen, denn diese beiden Laute kommen nur in unbetonten Silben vor.
Für viele KT, die Probleme mit dem deutschen *r* haben, ist es eine große Erleichterung, wenn sie erkennen, dass viele geschriebene *r* gar nicht als *r* realisiert werden müssen (und dürfen).
In Übung 1 und 2 geht es um die korrekte Aussprache der beiden Endungen, die in der Regel den Lernenden wenige Schwierigkeiten bereitet. In Übung 3 sollen sie dann die Endung nicht einfach nachsprechen, sondern die Schrift in richtige Aussprache umsetzen. Das provoziert meist noch einmal wieder Fehler, da das geschriebene *r* dazu verleitet ein *r* zu sprechen, ebenso wie das geschriebene *e* dann häufig wieder als *ä* [ɛ] oder *e* [e] realisiert wird.
Lösung 1a: der Vater – die Mutter – der Bruder – die Schwester – die Geschwister – die Eltern

Lösung 2a: die Tante – die Cousine – die Nichte – der Neffe – der Onkel – die Familie – zu Hause

Lektion 5
Lange und kurze Vokale

Die Unterscheidung der Vokale in lange und kurze Vokale ist eine für das Deutsche grundlegend. Beachten Sie dabei, dass diese Unterscheidung (fast) nur für die Vokale gilt, die den Wortakzent tragen. Wichtig ist auch zu wissen, dass man zwar immer von langen und kurzen Vokalen spricht, dass die Vokalpaare sich aber nicht nur in der Länge unterscheiden. Besonders deutlich ist das beim *e* und *o*. Ein langes *e* wird geschlossen gesprochen [*e*], ein kurzes wird offener, als *ä* gesprochen [ɛ]. Ebenso ist das lange *o* ein gespanntes, geschlossenes „rundes" [*o*] wohingegen das kurze *o* offener gesprochen wird als [ɔ]. Man kann das sehr schön mit einem Gummiband verdeutlichen: Wenn man das geschlossene, gespannte *e* spricht, spannt man das Band, wenn man das geöffnete *ä* spricht, lässt man es locker.

Tipp: Sie können den KT Gummibänder (längere Haushaltsgummis) verteilen und die Wörter in Übung paarweise sprechen lassen: *der Tag* (Gummi wird lang gezogen), *wann* (Gummi wird locker gelassen).

Die Zeichnungen zeigen zwei Handbewegungen. Für den langen Vokal bewegt sich die Hand mit der Handfläche nach oben von links nach rechts vor dem Körper. Für den kurzen Vokal „hackt" die Hand von oben nach unten. Auch wird eine wichtige visuelle Hilfe für die Markierung der Vokale eingeführt, ein Strich für einen langen Vokal und ein Punkt für einen kurzen Vokal. Diese Markierung der Vokale finden Sie in *Pluspunkt Deutsch* in allen Wortlisten. Es ist wichtig, dass die KT diese Notation verstehen. Beachten Sie, dass in jedem Wort immer nur der wichtige Vokal markiert wird, nämlich der Vokal des Wortakzents.
In 2 b können Sie mit den beiden Handbewegungen arbeiten und die Aussprache der Vokale begleiten. Das ist auch eine leicht verständliche Korrekturgeste im Unterricht.
Lösung 2a: Montag – Dienstag – Mittwoch – Donnerstag – Freitag – Samstag – Sonntag

Wichtig ist die abschließende Übung 3, in der die Wörter mit langem und kurzem Vokal in einer kommunikativen Übung gesprochen werden. Weisen Sie darauf hin, dass *schwimmen*, *arbeiten* und *tanzen* einen kurzen Vokal haben und *fahren* ein langes *a*.

Lektion 6
Die Umlaute *ä, ö, ü*

In dieser Einheit geht es um die Umlaute *ä*, *ö* und *ü*. Das *ä* macht in der Regel keine Schwierigkeiten, das *ö* und *ü* dafür umso häufiger.
Eine Schwierigkeit liegt darin, dass die Schrift nahe legt, dass das *ö* etwas mit dem *o* zu tun hat und das *ü* mit dem *u*. Aus phonetischer Sicht ist das nicht sinnvoll. Es ist sehr schwierig, die Aussprache des *ü* ausgehend vom *u* zu erklären.
Ganz einfach ist es dagegen, wenn man das *ü* vom *i* ausgehend erklärt: Sprechen Sie ein *i* und runden Sie die Lippen, es ergibt sich automatisch ein *ü*. Ebenso kann man mit dem *ö* verfahren. Achten Sie darauf, dass die KT ein gespanntes *e* sprechen und dann die Lippen runden, es ergibt sich ein *ö*.
Diese „Mundgymnastik" hilft, sich diese beiden, insbesondere für Osteuropäer schwierigen Laute einzuprägen.

Lösung: 1 a: der Käse – das Hähnchen – zwei Äpfel – die Getränke
das Brötchen – schön – die Köchin – ich möchte
das Müsli – die Tüte – wünschen – Tschüss

Lösung 2 b: 1. Bittner – 2. Bühler – 3. Müller – 4. Kiel
Lösung 3 b: 1. Wörner – 2. Köhler – 3. Hehne – 4. Möller

Lektion 7
Die Diphtonge *ei, au, eu*

Der Gang durch das Vokalsystem des Deutschen wird abgerundet durch die Behandlung der Diphtonge *ei*, *au* und *eu*, die meist eher ein Leseproblem als ein Ausspracheproblem darstellen. Besonders wichtig ist es, darauf hinzuweisen, dass das *e* in dem *ei* immer als *a* gesprochen wird [ai̯].
Auch kann eine Gegenüberstellung von dem langen *i*, das als *ie* geschrieben wird und dem Diphtong *ei* hilfreich sein. Das ist besonders einprägsam mit Wortpaaren, in denen sich die Bedeutung unterscheidet: *reisen – Riesen*, *leider – Lieder*, *weiter – wieder*.
Lassen Sie dann das Diphtong-Diktat schreiben. Wenn die KT Schwierigkeiten haben, die Laute von der CD genau zu hören, lesen Sie den Diktattext sehr deutlich vor.
Wichtig ist, dass die KT anschließend an das Diktat den Text selbst sprechen.
Die Übung 3 übt die Diphtonge noch einmal in kommunikativ sinnvollen Minidialogen. Achten Sie an dieser Stelle sehr genau auf die korrekte Aussprache.

Lösung 2a:
Müssen Sie früh aufstehen?
Ja, manchmal muss ich früh aufstehen.
Arbeiten Sie draußen?
Ja, manchmal arbeite ich draußen, manchmal arbeite ich aber auch im Haus.
Arbeiten Sie alleine?
Ja, oft arbeite ich alleine.
Reisen Sie viel?
Nein, ich muss leider nicht reisen.
Brauchen Sie ein Auto?
Ja, manchmal muss ich etwas einkaufen, dann brauche ich ein Auto.
Arbeiten Sie heute?
Nein, heute habe ich Urlaub.

Lektion 8
pf und *z*

In den Einheiten 8, 9, 10, 13 und 14 werden einige Konsonanten behandelt, bei denen es häufig Lese- und/oder Ausspracheprobleme gibt. In Einheit 8 erscheinen zwei typische Leseprobleme. Das *pf* wird von vielen KT in zwei Laute zerlegt, so dass das Wort *Kopf* drei Silben bekommt: *Ko-pe-fe* und schlecht verstanden wird. Deshalb ist es sinnvoll, erst die Silben der Wörter zu klatschen und die Aussprache der Wörter mit Klatschen zu begleiten.
Wichtig ist der Hinweis, dass das *p* sehr schwach gesprochen wird, der wichtigere Laut in der Kombination ist das *f*. So sprechen viele Deutsche am Anfang eines Wortes in der Kombination *pf* das *p* nicht oder kaum: das *Pferd* wird dann zum *Ferd*.

Das *z* ist meistens kein phonetisches Problem, sondern ein Problem der Zuordnung von Laut und Schrift: In vielen Sprachen wird der Buchstabe z als weiches *s* [*z*] gesprochen. Diese Aussprache wird fälschlicherweise auf das Deutsche übertragen. Das Problem ist meist durch eine einmalige phonetische Übung nicht gelöst. Es kann deshalb hilfreich sein, ein kleines Plakat mit einem typischen *z*-Wort im Klassenraum aufzuhängen. Das Plakat kann auch nett illustriert sein, z. B. ein Zebra mit Zahnschmerzen, eine Zeitung mit Informationen o. Ä. Jedes Mal, wenn im Kurs in der folgenden Zeit ein *z* falsch ausgesprochen wird, zeigen Sie nur kurz auf das Plakat und rufen auf angenehme, unkomplizierte Weise die Regel ins Gedächtnis.

Lektion 9
Das *ch*

Das *ch* ist meist sowohl ein Leseproblem (Wann spricht man den Ich-Laut, wann den Ach-Laut?) als auch ein Ausspracheproblem. Meistens ist es der Ich-Laut, der nicht weich genug gesprochen wird und wie ein Ach-Laut klingt, oder der mit dem *sch* verwechselt wird.
Beginnen Sie deshalb mit dem Ach-Laut. Die Regel, nach *a*, *o*, *u* und *au* spricht man den Ach-Laut, ist nicht ganz korrekt. Die Endung -chen wird immer mit dem Ich-Laut gesprochen, auch wenn sie auf ein *a*, *o*, *u* oder *au* folgt. Für die KT wäre das an dieser Stelle aber verwirrend.

Der Ich-Laut macht vielen KT Probleme. Die korrekte Aussprache lässt sich am besten vom *j* [*j*] herleiten, das die meisten KT sprechen können. Die Stellung der Sprechwerkzeuge stimmt überein, der einzige Unterschied ist, dass das *ch* stimmlos ist, während das *j* stimmhaft ist.

Ergänzend sind in 4 die bereits bekannten Wörter aufgeführt, in denen das *chs* als *ks* gesprochen wird. Auch in einigen wenigen Fremdwörtern wird das *ch* anders ausgesprochen, z. B. in *Chef* als *sch* oder in *Chor* als *k*. Weisen Sie im Einzelfall darauf hin, wenn Sie diese Wörter neu einführen.
Lösung 3a: Ach-Laut: das Buch, der Koch, die Sprache, Sprachen, Sprachen
Ich-Laut: die Bücher, die Köchin, sprechen, Welche, sprechen, Welche, sprichst

Lektion 10
nk und *ng*

Bei dem *nk* spricht man nicht die beiden Buchstaben *n* und *k*, sondern das *n* wird zu einem [*ŋ*]. In der Regel macht das *nk* keine Probleme. Es ist hier nur aufgeführt, um das *ng* davon abzugrenzen.
Bei dem *ng* werden die beiden Buchstaben nicht als *n* und *g* gesprochen, sondern sie werden zusammen als [*ŋ*] ausgesprochen. Das macht in der Endung meist kein Problem, zwischen zwei Silben wird [*ŋ*] jedoch häufig zu einem [*ŋg*]. Besonders auffallend ist es bei dem sehr frequenten Partizip von „gehen", das oft falsch als [*gəgaŋgən*] ausgesprochen wird. Deshalb finden Sie als Abschluss dieser Phonetikeinheit eine kommunikativ orientierte Sprechübung, in der beide Partner/innen dieses Partizip ständig verwenden müssen.

Lektion 11
Wortgruppen sprechen

Der Wortakzent sollte mit allen neuen Wörtern regelmäßig wiederholt und eingeübt werden und deshalb sehr präsent sein. In dieser Einheit geht es um Wortgruppen. In Wortgruppen wird nicht jedes Wort betont sondern nur das wichtigste, das die meiste Information trägt. In Nomen-Verbgruppen ist das normalerweise das Nomen. Auf diese Regel soll in dieser Übung hingewiesen werden.
Die KT sprechen die z. T. schwierigen Wörter in 1a erst einmal langsam nach. Dann hören sie in 1b die Wortgruppen in einem normalen Sprechtempo und entscheiden, welches Wort betont ist.
Lösung:
das Auto anmelden
Kindergeld beantragen
die Wohnung anmelden
einen Antrag abgeben
ein Formular ausfüllen
den Mietvertrag unterschreiben
die Gehaltsabrechnung abgeben
das Geburtsdatum eintragen
eine Berufsberatung bekommen

Anschließend sprechen sie die Wortgruppen flüssig mit der richtigen Betonung nach. Zum Abschluss sollen diese Wortgruppen noch einmal in einer kommunikativ orientierten Sprechübungen angewendet werden.
Ein Nebeneffekt dieser Phonetikübung ist, dass der wichtige Behördenwortschatz eingeübt und flüssig gesprochen wird.

Natürlich ist bei Wortgruppen der Wortakzent nicht so eindeutig wie bei Einzelwörtern. So kann man natürlich auch sagen: Ich möchte das Auto anmelden. Allerdings ist das dann eine besondere Betonung, die ausdrückt, dass das „anmelden" in Kontrast zu etwas steht, z. B. in dem Sinne: ich möchte das Auto nicht abmelden, ich möchte es anmelden.

Lektion 12
Wortakzent bei Komposita

Zusammengesetzte Nomen, Komposita, sind eine typische Struktur des Deutschen. In der Einheit wurde schon darauf aufmerksam gemacht, dass der Artikel sich nach dem Grundwort, dem letzten Wort, richtet. Hier werden die Komposita noch einmal unter phonetischen Gesichtspunkten betrachtet: Der Wortakzent liegt (fast immer) auf dem 1. Wort, dem Bestimmungswort.
Für viele KT ist es nicht einfach, diese langen Wörter flüssig zu sprechen. Sie können deshalb zunächst auch wie in Einheit 2 die Silben klatschen lassen und die betonte und die unbetonten Silben durch kräftiges und schwaches Klatschen unterscheiden lassen.
Lösung: 1 a
die Mode – der Schmuck – der Modeschmuck
der Winter – der Mantel – der Wintermantel
der Herr – die Jacke – die Herrenjacke
der Computer – das Spiel – das Computerspiel
das Baby – die Wäsche – die Babywäsche
die Dame – der Friseur – der Damenfriseur

Lektion 13
Das *r*

Zum Abschluss des A1-Bandes werden noch zwei schwierige Konsonanten geübt. In Einheit 13 das *r*. Wenn man als Ziel des Aussprachetrainings nicht eine perfekte deutsche Aussprache, sondern eine angenehm verständliche Aussprache hat, dann kann man unterschiedliche *r* zulassen. Das Zäpfchen-r ebenso wie das Reibe-r oder das Zungen-r. Beim Zungen-r sollte man die KT nur darauf hinweisen, dass das Zungen-r im Deutschen nicht so stark gerollt wird wie in anderen Sprachen.

Für KT aus vielen ostasiatischen Sprachen, die kein *r* kennen, ist das Zungen-r in der Regel nicht so sinnvoll, da es leichter mit dem *l* verwechselt werden kann.
Die Gurgelübung, wie im Kursbuch beschrieben hilft die Position des *r* und die beteiligten Sprechwerkzeuge kennenzulernen. Außerdem trainiert sie die Muskeln. Es ist wichtig, dass die KT Geduld aufbringen, um diesen neuen Laut in ihr Repertoire aufzunehmen. Sie sollten in dieser Einheit lernen, wie sie diesen Laut produzieren und üben können. Bis sie den Laut beim spontanen Sprechen richtig sprechen, bzw. überwiegend richtig sprechen, werden einige Monate vergehen.

Die Nachsprechübung in 1 a ist vom Einfachen zum Schwierigen aufgebaut. Das *r* ist in der Kombination mit dem Ach-Laut, dem *g* oder *k* leichter zu sprechen, da diese drei Laute an einer ähnlichen Stelle produziert werden.
Besonders schwierig ist es, das *r* in der letzten Zeile am Silbenanfang zu sprechen (Be-ruf). Wenn dies am Anfang nicht gelingt, sollte man diese Zeile nicht erzwingen, sondern lieber die ersten Zeilen üben und nach ein paar Wochen noch einmal auf diese Zeile zurückkommen.

Die Übung 1 b erinnert noch einmal an die Endung *-er*, in der das *r* nicht gesprochen wird. Die ganze Endung wird als schwaches *a* [ɐ] gesprochen.

Lektion 14
Das *h*

Das *h* ist für einige KT ein Problemlaut, z. T. wird es zu stark (in Richtung Ach-Laut) gesprochen, z. T. wird es z. B. von französischen Muttersprachlern gar nicht gesprochen.
Um den Laut zu verdeutlichen, ist eine Kerze sehr hilfreich. Wer kann aus einer Entfernung ein *h* (keinen Ach-Laut!) so sprechen, dass sich die Flamme deutlich bewegt? Natürlich ist eine Kerze aufwändig und sie können diese Übung auch mit einem Blatt Papier machen, das sich bewegen muss, oder einem Spiegel, der sich beschlagen muss, oder Sie können die KT einfach auf ihre Handfläche sprechen lassen, sodass sie den Lufthauch spüren.

In 2a sind Wortpaare präsentiert, die sich in der Aussprache nur durch das *h* unterscheiden. Die KT hören von der CD eins der Wörter und müssen ankreuzen, welches sie gehört haben.
Lösung 2 a: 1. ihr 2. Haus 3. heiß 4. alt 5. Ende 6. Hund

Ebenso wie bei den *r* gibt es auch bei den *h* einige, die man im Schriftbild sieht, die aber nicht als *h* gesprochen werden, es ist das Dehnungs-h nach einem Vokal, das anzeigt, dass dieser Vokal lang gesprochen wird.

Lassen Sie in 3 b die Wörter im Kasten erst daraufhin markieren, welche *h* man spricht und welche nur den Vokal dehnen. Dann erst sollten die kleinen Minidialoge gesprochen werden.
h wird gesprochen: *Hemd, Heft, Handy, Hähnchen,*
h wird nicht gesprochen und dehnt den Vokal:
Fahrrad, Hähnchen, Stuhl.

KOPIERVORLAGEN

Steckbrief

Ich heiße:

Vorname: ______________________

Familienname: ___________________

Ich komme aus:

Land: ____

Stadt: ____

Ich wohne jetzt in: ________________________________

____

____

Autor: Dieter Maenner

	1+1
= eins	15 - 7
= zwei	2 + 2
= drei	14 + 5
= vier	6 + 7
= fünf	5 - 2
= sechs	4 + 3
= sieben	17 - 7
= acht	9 - 4
= neun	18 - 4
= zehn	3 + 6

= elf	2 + 4
= zwölf	12 + 6
= dreizehn	20 - 8
= vierzehn	4 - 3
= fünfzehn	9 + 8
= sechzehn	10 + 10
= siebzehn	6 + 5
= achtzehn	17 - 2
= neunzehn	9 + 7
= zwanzig	

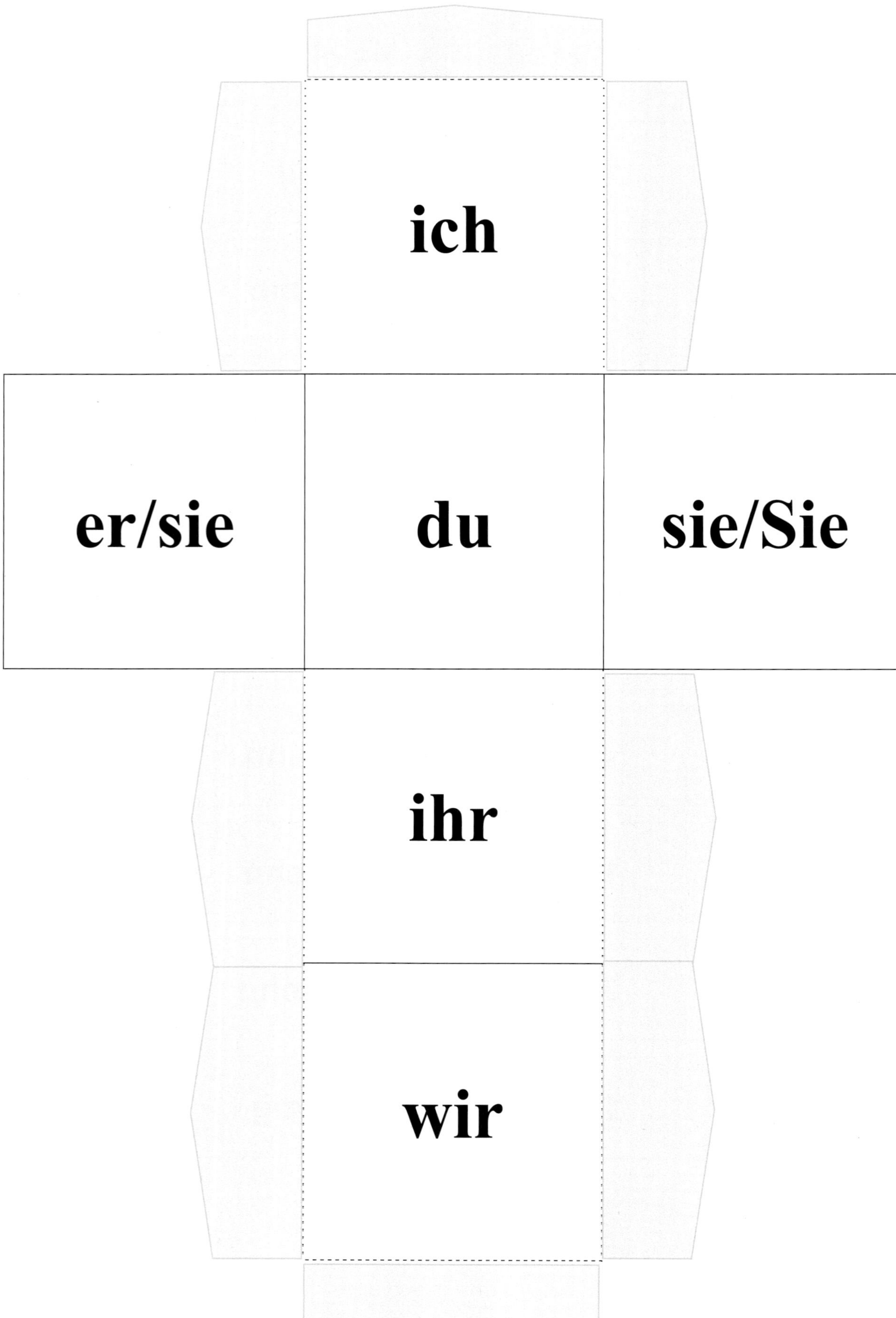
ich
er/sie
du
sie/Sie
ihr
wir

Kopiervorlage 4

Bingofelder

Zahlenliste für den Spielleiter / die Spielleiterin

1	2	3	4
5	6	7	8
9	10	11	12
13	14	15	16
17	18	19	20

1	2	3	4
5	6	7	8
9	10	11	12
13	14	15	16
17	18	16	20

1	2	3	4
5	6	7	8
9	10	11	12
13	14	15	16
17	18	16	20

Zahlenbingo II

Bingofelder

Zahlenliste für den Spielleiter / die Spielleiterin

1	2	3	4	5	6	7	8	9	10
11	12	13	14	15	16	17	18	19	20
21	22	23	24	25	26	27	28	29	30
31	32	33	34	35	36	37	38	39	40
41	42	43	44	45	46	47	48	49	50
51	52	53	54	55	56	57	58	59	60
61	62	63	64	65	66	67	68	69	70
71	72	73	74	75	76	77	78	79	80
81	82	83	84	85	86	87	88	89	90
91	92	93	94	95	96	97	98	99	100

1	2	3	4	5	6	7	8	9	10
11	12	13	14	15	16	17	18	19	20
21	22	23	24	25	26	27	28	29	30
31	32	33	34	35	36	37	38	39	40
41	42	43	44	45	46	47	48	49	50
51	52	53	54	55	56	57	58	59	60
61	62	63	64	65	66	67	68	69	70
71	72	73	74	75	76	77	78	79	80
81	82	83	84	85	86	87	88	89	90
91	92	93	94	95	96	97	98	99	100

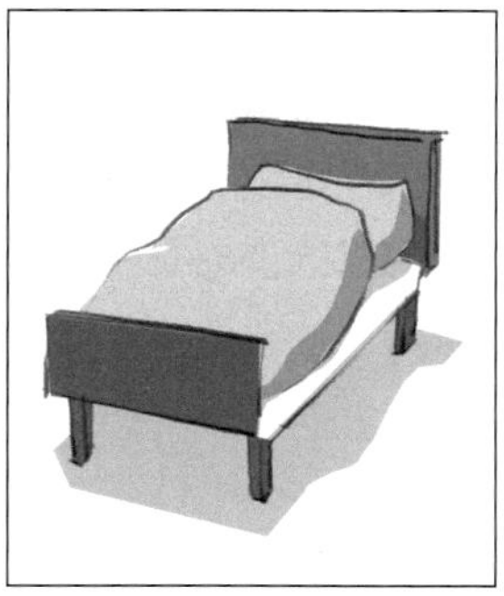

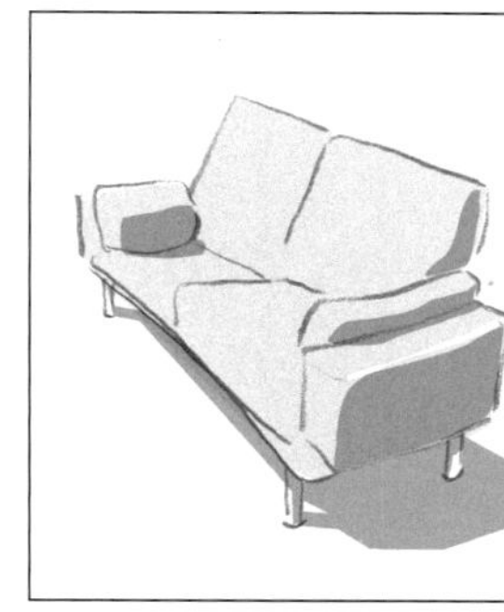
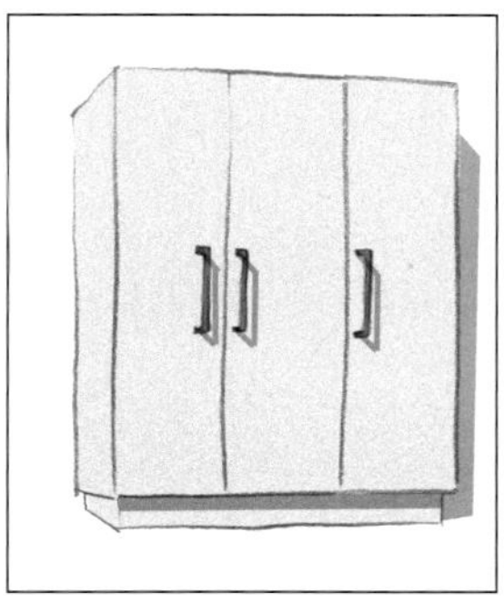

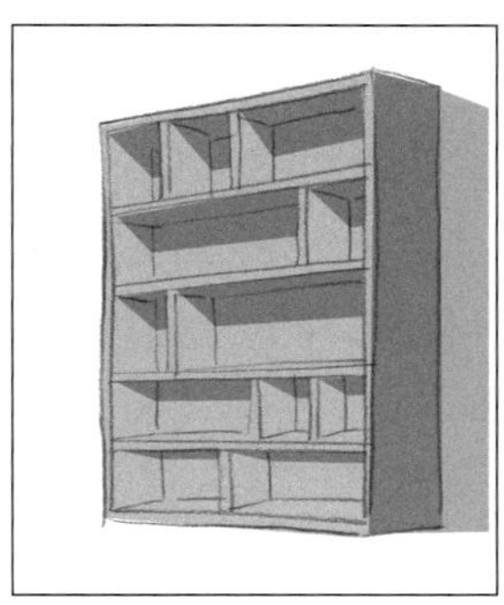
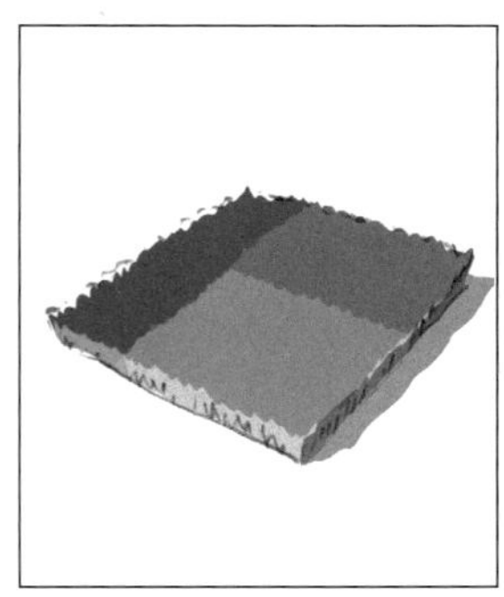
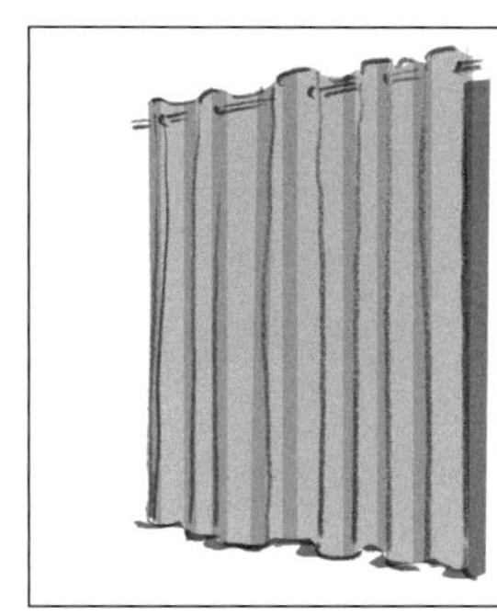
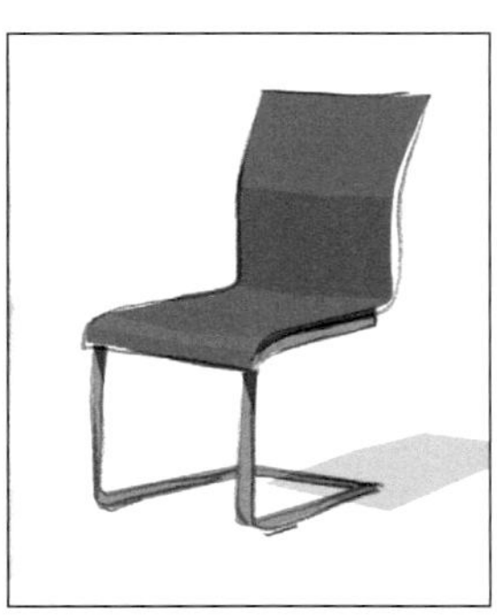

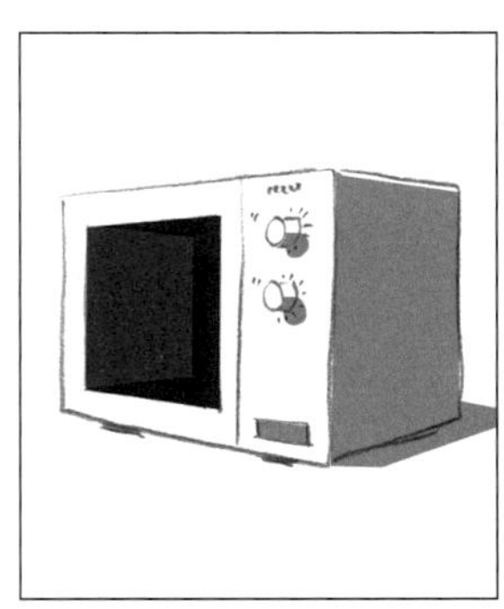

Illustrationen: Christoph Grundmann

Möbel-Memory

das Bett, -en	**die Spüle, -n**	**der Herd, -e**	**das Sofa, -s**
der Schrank, "-e	**der Fernseher, -**	**der Sessel, -**	**die Lampe, -n**
das Bild, -er	**das Regal, -e**	**der Teppich, -e**	**der Vorhang, "-e**
der Stuhl, "-e	**der Tisch, -e**	**die Mikrowelle, -n**	**die Waschma- schine, -n**
der Kühlschrank, "-e	**die Kommode, -n**	**das Fenster, -**	**die Tür, -en**

Autor: Dieter Maenner

Kennlern-Bingo

Haben Sie einen Bruder? JA NAME:	Hören Sie gern Musik? JA NAME:	Essen Sie gern Pizza? JA NAME:	Haben Sie Arbeit? JA NAME:
Sprechen Sie Englisch? JA NAME:	Trinken Sie gern Kaffee? JA NAME:	Wohnen Sie im Erdgeschoss? JA NAME:	Haben Sie ein Auto? JA NAME:
Wohnen Sie im ersten Stock? JA NAME:	Leben Ihre Eltern in Deutschland? JA NAME:	Essen Sie gern Schokolade? JA NAME:	Haben Sie eine Schwester? JA NAME:
Haben Sie einen Laptop? JA NAME:	Haben Sie ein Wörterbuch? JA NAME:	Haben Sie Kinder? JA NAME:	Haben Sie ein Handy? JA NAME:

Autor: Dieter Maenner

Wie spät ist es?

Der Film	fängt	um 19 Uhr	an.

Am Wochenende	stehe	ich	spät	auf.

Wann	hört	der Film	auf?

Wir	kaufen	heute	im Supermarkt	ein.

Er	ruft	um halb sieben	Dimitri	an.

Ich	komme	ins Kino	mit.

Das Kind	räumt	das Zimmer	nicht gern	auf.

Am Abend	sehen	die Eltern	fern.

Der Unterricht	fällt	heute	aus.

Wo	findet	der Kurs	statt?

Fahrt	ihr	am Wochenende	weg?

Samstagabend ins Kino gehen 20.15 Uhr	am Sonntag Fußball spielen 15.00 Uhr
morgen Nachmittag joggen gehen 15.30 Uhr	Donnerstagnachmittag in der Stadt einkaufen gehen 14 Uhr
Montagmittag zusammen kochen 12.00 Uhr	Freitagabend essen gehen 20.15 Uhr
Freitagnachmittag zusammen Hausaufgaben machen 16.15 Uhr	Mittwoch zusammen kochen 18.00 Uhr
morgen einen Ausflug machen 10.45 Uhr	am Sonntag spazieren gehen 12.00 Uhr

☺	☹	☺	☹
Wann?	keine Zeit	Wann?	Tennis spielen
☺	☹	☺	☹
Wann?	Termin	Wann?	Eltern kommen
☺	☹	☺	☹
Wann?	später	Wann?	Freunde treffen
☺	☹	☺	☹
Wann?	schwimmen gehen	Wann	Schach spielen
☺	☹	☺	☹
Wann?	keine Zeit	Wann?	fernsehen

Ich habe keinen Bleistift.	Dann nimm doch einen Kuli.
Wir arbeiten schon so lang.	Dann macht doch eine Pause.
Mein Auto ist kaputt.	Dann nehmen Sie doch das Fahrrad.
Ich finde den Stuhl nicht bequem.	Dann kauf doch einen Sessel.
Ich habe am Wochenende viel Zeit.	Dann fahren Sie doch weg.
Wie spreche ich das *ö* richtig?	Sprich einfach *e* und öffne den Mund.
Ich habe morgen keine Zeit.	Dann ruf mich doch heute an.
Wir gehen einkaufen.	Dann bringt bitte eine Zeitung mit.
Ich verstehe die Grammatik nicht.	Dann frag doch die Kurslei-terin.
Es ist schon 23 Uhr.	Dann schlaft gut. Gute Nacht.

Wie viel kostet ... ? / Wie viel kosten ... ?

Fragen Sie B nach den Preisen und antworten Sie auf die Fragen von B.

ein Liter Milch
0,85 €

6 Eier
.... €

ein Kasten Wasser
4,40 €

eine Dose Erbsen
.... €

eine Flasche Wasser
0,45 €

eine Tüte Chips
.... €

ein Glas Marmelade
2,29 €

eine Tafel Schokolade
.... €

eine Packung
Spaghetti 1,19 €

3 Brötchen
.... €

1 Weißbrot
1,25 €

200 g Salami
.... €

1 Kilo Tomaten
1,10 €

1 Pfund Kartoffeln
.... €

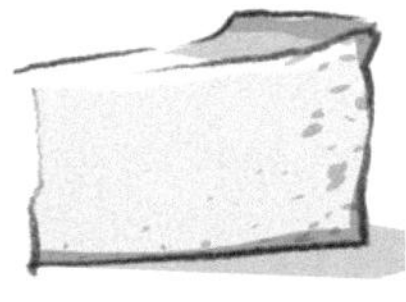

1 Stück Käsekuchen
0,95 €

1 Kilo Äpfel
.... €

Autor: Dieter Maenner
Illustrationen: Christoph Grundmann

Fragen Sie A nach den Preisen und antworten Sie auf die Fragen von A.

ein Liter Milch
.... €

6 Eier
1,50 €

ein Kasten Wasser
.... €

eine Dose Erbsen
1,99 €

eine Flasche Wasser
.... €

eine Tüte Chips
0,69 €

ein Glas Marmelade
.... €

eine Tafel Schokolade
0,85 €

eine Packung
Spaghetti .... €

3 Brötchen
0,90 €

1 Weißbrot
.... €

200 g Salami
1,90 €

1 Kilo Tomaten
.... €

1 Pfund Kartoffeln
1,35 €

1 Stück Käsekuchen
.... €

1 Kilo Äpfel
1,45 €

1 Fragen Sie Ihren Partner / Ihre Partnerin und machen Sie Notizen.

1. Musst du am Samstag arbeiten?

2. Willst du am Samstag ins Kino gehen?

3. Was willst du am Sonntag machen?

4. Kannst du am Samstag lange schlafen?

5. Wo willst du gerne arbeiten?

6. Musst du oft früh aufstehen?

7. Kannst du Englisch sprechen?

8. Kannst du tanzen?

9. Was willst du heute noch machen?

10. Was musst du heute noch machen?

2 Erzählen Sie dann im Plenum:

Beispiel:
Murat muss am Samstag nicht arbeiten. Er will am Samstag nicht ins Kino gehen. …

Finden Sie für jeden Satz die passende Präposition. Legen Sie die Karte mit der richtigen Präposition auf das Bild.

Er geht _______ den Kindern einkaufen.

Sie geht _______ Arzt.

Sie geht _______ Post.

Der Mann geht _______ dem Haus.

Sie ist _______ Arzt.

Er fährt _______ Paris.

Er ist _______ der Chefin.

Sie kommt _______ Arzt.

Autor: Joachim Schote
Illustrationen: Christoph Grundmann

Komposita-Domino

	Arbeit
geber	Haus
arzt	Hals
schmerzen	Kranken
haus	Krank
schreibung	Körper
teil	Not
ruf	Bonus
heft	Schmerz
tablette	Gesundheits
karte	Sprech
zeiten	

Sie brauchen:

1 Würfel, 4 Spielfiguren, 24 Aufgabenkarten

Spielregeln:

1. Immer vier Personen aus dem Kurs spielen zusammen.
2. Alle vier Spielfiguren beginnen auf dem Feld „Start“.
3. Jede/r Teilnehmer/in hat eine Münze. Werfen Sie die Münze der Reihe nach.
4. Bei „Zahl“ gehen Sie ein Feld weiter, bei „Kopf“ zwei Felder.
5. Sind Sie auf einem Feld mit Ausrufezeichen (!) angekommen? Nehmen Sie eine Aufgabenkarte und lösen Sie die Aufgabe.
6. Richtig? Gehen Sie ein Feld weiter. Falsch? Gehen Sie ein Feld zurück.
7. Sind Sie als Erste/r im Ziel? Herzlichen Glückwunsch – Sie haben gewonnen.

START	!		!	
!		!		!
	!		!	
!		!		!
	!		!	
!		!		!
	!		!	ZIEL

Der Akkusativ. Wie war das noch?

Kaufen Sie einen Fernseher? *Ja, ...*	Kaufen Sie einen Tisch? *Ja, ...*	Hast du ein Auto? *Ja, ...*	Brauchst du ein Handy? *Nein, ...*
Brauchen Sie eine Schmerztablette? *Ja, ...*	Brauchen Sie eine Brille? *Nein, ...*	Kaufst du Möbel? *Ja, ...*	Brauchen Sie Tomaten? *Nein, ...*
Brauchen Sie eine Krankschreibung? *Ja, ...*	Brauchen Sie ein Rezept? *Nein, ...*	Brauchst du einen Kugelschreiber? *Ja, ...*	Brauchst du dein Handy? *Ja, ...*
Brauchen Sie Ihre Uhr? *Ja, ...*	Brauchen Sie Ihre Bücher? *Ja, ...*	Kaufen Sie das Auto? *Ja, ...*	Isst du den Salat? *Ja, ...*
Räumst du die Wohnung auf? *Ja, ...*	Holt ihr die Pakete ab? *Ja, ...*	Rufst du mich jeden Tag an? *Ja, ...*	Ruft ihr uns morgen an? *Ja, ...*
Rufen Sie den Chef an? *Ja, ...*	Triffst du heute Abend Frau Müller? *Ja, ...*	Rufst du deine Eltern oft an? *Ja, ...*	Triffst du heute Abend Sascha und Karoline? *Ja, ...*

Autor: Joachim Schote

1 Zu Übung B5b und B5c im KB: Hören Sie und zeichnen Sie den Weg und das Haus in den Plan.

2 Zu Übung B6 im KB. A zeichnet ein Haus in den Plan und beschreibt den Weg. B zeichnet den Weg in den Plan.

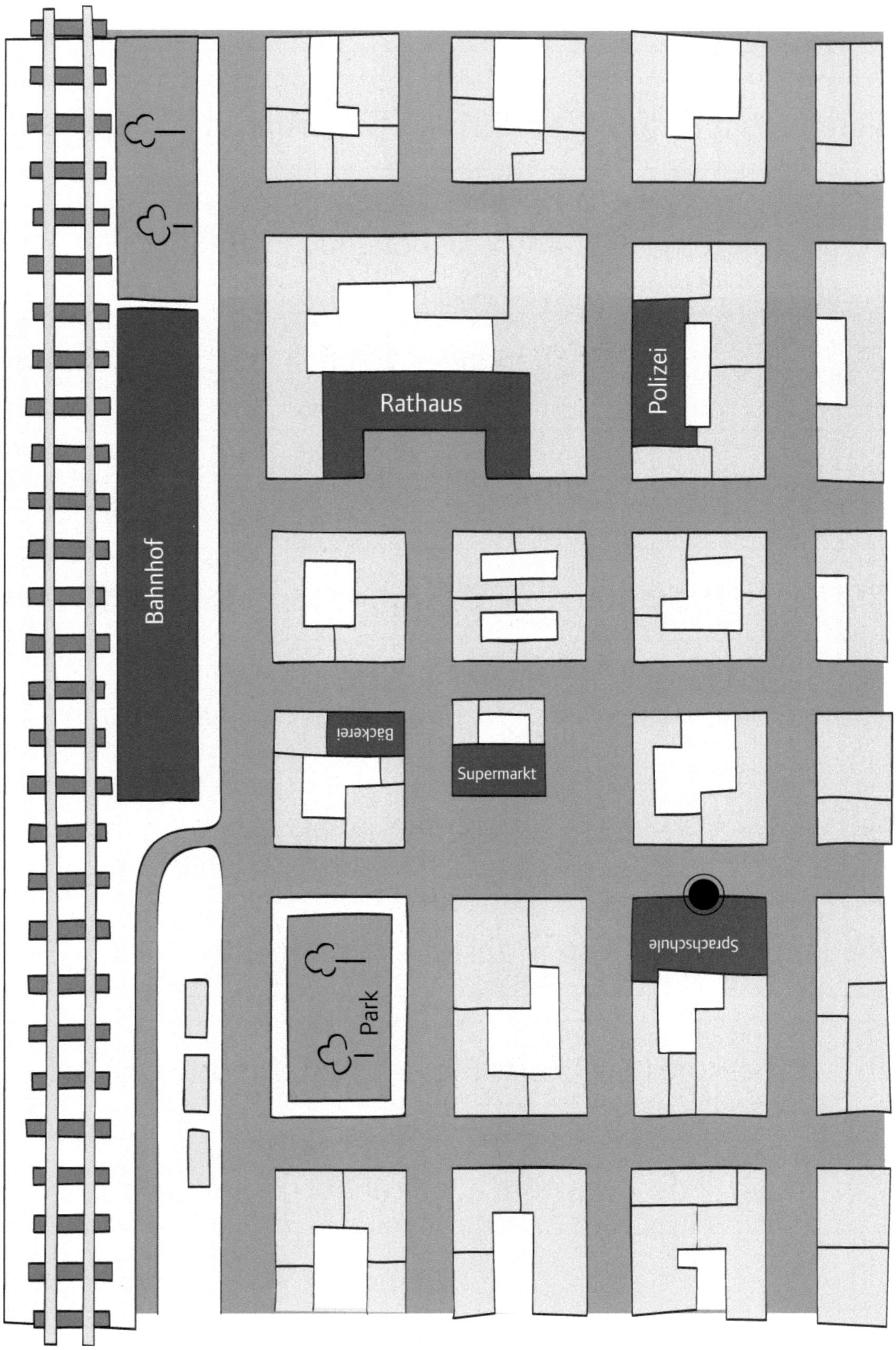

© finedesign Büro für Gestaltung, Berlin

Wir	haben	gestern im Supermarkt	eingekauft.	
Habt	ihr	gestern im Supermarkt	eingekauft?	
Wann	habt	ihr	gestern im Supermarkt	eingekauft?
Wohin	seid	ihr	am Wochenende	gefahren?
Seid	ihr	am Wochenende	nach Berlin	gefahren?
Am Wochenende	sind	wir	nach Köln	gefahren.
Ich	bin	gestern um 21.00 Uhr nach Hause	gekommen.	
Wann	bist	du	gestern nach Hause	gekommen?
Ich	habe	gestern sechs Stunden	gearbeitet.	
Wie lange	hast	du	gestern	gearbeitet?
Ich	habe	gestern Reis, Fleisch und Suppe	gekocht.	
Was	hast	du	gestern	gekocht?

gehen	trinken	essen	schlafen
sehen	lesen	kommen	fahren
bleiben	aufstehen	ein- schlafen	fernsehen
aufwachen	arbeiten	einkaufen	aufräumen
kochen	spielen	machen	hören
lernen	leben	wohnen	mit- bringen
reden	abholen	suchen	träumen

gegangen	getrunken	gegessen	geschlafen
gesehen	gelesen	gekommen	gefahren
geblieben	auf- gestanden	ein- geschlafen	fern- gesehen
auf- gewacht	gearbeitet	ein- gekauft	auf- geräumt
gekocht	gespielt	gemacht	gehört
gelernt	gelebt	gewohnt	mit- gebracht
geredet	abgeholt	gesucht	geträumt

Im Rathaus: Sie haben einen Termin mit Herrn Hartmann. Herr Hartmann arbeitet beim Wohnungsamt. Sie suchen das Büro von Herrn Hartmann.	Das **Wohnungsamt** ist im 2. Stock. Zimmer 223 Frau Schmidt Zimmer 224 Herr Groß Zimmer 225 Herr Hartmann
Am Telefon: Sie telefonieren mit der Sprachschule Lingua. Sie fragen nach den Terminen für den A2-Kurs Deutsch.	**Kursinformationen:** Deutsch A1 1. Februar – 4. März Mo.–Fr. 9.00–12.00 Uhr Deutsch A2 15. Februar – 18. März Mo.–Fr. 9.00–12.00 Uhr Deutsch B1 1. März – 11. April Mo.–Fr. 9.00–12.00 Uhr
Im Rathaus: Sie möchten die Öffnungszeiten von der Volkshochschule wissen.	**Öffnungszeiten Volkshochschule:** Mo.–Fr. 10.00–17.00 Uhr Do. 10.00–18.00 Uhr
Auf der Straße: Sie suchen das Bürgeramt.	Adresse **Bürgeramt:** Hauptstraße 12 U-Bahn Linie 1 vom Hauptbahnhof, umsteigen am Theaterplatz, dann noch 2 Stationen.
In der Volkshochschule: Sie möchten einen Computerkurs für Anfänger machen. Fragen Sie nach dem Preis.	**Word 2013** Basiswissen – sicher am Computer arbeiten € 110,00 **Digitale Fotografie** - Bitte Kamera mitbringen € 100,00
Auf der Bank: Sie möchten Geld an den Sportverein SV Bornheim überweisen und suchen die Bankverbindung.	**Sportverein SV Bornheim:** Kontonummer DE18 3542 0034 5766 7344 09
Im Bürgeramt: Sie haben ein Formular und verstehen das Wort *Familienstand* nicht.	Sie arbeiten im **Bürgeramt.** Ein Kunde/Eine Kundin versteht das Wort *Familienstand* nicht. Erklären Sie das Wort.
Am Telefon: Sie brauchen einen Termin beim Arzt. Sie haben nur nachmittags Zeit.	**Praxis Dr. Schmidt:** Freie Termine: Mo., Di. 9–10 Uhr, Do., Fr. 14.30–16 Uhr

Sie sind Verkäufer/in in einem Kleidergeschäft.
Ein Kunde / Eine Kundin möchte etwas kaufen.

Helfen Sie dem Kunden / der Kundin.

Das verkaufen Sie:

Sie gehen in ein Kleidergeschäft.

Sie suchen:

- eine Jacke, dunkel, Größe S.
- eine neue Jeans. Sie möchten nur 60 € bezahlen.
- Socken in weiß, Größe 39–42
- Babyhose, Größe 72
- einen Mantel für eine Freundin

Was kaufen Sie?

Wie viel müssen Sie bezahlen?

Sie sind Verkäufer/in in einem Kleidergeschäft.
Ein Kunde / Eine Kundin möchte etwas kaufen.

Helfen Sie dem Kunden / der Kundin.

Das verkaufen Sie:

Sie gehen in ein Kleidergeschäft.

Sie suchen:

- einen Pullover, Größe M
- eine Hose in Schwarz. Für die Hose möchten Sie nur 50 Euro bezahlen.
- ein T-Shirt, Größe M. Sie möchten nur 15 Euro bezahlen.
- ein Hemd, Größe M, Farbe weiß
- Sportschuhe für Ihren Sohn

Was kaufen Sie?

Wie viel müssen Sie bezahlen?

Spielregeln:

1. Alle KT werden je nach Kursgröße in 2 oder 4 Gruppen aufgeteilt. Jede Gruppe besteht aus 3 bis 4 Personen. Es spielt immer Gruppe A gegen Gruppe B.
2. Jede/r KT erhält 2 Moderationskärtchen, die er/sie beschriftet: eines mit „lang", eines mit „kurz".
3. Jede/r KT aus Gruppe A wählt einen Begriff aus dem Wortcontainer A, jede/r KT aus Gruppe B aus Wortcontainer B.
4. Nun liest KT 1 von Gruppe A seinen/ihren Begriff vor. Jede/r KT in Gruppe B hört zu, achtet auf den betonten Vokal und zeigt die Länge des Vokals mit dem Kärtchen „lang" oder „kurz" an.
5. Anschließend Wechsel. Nun liest KT 1 aus Gruppe B seinen/ihren Begriff vor und die KT aus Gruppe A heben das Kärtchen „lang" oder „kurz" für den betonten Vokal hoch.
6. Anschließend wieder Wechsel. Nun ist KT 2 von Gruppe A dran, sein/ihr Wort vorzusprechen, und alle KT aus Gruppe B zeigen an, ob sie einen langen oder kurzen Vokal gehört haben.
7. Es werden zwei Runden gespielt, jede/r KT muss also zweimal vorsprechen.
8. Der/die Spielleiter/in korrigiert, wenn ein Wort nicht korrekt vorgelesen bzw. ausgesprochen wurde.
9. Jede Gruppe, die gerade zuhört, erhält 1 Punkt, wenn *alle* aus der Gruppe korrekt anzeigen, ob es sich um einen kurzen oder langen Vokal handelt. Gewonnen hat die Gruppe mit den meisten Punkten.

Container A

ankommen

Tunnel

BahnCard

Verspätung

Abfahrt

Anzeigetafel

umsteigen

2. Klasse

Container B

Kontrolle

um 9 Uhr

hupen

Station

Fahrkarte

Ankunft

Durchsage

direkt

Wechselspiel: Wie ist das Wetter?

Sie haben Informationen über das Wetter in Norddeutschland. Ihr Partner / Ihre Partnerin hat Informationen über das Wetter in Süddeutschland. Fragen Sie Ihren Partner / Ihre Partnerin und tragen Sie die Ergebnisse in Ihre Deutschlandkarte ein.

Beispiel:

Wie ist das Wetter in …? In … scheint die Sonne, es sind 8 Grad.

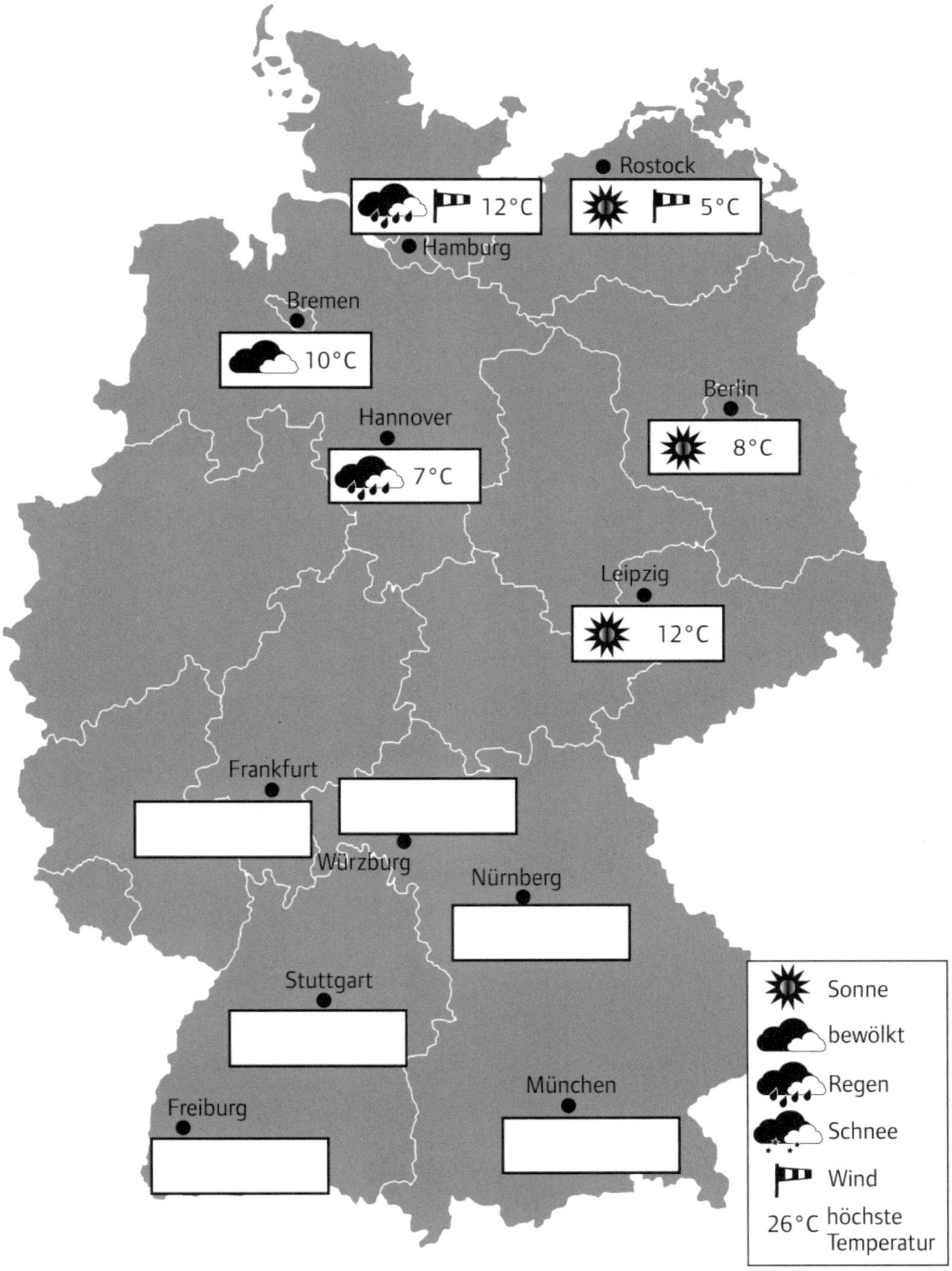

© Fotolia, Mirscho;
Icons in Karte: Shutterstock, Snamenski

Wechselspiel: Wie ist das Wetter?

Sie haben Informationen über das Wetter in Süddeutschland. Ihr Partner / Ihre Partnerin hat Informationen über das Wetter in Norddeutschland. Fragen Sie Ihren Partner / Ihre Partnerin und tragen Sie die Ergebnisse in Ihre Deutschlandkarte ein.

Beispiel:

Wie ist das Wetter in …? In … scheint die Sonne, es sind 3 Grad.

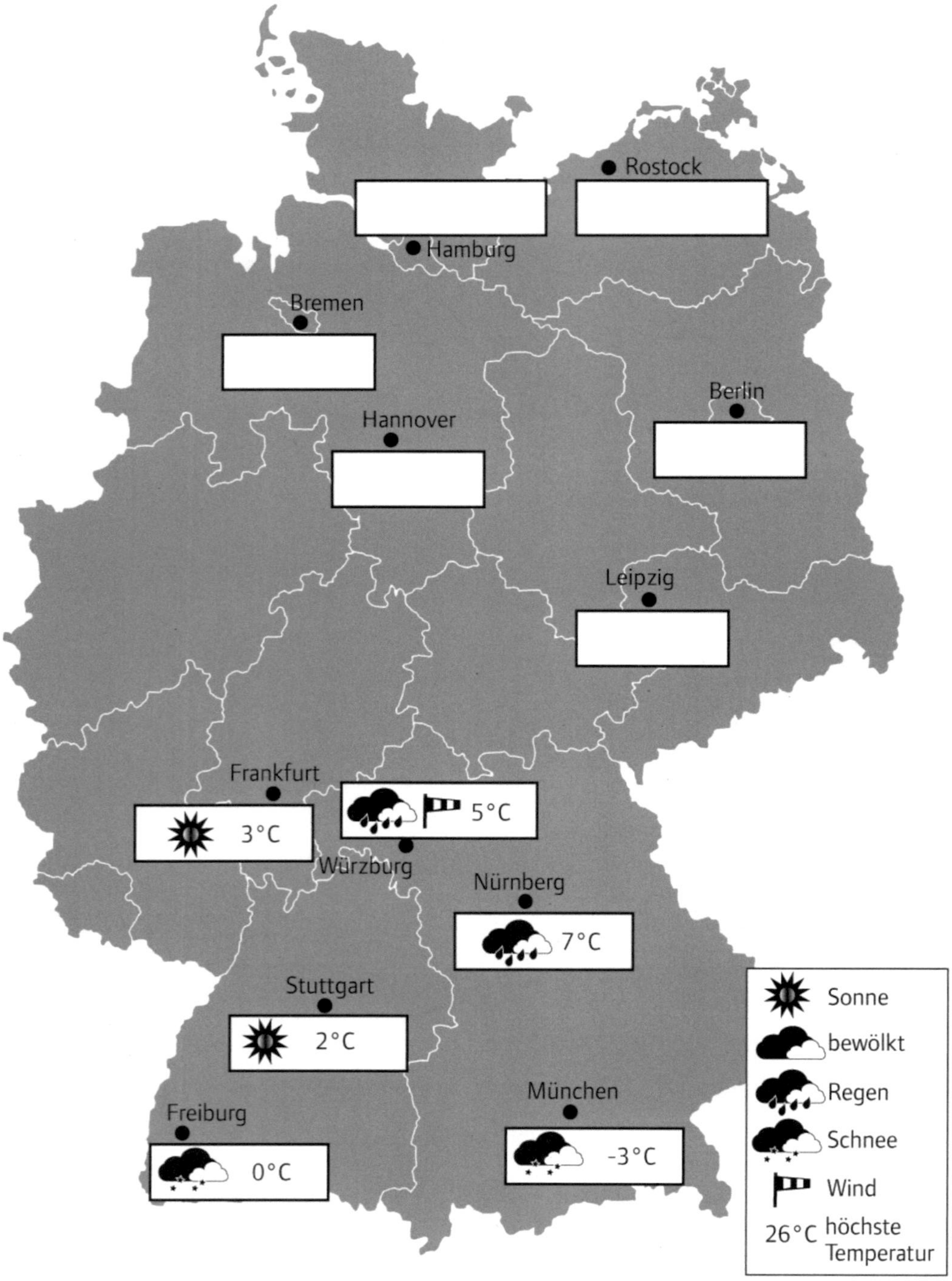

	alt
älter	dunkel
dunkler	gern
lieber	groß
größer	gut
besser	kalt
kälter	klar
klarer	interessant
interessanter	kurz
kürzer	teuer
teurer	viel
mehr	warm
wärmer	

Sie fahren zwei Wochen in den Urlaub. Aber wer kann nach Ihrer Post schauen? Fragen Sie Ihren Nachbar / Ihre Nachbarin.	Sie warten auf ein Paket. Es soll morgen kommen. Aber morgen sind Sie nicht zu Hause. Kann der Paketdienst das Paket bei Ihren Nachbarn abgeben? Fragen Sie Ihren Nachbarn / Ihre Nachbarin.
Im Stockwerk über Ihnen ist abends und nachts immer sehr laute Musik. Sie müssen früh aufstehen und können oft nicht schlafen. Gehen Sie zu Ihrem Nachbarn / Ihrer Nachbarin und sprechen Sie mit ihm / mit ihr.	Sie wollen Ihr Fahrrad in den Keller stellen, haben aber Rückenschmerzen und können es nicht alleine tragen. Fragen Sie Ihren Nachbarn / Ihre Nachbarin.
Das Licht im Treppenhaus ist schon wieder kaputt. Telefonieren Sie mit dem Hausmeister. Vielleicht kann er helfen.	Es ist Sonntag. Sie machen ein Essen und brauchen zwei Eier. Fragen Sie Ihren Nachbarn / Ihre Nachbarin.
Ihre Klingel funktioniert nicht. Morgen will der Hausmeister die Klingel reparieren. Vielleicht muss er in Ihre Wohnung. Sie sind aber morgen nicht zu Hause. Bitten Sie Ihren Nachbarn / Ihre Nachbarin um Hilfe.	Sie sind neu im Haus und möchten das feiern. Am nächsten Wochenende machen Sie ein Fest. Laden Sie Ihren Nachbarn / Ihre Nachbarin zum Fest ein.
Sie haben gerade eingekauft und haben schwere Einkaufstaschen in den Händen. Wer macht Ihnen die Wohnungstür auf? Wer hilft Ihnen? Fragen Sie.	Sie möchten am Samstag ein Fest feiern. Vielleicht ist es dann den ganzen Abend laut. Ist das für Ihre Nachbarn ein Problem? Sprechen Sie mit den Nachbarn.

Autor: Joachim Schote

Notizen